알기 쉬운

실전창업과 창업경영

김중호 · 김희철 공저

도서출판 두남

머리말

창업이란 새로운 기업조직을 설립하여 사업을 개시하는 것으로, 이러한 창업은 새로운 기회를 제공해 주기 때문에 삶과 일에 대한 새로운 도전이라 할 수 있다. 창업은 새로운 시도와 변화에 대한 욕구에서 시작될 때 충분한 가치 있는 결과를 가져오기 때문에 강한 호기심과 참여의식이 무엇보다 중요하다. 특히 자신의 일과 업(業)에 대한 생각을 심어주는 것이 중요하다.

창업을 시도하는 사람들은 누구나 성공을 꿈꾸며 창업에 도전하지만 실제 창업 성공률은 20 ~ 30% 정도에 불과하다는 통계가 있다. 이는 많은 사람들이 창업을 너무 쉽게 생각하고, 이에 대한 철저한 계획과 준비 없이 창업에 뛰어들었다가 실패하기 때문이다. 이처럼 창업은 결코 쉬운 일은 아니다.

성공적인 창업을 위해서는 무엇보다도 창의적 발상과 끊임없이 도전하는 창업가정신, 열정과 폭넓은 대인관계 능력이 요구된다. 이를 바탕으로 성장성 있는 창업아이템 선정과 시장의 흐름을 고려한 시장분석 등 창업의 본질을 이해하고 창업경영에 관한 지식과 경험을 사전에 터득하는 것이 매우 중요하다. 그러기 위해서는 창업절차별로 전반적인 창업지식을 습득할 필요가 있다.

또한, 창업은 시장, 즉 고객을 떠나서는 생존을 보장받을 수 없다. 고객의 미래 트렌드를 정확히 예측하여, 이를 반영할 수 있는 제품이나 서비스를 내놓을 수 있는 안목과 능력을 키워야 한다.

이 책은 창업을 희망하고 있는 예비 창업자나 미래에 창업을 꿈꾸며 창업 관련 과목을 수강하는 대학생들이 창업경영에 대하여 체계적으로 이해하고 실전 창업에 도움을 주고자 저술된 창업지침서이다.

그러므로 이 책은 창업에 대한 기초개념뿐만 아니라 창업절차, 사업 아이디어 선정, 사업타당성 분석, 사업계획서 작성, 상권분석과 입지선정, 창업기업의 설립, 창업자금 조달과 창업지원제도 등 창업과정 전반에 관하여 구체적으로 설명하고 있다. 아울러 창업은 끝이 아니라 새로운 사업의 또 다른 시작인만큼, 창업 후 창업기업의 경영활동 핵심부문인 경영전략, 인사·조직관리, 마케팅관리, 세무관리에 대해서도 상세히 기술하고 있다.

이 책은 수많은 국내·외 창업 관련 서적과 연구보고서, 그리고 인터넷 자료 등 선행연구와 실무지침서를 참고로 작성되었다. 교재의 성격상, 일일이 인용처를 밝히지 못하고 참고문헌으로 처리하게 된 점을 넓은 아량으로 양해해 주시기 바랍니다.

창업에 대한 방대한 분야의 설명과 저자의 능력부족 때문에 부족한 점이 많다는 것을 알고 있으며, 앞으로 보다 나은 책이 될 수 있도록 계속 수정·보완해 나갈 것을 약속드립니다.

끝으로 이 책이 출간될 수 있도록 도와주신 모든 분들게 감사를 드리며, 특히 출판을 허락해 주신 도서출판 두남의 전두표 사장님과 이승구 상무님 그리고 좋은 책이 될 수 있도록 정성을 다해주신 편집부 여러분들게 깊은 감사를 드립니다.

2024년 2월

김중호 · 김희철

차례

PART 1 창업의 이해 / 13

Chapter 7 기본적 창업절차 / 90

Chapter 12 창업기업 경영전략 / 213

Chapter 13 창업기업 인사 · 조직관리 / 234

Chapter 14 창업기업 마케팅관리 / 252

PART

1

창업의 이해

Chapter 01 창업과 기업가정신

제1절 창업의 성격

1.1 창업의 정의와 요소

최근 세계적으로 일어나고 있는 창업 붐은 '소리 없는 혁명(silent revolution)'이라 불리고 있다. 창업은 새로운 기회를 만들어내고, 포착하며, 이용하는 것이다. 창업(foundation)이란 말 그대로 사업의 기초를 세우는 것을 말한다. 이를 구체적으로 보면 창업자가 고객의 욕구를 만족시키기 위하여 사업 아이디어를 가지고 자본을 동원하여 특정한 제품이나 서비스를 생산하는 기업을 설립하는 것을 의미한다. 따라서 창업을 위해서는 기본적으로 창업자(인적 요소), 사업 아이디어(목표 요소), 자본(물적 요소)이 있어야 한다. 만일 이들 중 어느 하나에 결함이나 약점이 있는 경우 성공적인 창업은 할 수 없게 된다.

1) 창업자

창업자는 사업 아이디어의 확보, 사업타당성 분석, 사업계획서 작성, 계획의 실행 등을 주도하고 책임지는 창업의 주도자이다. 창업자는 이러한 기능을 수행하기 위하여 기업 설립에 필요한 유형·무형의 자원을 동원하고, 이들을 적절하게 결합하여 기업이라는 시스템을 만들고, 설립된 기업이 의도하는 바대로 기능을 발휘하도록 관리하는 역할을 수행하여야 한다. 그러므로 창업자의 능력, 가치관 등은 창업기업의 성패와 효율에 지대한 영향을 미치게 되므로, 창업자는 창업에 있어 없어서는 안 되는 필수적인 요소이다.

2) 사업 아이디어

사업 아이디어는 설립되는 기업이 무엇을 생산할 것인가를 의미하는 것이다. 창업을 통하여 무엇을 할 것인가에 대한 사업내용을 말하는 것으로, 기업의 존재 이유와 목적을 대변하게 된다. 사업 아이디어의 원천은 창업자 자신일 수도 있고, 창업팀의 일원으로부터 획득되거나 제3자로부터 얻어지는 것일 수도 있다.

3) 자본

창업의 요소 중 가장 중요한 비중을 차지하는 자본은 사업 아이디어를 구체적으로 제품화하는 데 필요한 자본, 기술, 기계와 설비, 재료와 부품, 건물 등을 포괄적으로 의미한다. 자본은 창업자 자신이 출자할 수도 있고, 창업팀에 속한 여러 사람이 제공할 수도 있다. 또한 창업과 경영에 있어서 직접 참여하지 않는 제3자로부터 조달될 수도 있다.

1.2 창업의 중요성과 동기

1) 창업의 중요성

(1) 이윤창출

창업의 가장 직접적인 목표는 이윤을 창출하는 것이다. 창업을 통해서 창출되는 부는 개인적으로 소중할 뿐만 아니라 사회적으로도 유용한 것이다. 좀 더 많은 사람들이 물질적인 풍요로움의 혜택을 받기 위해서는 먼저 사회 전체의 부의 크기가 증가하여야 하는데, 창업은 이러한 결과를 위해 필요하고도 중요한 활동인 것이다.

(2) 일자리 창출

일자리는 개인에게 생활의 터전을 제공하게 되며, 국가적으로는 경제활동인구를 증대하고, 실업문제를 해결하는 데 있어서 가장 근본적인 방안인 것이다.

(3) 자원의 생산과 활용

창업은 자원을 활용하여 가치가 좀 더 큰 새로운 재화와 서비스를 생산하게 된다. 만약 기업이 창업되지 않는다면, 천연자원이 아무리 풍부하더라도 그것을 활용하여 부를 창출하는 활동이 이루어지지 못하거나 저조할 것이다.

(4) 생활공간 창조

직장생활은 단순히 생계에 필요한 물질을 얻기 위한 활동이라는 차원을 넘어서 삶 그 자체의 매우 중요한 일부이다. 그러므로 기업에서 근무하는 동안 삶의 질은 종업원들의 삶의 질을 결정하는데 중요한 요인이 되는 것이다. 이러한 관점에서 볼 때, 창업은 창업자 본인뿐만 아니라 종업원에게도 중요한 삶의 공간을 창출하는 행위라 할 수 있다.

(5) 국제수지 개선

우리나라와 같이 무역이 국가경제에서 차지하는 비중이 큰 나라에서 창업은 앞에서 설명한 여러 가지 기능 외에, 특히 국제수지 개선에도 많은 영향을 미칠 수 있는 경제활동이다.

(6) 과학과 기술의 발달 촉진

창업은 기술을 활용하게 되는 경우가 많으며, 기업 활동은 새로운 기술의 발달을 요구하게 된다. 결과적으로 창업은 과학과 기술의 발달을 촉진하게 된다.

(7) 환경 보존

기업을 창업하여 생산활동을 전개하는 경우에 발생하는 폐기물은 자연환경에 영향을 미칠 수 있다. 그러나 오염물질을 많이 배출하는 오래된 생산시스템을 새 것으로 대체하는 기업은 오염을 감소시키는 결과를 초래하기도 한다.

2) 창업의 동기

(1) 경제적 동기

가장 기본적인 창업동기라 할 수 있다. 최근에 확대되고 있는 실직난이나 구직난, 직장의 장래전망 불투명 등의 이유 때문에, 이를 벗어나려는 목적의 창업이나 창업을 위하여 투입되는 자원의 크기보다 미래에 대한 기대수익이 훨씬 더 크다고 생각하여 창업을 시작하는 경우가 여기에 속한다.

(2) 사회적 동기

자신에게 숨겨져 있는 사업가적 능력을 최대한 발휘하여 기업을 창업·운영하고, 성장시킴으로써 사회적 책임을 구현하고, 이를 통하여 개인으로서 사회에 봉사하려는 동기를 말한다.

(3) 자아실현 동기

경제적 동기와는 달리, 개인이 현장경험과 지식을 바탕으로 꼭 해보고 싶은 일을 해보려는 비경제적 목적을 추구하기 위하여 창업을 하는 경우이다. 즉 자신의 기업을 소유·운영해 보고 싶은 욕구, 보다 만족스런 경력에 대한 욕구와 기업 소유자로서 얻게 되는 명성과 기업경영을 통하여 자신의 꿈과 이상을 실현하고자 하는 동기를 의미한다.

(4) 새로운 아이디어나 개념의 사업화

개인이 가지고 있는 사업 아이디어의 활용이나 새로운 사업성 기회의 포착을 통해 사업화하려는 모험정신의 발현 목적에서 이루어지는 창업으로, 가장 이상적이고 순수한 창업동기라 할 수 있다.

3) 창업의 특성

창업하는 많은 기업들 중에서 실제로 성공했다고 평가받을 만한 경우는 극히 적은 수에 불과하다. 그 이유는 창업은 누구라도 쉽게 할 수 있으나, 아무나 성공할 수는 없는 나름대로의 특성이 있기 때문이다.

기업을 새로이 설립하는 창업은 기업의 경영활동으로 인식되는 기존 활동과 많은 점에서 다른 특성을 가지고 있다.

(1) 의사결정의 불확실성

창업 결정은 기본적으로 위험이 따르는 전형적인 불확실성 하에서 이루어지는 의사결정이라는 할 수 있다. 어떤 사람이라도 빈틈없이 완벽하게 창업 준비를 하였다 하더라도 성공의 결실을 확신할 수는 없다. 왜냐하면 단지 창업아이디어가 훌륭하다는 이유만으로 수요가 저절로 창출되는 것은 아니기 때문이다. 또한 새로운 사업을 추진하는 과정에서 예상치 못했거나 과정상에서 부득이하게 쓸데없는 자원을 보유하게 되는 경우도 발생하기 때문이다. 그러므로 창업은 지금까지 전혀 경험하지 못한 새로운 사업을 시작하는 것이기 때문에 그 결과를 예측하기가 어렵고 불확실할 수밖에 없는 특이성을 가지고 있다.

(2) 전략적 자원투입

창업은 다양한 신규자원의 투입을 전제로 하여 시작되는 것이므로 처음부터 어느 정도 위험부담을 안고 출발할 수밖에 없다. 창업은 새로운 인적·물적 자원이 투입될 때에 비로소 가능하게 된다. 그러나 이러한 투자자원에 대해서 그 결실은 장기간에 걸쳐서 서서히 이루어지며, 또한 그 결실의 크기도 불확실하기 때문에 창업은 많은 위험이 수반되는 특징을 가지고 있다.

(3) 모험적 특성

창업은 기본적으로 진취적이고, 창조적이며, 모험적인 성격을 갖고 있다. 이는 본래 창업이 갖고 있는 불확실성과 위험 때문이기도 하나, 창업이 주로 변화를 잘 감지할 줄 알며, 상상력과 창의력이 뛰어나고, 결단력이 있는 기업가정신을 가진 사업가에 의해서 추진되기 때문이기도 하다.

1.3 창업의 범위와 유형

1) 창업의 범위

우리나라 '중소기업창업지원법'에서 창업이라 함은 새로이 중소기업을 설립하는 것으로 정의하고 있는데, 구체적으로는 제조업·광업·건축업·엔지니어링 기타 기술서비스업·정보처리 기타 컴퓨터용 관련업·기계 및 장비 임대업을 새로이 개시하는 것이라고 규정하고 있다.

그러나 타인으로부터 사업승계를 받거나, 개인 중소기업자가 법인으로 전환하였을 때, 폐업한 후 다시 사업을 개시하였을 경우, 동종업종을 계속 영위할 경우에는 창업으로 인정하지 않고 창업지원 혜택을 부여하지 않는다.

(1) 포괄승계

타인으로부터 사업을 승계하여 승계 전의 사업과 동종의 사업을 계속하는 경우를 말한다. 이것은 사업을 새롭게 창업하지 않고, 기존의 사업을 인수하여 동종업종의 사업을 계속 영위하는 것으로, 중소기업을 신규로 창설하는 효과가 나타나지 않으므로 창업의 범위에서 제외된다. 그 구체적인 사례를 보면 다음과 같다.

① 상속이나 증여에 의해 사업체를 취득하여 동종사업을 계속하는 경우
② 폐업한 타인의 공장을 인수하여 동일한 사업을 계속하는 경우
③ 사업의 일부 또는 전부의 양도·양수에 의해 사업을 개시하는 경우
④ 기존 공장을 임차하여 기존 법인의 사업과 동종의 사업을 영위하는 경우

(2) 형태 변경

개인사업자인 중소기업자가 법인으로 전환하거나, 회사의 형태를 변경하여 변경 전의 사업과 동종업종의 사업을 계속하는 경우를 의미한다. 이러한 경우에도 단순히 조직을 변경함으로써 형식상으로 창업절차만 거쳤을 뿐, 실질적으로는 중소기업의 창설 효과가 없기 때문에 창업의 범위에서 제외된다. 그 구체적인 사례를 보면 다음과 같다.

① 개인사업자가 법인으로 전환하거나, 합명회사와 합자회사, 유한회사와 주식회사 상호 간에 법인형태를 변경하여 동종의 사업을 계속하는 경우
② 기업을 합병하여 동종의 사업을 영위하는 경우

(3) 폐업 후 동종사업 계속

폐업 후 사업을 다시 개시하여 폐업 전의 사업과 동종업종으로 사업을 계속하는 경우이며, 사업을 폐지한 후 동종업종의 사업을 재개하였더라도 창업으로 보지 아니한다. 그 구체적인 사례를 보면 다음과 같다.

① 사업의 일시적인 휴업이나 정지 후에 다시 사업을 재개하는 경우
② 공장을 이전하기 위해 기존 장소의 사업을 폐업하고, 새로운 장소에 사업을 재개하는 경우

한편, 일반유흥주점업 및 무도유흥주점업, 그 밖의 사행시설 관리 및 운영업, 그 밖에 중소벤처기업부령으로 정하는 업종 등과 같이 사행산업 등 경제질서 및 미풍양속에 현저히 어긋나는 업종의 창업은 창업의 범위에서 제외된다(「중소기업창업 지원법」 제3조 제1항 및 「중소기업창업 지원법 시행령」 제4조).

[표 1-1] 창업사례별 창업인정 여부

<table>
<tr><th>주체</th><th>장소</th><th colspan="2">사례</th><th>창업 여부</th></tr>
<tr><td rowspan="4">A개인이</td><td rowspan="4">갑 장소에서</td><td rowspan="2">갑장소에서의 기존 사업을 폐업하고</td><td>B법인을 설립하여 동종업종을 생산</td><td>조직변경</td></tr>
<tr><td>"이업종을"</td><td>창업</td></tr>
<tr><td rowspan="2">갑장소에서의 기존 사업을 폐업하지 않고</td><td>B법인을 설립하여 동종업종을 생산</td><td>형태변경</td></tr>
<tr><td>"이업종을"</td><td>창업</td></tr>
<tr><td rowspan="4">A법인이</td><td rowspan="4">갑 장소에서</td><td rowspan="2">갑장소에서의 기존 사업을 폐업하고</td><td>B법인을 설립하여 동종업종을 생산</td><td>위장창업</td></tr>
<tr><td>"이업종을"</td><td>창업</td></tr>
<tr><td rowspan="2">갑장소에서의 기존 사업을 폐업하지 않고</td><td>B법인을 설립하여 동종업종을 생산</td><td>형태변경</td></tr>
<tr><td>"이업종을"</td><td>창업</td></tr>
<tr><td rowspan="4">A개인이</td><td rowspan="4">을 장소에서</td><td rowspan="2">갑장소에서의 기존 사업을 폐업하고</td><td>B법인을 설립하여 동종업종을 생산</td><td>법인전환</td></tr>
<tr><td>"이업종을"</td><td>창업</td></tr>
<tr><td rowspan="2">갑장소에서의 기존 사업을 폐업하지 않고</td><td>B법인을 설립하여 동종업종을 생산</td><td>창업</td></tr>
<tr><td>"이업종을"</td><td>창업</td></tr>
<tr><td rowspan="4">A법인이</td><td rowspan="4">을 장소에서</td><td rowspan="2">갑장소에서의 기존 사업을 폐업하고</td><td>B법인을 설립하여 동종업종을 생산</td><td>사업승계</td></tr>
<tr><td>"이업종을"</td><td>창업</td></tr>
<tr><td rowspan="2">갑장소에서의 기존 사업을 폐업하지 않고</td><td>B법인을 설립하여 동종업종을 생산</td><td>창업</td></tr>
<tr><td>"이업종을"</td><td>창업</td></tr>
<tr><td rowspan="4">A개인이</td><td rowspan="4">을 장소에서</td><td rowspan="2">갑장소에서의 기존 사업을 폐업하고</td><td>다시 A명의로 동종업종을 생산</td><td>사업이전</td></tr>
<tr><td>"이업종을"</td><td>창업</td></tr>
<tr><td rowspan="2">갑장소에서의 기존 사업을 폐업하지 않고</td><td>A명의로 동종업종을 생산</td><td>사업확장</td></tr>
<tr><td>"이업종을"</td><td>업종추가</td></tr>
</table>

주: 1. '갑'장소는 기존의 사업장, '을' 장소는 신규의 사업장
2. '갑'장소와 '을'장소는 사회통념과 창업지원법의 취지 등을 감안할 때 공장확장으로 인정할 수 없을 정도의 거리를 충분히 유지한 경우로서 동일 시·군·구내에 위치하지 않을 경우를 의미하고, 'B'법인은 'A'가 출자한 법인임('A'법인의 출자지분 51% 이상).

2) 창업의 유형

창업의 유형은 분류기준이나 목적에 따라 다양하지만, 여기서는 기본적인 몇 가지만 설명하기로 한다.

(1) 업종에 따른 분류

산업분류에서 흔히 사용하는 기준으로 제조업, 음식 및 서비스, 유통업의 분류가 있다. 창업도 이와 같은 기준에 따라 분류해 볼 수 있다.

① 제조업 창업은 원료를 투입하여 새로운 제품을 만드는 사업을 말한다.
② 서비스업 창업은 그 형태가 다양하여 간단히 정의하기는 어렵지만, 한 가지 특징은 제공된 서비스를 원래 상태로 환원하기 어려운 것이라고 하겠다. 이와 같은 서비스업 분야의 창업은 산업사회가 고도화됨에 따라 그 비중이 점차 증가하고 있다. 따라서 서비스 분야의 창업은 앞으로도 매우 활발하게 전개될 것이다.
③ 유통업 창업이란 도매 및 소매점을 창업하는 것을 말한다.

(2) 독립사업과 프랜차이즈 가맹사업 창업

독립사업은 개인이 아이템을 만들고 그에 맞춰 전 분야를 준비하고 운영하는 반면에, 프랜차이즈 가맹사업(franchisee)은 가맹점 본부로 지칭되는 프랜차이저(fran- chiser)의 아이템을 바탕으로 운영된다는 점에서 차이가 있다. 프랜차이즈 가맹사업 창업은 기업의 성공적인 아이템과 시스템을 최대한 활용한다는 점에서 독립사업창업과 차별화된다.

최근에는 많은 소매업 및 서비스업에서 프랜차이즈 가맹점 형태의 사업이 확산되고 있는데, 이와 같이 프랜차이즈 가맹점 사업이 성장하는 이유는 여러 점포가 같은 물건을 취득함에 따라 규모의 경제 효과가 발생하며, 경영에 있어서 본부와 가맹점이 효과적으로 협력하여 수익성과 경쟁력을 강화할 수 있기 때문이다.

(3) 개인중심 창업과 팀중심 창업

개인이 창업을 주도하여 제품의 결정, 자금조달, 경영 등을 주도하는 경우 개인중심 창업이라고 할 수 있다. 이러한 개인중심 창업은 책임과 권한의 소재가 분명하고, 의사결정이 신속하다는 장점이 있지만, 자본과 경영기술 등에 있어서 한 개인에게 의존함으로써 한계가 나타날 수 있다. 한편 이와는 달리, 2명 이상의 사람이 공동으로 창업을 수행하는 경우를 팀중심 창업이라고 한다. 이러한 팀중심 창업은 구성원들의 견해차가 생길 때, 이로 인해 의사결정 속도가 지연되고 책임소재가 애매하게 되는 단점이 있으나, 신중성 및 전문화 등의 장점을 살릴 수 있다.

(4) 무점포 창업

일반적으로 창업을 행하는 경우에는 공장을 설립하거나 점포를 가지는 등 일정한 격식을 갖춘 공간을 중심으로 하는 경우가 많다. 이와는 달리 점포나 공장이 거의 없거나, 거주지의 공간을 활용함으로써 격식을 갖춘 공간이 없어도 창업을 할 수 있다.

이러한 유형의 창업을 무점포 창업이라 한다. 이 경우 점포를 확보하는 데 자금이 소요되지 않으므로, 자금 면에서 매우 효율적인 창업이 될 수 있다. 예를 들면 인터넷 창업, 소규모의 통신판매사업, 번역사업, 정보제공업 등은 점포가 없어도 창업을 할 수 있는 사업들이다.

제2절 소비문화의 변화와 창업시장의 트렌드

2.1 소비문화의 변화

소비자의 소득 수준 향상, 자유시간 증대 등으로 가치관, 윤리관, 생활관이 급변함에 따라 소비문화에도 대변혁의 바람이 일고 있다. 의식주를 비롯한 소비형태가 크게 달라지고 있는 데다가 새로운 소비계층으로 등장한 신세대들의 기호변화 등으로 소비 자체를 즐기려는 생활형태가 나타나고 있는 것이다. 아울러 산업구조가 빠른 속도로 바뀌면서 유통혁명이 새로운 풍속도를 그려내고 있고 편의점, 할인점 등 신유통업체들이 잇달아 선보임으로써 소비자 의식을 급격히 변화시키고 있으며, 소비자의 구매 양식도 변화되고 있다.

1) 생활양식의 변화

생활양식(life style)이란 사람들의 생각, 행동양식, 사회적·계층적 차이를 전체적으로 표현하는 것이다. 이러한 생활양식은 일반적으로 일정구간에서 살아가는 사람들에게 계승되며 쉽게 변하지 않는 특성을 가지고 있다. 그러나 최근에는 각자의 개성이 중시되면서 지금까지 우리가 일정한 경계선을 긋고 상식에 맞게 행동하려던 사고방식이 크게 변화하고 있다.

(1) 상식의 붕괴

최근 주목할만한 변화는 상식의 붕괴 현상이다. 남자의 영역으로만 생각되던 역도, 권투, 축구 등에도 여자가 참가하고 있으며, 건설현장에도 여성이 진출하는가 하면 간호대학 등에도 남학생이 입학하는 사례가 나타나고 있다. 어린이들에게도 고혈압이나 당뇨병 등 성인병이 나타나고 있다. 이렇게 현대는 성별, 연령, 이념, 국경, 사회의 모든 분야에서 예를 들어 가격, 계절, 인사, 조직, 컬러, 금융 등에서도 상식의 붕괴현상이 두드러지고 있다. 이런 사회에서는 상식으로 소비자에게 접근한다면 실패하게 될 것이다.

(2) 개성화 및 다양화 추구

산업화, 공업화, 기계화로 대량생산이 급속히 진행되던 70년대에는 판매도 대량 판매 위주였으며 또한 대량의 시대로 타인과 같아지고자 하는 의식이 강한 시기였다. 장발, 미니스커트의 폭발적인 유행은 물론 동일한 디자인, 동일한 패션은 이런 의식을 잘 반영하고 있다.

그러나 80년대 이후부터는 이러한 의식이 점차 변하기 시작하여 자신만의 생활패턴을 중시하게 되었다. 동질성을 가장 많이 느낄 수 있는 가정에서도 각자에게 필요한 프로그램을 시청하기 위해 TV 보유 대수가 늘어났으며, 가정에서 사용하는 생활용품도 세대별로 구입하는 사례가 늘었다. 또한 여름에 부츠를 신고, 겨울에 앙고라 반팔 스웨터를 입는 것은 무난하다기보다는 오히려 독특한 개성을 중시하고 자신만의 가치창조를 추구하는 것이다.

1인 10색에 대한 욕구(needs)는 고객의 당연한 권리로서 생활영역에서 선호하는 바, 백화점으로서는 시장 경쟁의 강화와 함께 과학적, 체계적 잠재 욕구의 개발에 대한 연구가 필요하며 시장세분화전략이 필요하다고 하겠다.

단순한 친절이나 A/S 강화에서 탈피하여 고객이 원하는 바가 무엇인지를 정확히 파악하여, 이를 제품과 서비스에 반영시키고자 하는 노력이 강화되어야 한다는 것이다.

2) 간편성 지향

우리의 생활양식은 간단함과 편리함을 선호하는 방향으로 발전하고 있다. 가정의 인테리어 소품을 줄여서 공간을 넓게 꾸미는가 하면 아침식단이 간편해지고 가전제품의 슬림화, 즉석식품점(fast-food store)이 인기를 끌며, 다양한 인스턴트식품의 수요가 폭발하고 있다. 이렇게 소비자들은 점점 더 작고, 가볍고 간단한 것에 관심을 기울이고 있다. 이에 따라 고객에 대한 접근 방향으로는 가구, 주거 등의 고가 내구재를 비롯하여 악세서리, 실내용품, 음식 등 소형 고성능 제품의 개발이 요구된다.

3) 전통회귀 현상과 첨단 발전의 조화 추구

90년대에 들어 전통회귀 현상이 두드러지게 나타나고 있다. 가정에 최첨단 가전제품을 보유하는 것을 희망하면서도, 한편으로는 옛 가구나 골동품으로 집안을 장식하는 주부들이 늘고, 시내 한복판에 햄버거 하우스와 보리밥집이 나란히 성시를 이루며, 전원주택이 인기를 모으고 있다. 또한 음료시장에서 전통음료가 히트상품으로 등장하고 있고 귀찮아서 버림을 받았던 맷돌이 자동시설을 갖추고 생산되면서 수요가 늘고 있는 현상들을 심리학자들은 현대인의 이중적 구조에서 나온 것이라고 설명하고 있다.

한편으로는 급속하게 변해가는 세계의 첨단에 들어감으로써 느끼는 만족감, 스피드감을 즐기면서, 다른 한편으로는 변화와는 무관한 시골스러움으로 돌아가 편안함과 안락감을 느끼려는 욕구에서 비롯되는 현상이라는 것이다.

소비자의 이러한 의식은 얼핏 다양한 것처럼 보이지만 전반에 흐르고 있는 생각은 '인간성 회복'이다. '나를 찾고 싶다', '나답게 살고 싶다'라는 생각은 바로 상실된 인간성을 회복하려는 의지인 것이다.

따라서 고객을 사로잡기 위해서는 휴머니즘을 담은 제품, 그리고 인간성을 회복하고자 하는 고객의 마음을 채울 수 있는 적절한 대응이 필요한 시기라 하겠다.

4) 환경의식 강화

소비자들의 환경의식 및 그린(green)운동의 활성화에서 미루어 볼 때, 환경 관련 기준은 더욱 강화될 것이며, 국내 민간소비자단체를 중심으로 환경문제에 대한 시민운동이 확산되고 있다. 이 운동이 본격화되면 환경에 부정적인 제품과 서비스에 대한 불매운동 등 환경에 대한 관심이 행동실천으로 전개될 것으로 예측되므로, 단기적으로는 제품 자체 및 포장재에서 비롯되는 폐기물을 감량할 수 있는 과잉포장 및 과잉 서비스의 축소, 자원의 재활용 등 소극적 대응에서 장기적으로는 그린제품의 개발 등 자연친화성의 강화와 함께 소비자에게 편리성, 경제적 이득을 제공할 수 있도록 대응하는 전략이 필요하다.

5) 새로운 외식문화 정착

핵가족화, 마이카 시대가 새로운 외식문화를 정착시키고 있다. 맞벌이 부부나 가족들이 오랜만에 한자리에 모일 수 있는 외식이 최근 생활의 주요한 부분을 차지하고 있다. 가족단위의 외식이 많아지면서 경관이 좋은 야외식당이나 서구풍 음식점을 찾는 현상이 두드러지고 있으며, 또 신세대 가족에 맞는 안락하고 편리한 외식 분위기를 위해 어린이를 위한 놀이시설을 갖추는 등 주말 외식문화에 대응하고 있다.

외식문화의 패턴도 먹는 외식에서 즐기는 외식으로 또 주먹밥, 족발 등 우리 고유의 식품을 외식산업화하는가 하면, 그 형태도 가지고 나와서 먹는 셀프서비스 형태의 카페테리아, 자리에 앉기 전에 미리 주문하는 프리오더(free-order) 시스템 레스토랑 등 다양하다. 특히 백화점, 편의점, 할인점 등 유통업태는 먹고 쇼핑하고 즐기는 장소로 새로운 형태의 변모를 시도하는 추세이다.

6) 여가 증대

생활수준의 향상과 여가의 증대는 레저산업의 급신장을 가져왔다. 전문가들은 앞으로의 레저산업은 소비자들이 능동적으로 체험하는 시대로 진행될 것으로 전망한다. 산림욕, 자연탐구 여행은 물론 그림, 도자기 등을 직접 즐기는 사람들과 행글라이딩, 스카이다이빙, 스킨스쿠버, 윈드서핑, 요트 등 자연과 밀착될 수 있는 스포츠를 즐기는 인구가 늘어날 것이며, 주말농장에서 농작물을 직접 거둬들이거나 붓글씨 등 창작물을 발표하기도 한다.

일과 여가의 균형 속에서 생활의 활력과 보람을 찾으려는 신세대들의 욕구는 가족단위의 야외 레저활동을 적극적으로 추구하게 될 것이다.

7) 브랜드의 패션화

신세대를 겨냥해 브랜드의 패션화 바람이 일고 있다. 비교적 브랜드의 영향력이 약한 농산물에까지 브랜드화가 되고 있는 상황이다. 이제 브랜드를 갖지 않고는 팔리지 않는 소비문화가 신세대의 등장과 함께 시작된 것이다.

신세대뿐만이 아니라 현대인들의 생활방식은 보다 편리하고 보다 쾌적하고 보다 개성적인 것을 원한다. 이와 같이 고객의 생활양식이 빠르게 변화하면서 제품 및 서비스의 욕구 기대가 다양해지는가 하면, 제품의 선택 폭이 넓어지고 있다. 또한 선택의 기준이 변했고 새로운 소비층으로 등장한 소비행동이 감성적으로 전개되며 소비자의 의식이 변하고 있다.

이런 현실에서는 소비자의 개성추구, 자아회복, 충분한 합리성, 과격성 등 다양한 욕구 연구가 체계적으로 시스템적으로 추진되어야 할 것이다. 더불어 소비자들과 기업의 공식적인 창구가 될 수 있는 전담기구를 활성화하여 소비자의 불만을 원만히 해소하며 소비자의 접근을 용이하게 하는 핫라인(hot-line) 설치, A/S 차별화, 다양화 등의 강화로 고객과의 관계를 개선하여 고객만족 경영을 하는 것이 바람직하다고 생각한다.

2.2 창업시장의 트렌드

1) 국내

최근 프랜차이즈 시장에 스마트(smart)와 콤팩트(compact)로 불리는 'SC' 아이템이 새로운 트렌드(trend)가 인기를 끌고 있다. 업계에 따르면 똑똑하고 작은 매장을 일컫는 'SC'는 거품을 줄인 창업비용과 인건비를 대폭 줄인 운영시스템이 특징이다. 또 '편안한 공간', '추억이 있는 곳', '동화 속에 온 것 같은', '자유를 주는 곳' 등은 최근 음식점을 수식하는 말들이다. 최근 외식업계는 맛있는 음식이 아닌 감성적인 코드로 소비자들의 마음을 흔들어 놓는다. 얼핏 음식점의 본질에서 벗어난 홍보 키워드 같지만 소비자들이 받아들이는 포인트는 다르다. 밥을 먹을 때만이라도 현실에서 탈피하고자 하는 욕구, 마음 편하게 즐기고자 하는 욕구를 반영하고 있다는 점이 소비자들의 감성을 자극한다. 또 불경기에는 익숙하고 편안한 과거를 그리워하는 향수로 감성을 끌어내는 음식점이 인기를 끈다. 어린 시절 즐겨보던 동화 속 주인공이 요리를 해줄 것 같은 느낌을 주는 아기자기한 인테리어로 어른들에게는 향수를, 아이들에게는 아름다운 꿈을 만들어 줌으로써 소비자들의 추억(노스탤지어)을 그대로 반영하고 있다.

2) 일본

우리와 비슷한 사계절의 기후, 생활습관 등을 가진 일본은 많은 분야에서 우리의 벤치마킹 대상이다. 동경의 긴자와 시부야, 오사카 난바와 우메다 등 중심 번화가에는 고급 브랜드 매장 대신 유니클로, 자라, H&M 등의 중저가 실속형 브랜드들이 들어서고 있다. 또한, 백화점에도 무인양품이나 DIY 전문숍 등의 실생활 전문매장들이 입점하는 추세다. 일본은 장기 침체와 불황으로 소비자들의 저가 실속형 구매패턴이 갈수록 심화되고, 중산층 이상의 구매자가 대상인 백화점과 중심지 상권의 고급 매장은 갈수록 고객이 줄고, 최근 가격파괴 업종이 창업시장에서 인기를 구가하고 있다. 우리에게 잘 알려진 백엔숍에는 일반 생활용품을 비롯하여 각종 식품 등도 팔고 있고, 각종 식품을 싸게 파는 슈퍼마켓도 즐비하다. 또 '리사이클링(recycling) 사업'도 불황 중 호황을 누리고 있는데, 의류나 생활용품, 가전제품 등은 물론 스포츠, 레저용품, 아기 등까지 폭넓게 발전하고 있다.

3) 유럽 및 미국

유럽 및 미국 창업시장에서 융·복합 바람이 거세다. 소비 불황으로 침체된 매출을 끌어올리기 위해 다른 업종과 결합하여 수익을 극대화하는 것이다. 미국의 '홀푸드 마켓(wholefood market)'이 대표적이다. 원래 유기농 식품판매 전문점이었던 이 업체는 쇼핑 대행 서비스와 스파·마사지 서비스를 결합하여 빵, 커피, 와인 등 다양한 유기농 식품을 판매한다. 2층에는 스파룸, 마사지룸, 피부관리실을 설치하였다. 또 스페인의 '시니어 스토어(senior store)' 역시 아이템 융·복합화로 성공한 사례로 손꼽힌다. 이 업체는 기존의 노인 전문 생활편의용품 판매점을 카페처럼 꾸며 편안한 테이블과 의자를 비치하고 다양한 음료와 디저트 메뉴를 갖춰 노인들이 함께 어울리고 대화할 수 있는 환경을 마련하였다. 혈당계, 혈압계 등 의료기구와 주름방지용 비누, 조작이 단순한 TV 리모컨 등 노인들을 위한 1,000여 가지 생활용품 및 레저용품들을 갖추었고 매장 한쪽에 마사지실, 컴퓨터실도 갖춰 편의성을 높였다.

제3절 창업가와 기업가정신

3.1 창업가의 정의

창업가의 개념은 시간과 기업환경의 변화에 따라 변천되어 왔다. 오래전에는 창업가를 출자 기능과 경영관리능력을 모두 수행하는 경영자로 간주하다가 기업의 대규모화에 따라 소유와 경영이 분리되어 자본가와 창업가를 구분할 필요가 있게 되었다.

창업가에 대한 개념적 정의에 관하여 여러 가지 의견들이 있지만, 오늘날 창업가란 기업가정신을 발휘하여 기업을 창업, 운영하는 혁신자, 선구자, 모험자로서의 개척자 정신을 수행하는 개인을 일반적으로 창업가라 한다. 또한 창업가란 일정한 수익을 기대하면서 위험을 무릅쓰고 사업을 일으키고 경영을 하는 사람을 의미한다. 이들의 열성적인 노력과 창의성에 의해 신제품 및 새로운 형태의 서비스가 출현하고 그 결과 경제가 활력을 갖게 된다.

기업의 성공 잠재력은 창업가의 자질과 경험, 사업기회의 매력도와 지속성, 필요 자원의 조달 가능성에 의해 결정된다. 특히, 창업가의 자질과 경험은 나머지 두 요소에도 중요한 영향을 미치기 때문에 사업의 성공가능성에 가장 중요한 요소라고 할 수 있다.

3.2 창업가의 필요 능력과 자질

1) 창업가의 필요 능력

사업가로서 창업가에게 요구되는 능력은 기업의 규모나 성격에 따라 매우 다양하다. 창업가가 갖추어야 할 능력 중 일반적으로 중요하다고 볼 수 있는 내용은 다음과 같다.

(1) 강한 의욕

창업가의 강한 의욕은 사업과 일에 열정적으로 몰입하는 데 도움을 준다. 특히 새로운 기업을 설립하고 운영하는 데는 많은 노력과 열정이 필요하기 때문에 이러한 개인적 특성은 중요한 역할을 수행한다. 그러나 열심히 일만 한다고 성공이 보장되지 않듯이, 강한 의욕만으로는 부족하며, 합리적인 계획과 판단이 추가적으로 필요하다.

(2) 정신능력

창업가의 정신능력이란 지적 능력, 창조적 사고력, 분석적 사고력 등을 말한다. 창업가는 이러한 정신적 능력에 의하여 사업의 당면문제를 체계적으로 분석하고, 창조적인 문제 해결책을 제시하며, 일을 합리적으로 수행할 수 있다. 이러한 능력은 사업기회를 포착하여 사업화하는 데 중요한 역할을 수행한다.

(3) 인간관계능력

창업가는 궁극적으로 고객이나 종업원 등 이해관계자들과 우호적인 관계를 유지해야 하기 때문에 인간관계능력은 사업성공에 중요한 영향요인이 된다. 인간관계능력은 주로 정서적 안정성, 대인관계의 기술, 사교성, 타인에 대한 배려, 감정이입능력 등을 말한다. 이러한 인간관계능력은 고객과 종업원의 생각과 입장을 이해하게 함으로써 사업운영에 많은 도움을 줄 수 있다.

(4) 의사소통능력

문서 또는 말로써 자신의 의사를 효과적으로 전달하는 능력을 의미한다. 창업가는 사업을 원활하게 운영하기 위하여 고객, 종업원, 공급업자, 채권자 등과 효과적으로 의사소통을 하여야 하므로, 이러한 능력은 성공적 사업운영을 위해서 필요한 요소라고 할 수 있다.

(5) 기술적 지식

사업이 성공하기 위해서는 궁극적으로 시장에서 판매될 수 있는 제품과 서비스를 실제로 만들어내야 한다. 이를 위한 기술적 지식은 고객이 원하는 제품과 서비스를 만들어서 판매하는 과정에서 필요한 기술과 기법을 포함하는 것으로 제품 제조 기술, 설비가동 기술, 판매기법, 재무분석 기법 등을 예로 들 수 있다.

(6) 의사결정능력

기업의 경영활동은 의사결정 과정의 연속이다. 그러므로 창업가는 전략적 의사결정을 할 수 있는 능력을 갖추어야 한다. 과학적인 방법에 의해 의사결정을 할 수 있도록 결정 과정에 합리성과 효율성을 추구해야 하며, 사업운영과 관련하여 정확한 의사결정을 시의 적절하게 내리는 것은 사업성공에 중요한 영향을 미친다.

(7) 문제해결 대안제시 능력

복잡한 현상의 핵심을 간파하고 그것을 간결한 형태로 재구성함으로써 더욱 효과적으로 문제를 해결할 수 있도록 대안을 제시할 수 있는 능력을 의미한다. 창업가는 이러한 문제해결 대안제시 능력에 기초하여 사업기회를 포착하고 효과적인 전략적 대안을 제시할 수 있으며, 회사 내부 문제에 있어서도 전체 조직의 특성과 문제점을 정확히 파악하여 조직 각 부문들이 사업 성공을 향해 함께 힘을 모을 수 있는 방법을 강구할 수 있다.

위에서 제시한 일곱 가지 능력은 사업 성공의 필요충분조건이 결코 아니다. 즉 창업가가 위의 능력을 모두 보유하고 있다 하더라도 성공이 보장되는 것은 아니라는 것이다. 왜냐하면 능력을 보유했다 하더라도 반드시 그것이 발휘되는 것이 아니기 때문이며, 또한 사업성공에는 이러한 개인적 특성과 함께 외부환경과 같은 상황 요인이 주요한 영향을 미치기 때문이다. 그렇지만 이러한 능력을 많이 갖춘 기업가는 그렇지 못한 기업가에 비해 성공확률이 그만큼 더 높다고 할 수 있다.

2) 창업가의 자질

창업자는 다음과 같은 자질이 요구된다.

① 무엇보다도 단순한 경영 수단이 아니라, 새로운 시대에 맞는 새로운 경영 감각과 사회적으로 신뢰받을 만한 교양과 인격을 지니고 있어야 한다.

② 미래의 환경변화에 대한 예리한 통찰력과 판단력을 발휘하여 장기적인 목표를 설정하고, 장기적 관점에 근거한 경영 행동으로 목표를 달성하여야 한다.

③ 새로운 사업의 수행에 대한 창의력이 있어야 하며, 이를 계속 수행할 수 있는 강한 추진력이 있어야 한다.

④ 창업자는 항상 환경변화에 도전하여 새로운 사업성 기회를 적극 모색하여야 하며, 자신의 모든 것을 투자하고 희생시킬 수 있는 투철한 기업가정신을 가지고 있어야 한다.

⑤ 개인의 영리 추구에 그치지 않고, 경영 전반에 대한 철저한 윤리의식과 사회적 책임을 인식하고 실천할 수 있어야 한다.

⑥ 일을 통하여 자아실현을 달성하겠다는 강력한 성취욕구와 타인에게 고용·종속되고 싶지 않은 독립심이 있어야 한다.

⑦ 창업자는 자기 자신에게 요구되고 있는 능력과 자질을 충분히 인식하고, 스스로의 능력개발을 적극적으로 도모하여야 한다.

이러한 능력과 자질은 대개 전문 교육기관의 교육과 훈련, 실무경험, 각종 연구회와 세미나 등의 자발적인 참여를 통해 획득될 수 있다.

3.3 창업가의 과업

창업가의 과업은 궁극적으로 사업기회를 감지하고 필요한 인적·물적 자원을 동원하여 사업기회를 실제 사업으로 전환시키는 것이다. 또한 그 기업의 특정한 목적과 사명을 설정하고 실행하며, 일의 생산성을 향상시키고 근로자에게는 성취의욕을 불러일으키며, 사회적 영향력을 관리하고 사회적 책임을 완수해야 하는 과제를 가지고 있다. 슘페터(J.A. Schumpeter)는 창업가의 기능으로 혁신의 중요성을 강조하였는데, 이러한 기업가의 과업을 정리하면 다음과 같다.

1) 사업기회의 포착과 사업구상

창업가는 남들이 인지하지 못하는 사업기회를 감지해내고 사업화하기 위한 아이디어를 창출해야 한다. 이러한 일을 하기 위해서 창업가는 창조적 사고력과 통찰력이 많이 요구된다.

2) 사업의 실제 수행

창업가는 사업기회를 사업화하기 위해 목표를 설정하고, 그 목표에 따라 실제 사업을 수행하며 관리해야 한다. 새로운 아이디어를 사업화하는 데는 많은 위험부담이 따르므로 미래의 위험을 정확히 예측하고 판단하여 대안을 설정하는 전략적 의사결정 시스템과 능력을 갖추어야 한다. 이를 위하여 필요한 정보를 신속하고 확실하게 활용할 수 있어야 하며, 또한 사업 실무에 관한 전문 지식과 활동능력이 필요하다.

3) 이해관계자 집단과의 우호적인 관계 유지

기업경영에 필요한 인적 자원과 물적 자원을 원활하게 조달하기 위하여 금융기관, 대학, 정부 등으로부터 도움을 받아야 하며, 생산 및 판매와 관련하여 고객과 공급업자 등 외부 이해관계자들과도 우호적인 관계를 유지해야 한다.

4) 리더십 발휘

창업가는 조직 구성원의 능력을 충분히 발휘하도록 하고 통합시키는 조직화의 능력이 있어야 한다. 특히 조직 구성원들에게 비전을 제시해주며 이들이 사업목표에 적합한 일을 열정적으로 수행할 수 있도록 동기부여와 리더십을 발휘할 수 있어야 한다.

5) 사회적 영향력 관리 및 사회적 책임 완수

창업가는 조직과 사업을 사회환경 전체에 관련시켜 생각하고, 그 변화를 경영활동이나 의사결정에 반영시킬 수 있어야 한다. 그리고 경영환경의 변화와 흐름을 정확히 파악하고 예측하여 전략적 사고로 기업경영에 반영시킬 과업을 수행할 수 있어야 한다.

6) 혁신

슘페터(J.A. Schumpeter)는 경영자로서의 창업가는 제품에 대한 혁신, 시장에 대한 혁신, 공장 및 조직에 대한 혁신을 계속적으로 이루어 나가야 한다고 주장하였다. 기업이 경영을 해나가는 데 있어서 혁신이 이루어지지 않으면, 경쟁에 뒤지기 마련이고 도태되어 버릴지도 모른다. 그러므로 경영자나 창업가가 좋은 경영성과를 달성하려면 성취동기가 높아야 할 것이다. 그리고 성취동기가 높은 사람은 그렇지 않은 사람에 비해 상대적으로 훌륭한 경영자 또는 신 창업가가 될 가능성이 높은 것이다.

3.4 기업가정신

기업가정신(entrepreneurship)은 위험부담은 있으나 그에 상응하는 보상을 기대하여 가치 있는 새로운 것을 창조하려는 과정, 또는 사업기회를 획득하고 한정된 경영자원을 가지고 사업을 일으키려는 행동이라고 정의할 수 있다. 즉 자원의 절약과 위험의 존재에도 불구하고 모험정신을 발휘하여 창업, 성장, 신사업, 신시장을 일구어 고도화를 꾀하는 창업가의 의지를 말한다. 이러한 창업가의 기업가정신은 새로운 기업을 설립하고 사업을 개시하려는 의욕과 능력, 그리고 끊임없는 혁신을 추구하는 것에서부터 출발한다.

따라서 기업가정신은 창업가의 본래 기능을 적극적으로 수행하고 달성하는 마음가짐을 말한다. 창업가의 고전적, 전통적 본질로부터 ① 비전과 개척자 정신 : 창업(start-up), ② 창의성과 혁신(innovation), ③ 위험부담과 '할 수 있다(can do sprit)'는 성취동기가 기업가정신으로 도출될 수 있다.

창업가는 이러한 기업가정신을 바탕으로 사업기회를 창출하거나 선점하여 가치 있는 상품과 서비스를 창조하고, 나아가서는 사회에 대한 봉사까지도 해야 하는 것이다. 이를 위해서 창업가의 활동은 기업 또는 조직을 설립하고 비전과 열정·헌신, 그리고 이해관계자들과의 동맹관계에 초점이 맞추어져야 한다.

그러므로 기업가정신이란 기업의 설립에 머무르는 것이 아니라 새로운 가치를 창조하는 혁신활동이라 할 수 있다. 슘페터(J. A. Schumpeter)는 이러한 혁신활동을 ① 신제품 또는 새로운 품질의 제품 도입, ② 새로운 생산방식의 도입,

③ 새로운 시장의 개척, ④ 원자재 또는 반제품의 새로운 공급원 확보, ⑤ 새로운 조직의 출현 등 5가지로 분류하였다.

기업가정신은 새로운 과학적 지식을 제품과 서비스라는 실물로 구체화함으로써 과학과 산업을 연결시키는 매우 효과적인 수단이 된다. 다시 말해 새로운 과학적 지식을 사업화하여 기업을 창업하고, 새로운 제품과 서비스를 시장에 내놓는 역할을 한다.

한편, 창업자가 가져야 할 기업가정신으로서는 [그림 1-1]에서 보는 바와 같이 혁신성과 관리적 자질 등 두 가지를 들 수 있다. 단지 혁신성만을 가진다면 발명가에 지나지 않고, 반면에 경영관리의 노하우에만 능하다면 관리인에 지나지 않는다. 관리자의 경영관리 노하우와 기업가의 경영관리 스킬(skill)은 중복되는 측면이 있으나, 관리자는 '자원의 절약'에 초점을 맞추고, 기업가는 '사업기회'를 중심으로 경영관리를 실행한다는 점에 차이점이 있다.

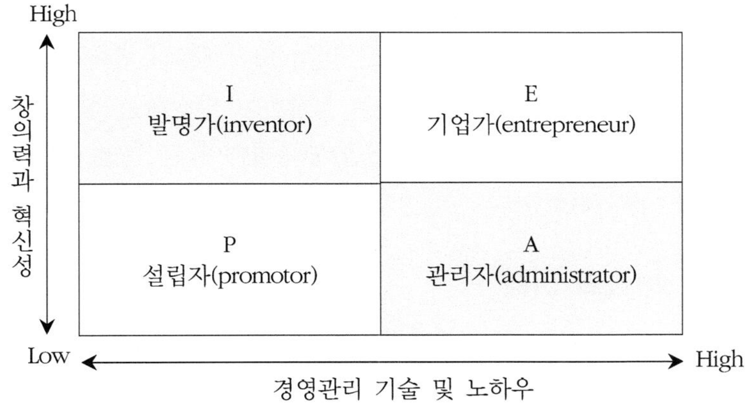

[그림 1-1] 창업가의 기업가적 특성

오늘날 기업가정신의 중요성은 사회 전반에 걸쳐 증가하고 있다. 예를 들면 세계 각국의 정부는 개인 창업을 권장하고 있으며, 세제 및 행정 지원 등을 통해 제도적으로 뒷받침하고 있다. 또한 창업에 성공한 사람이 존경받는 사회적 풍토를 조성하는 데도 힘쓰고 있다. 그리고 기존의 대기업들도 기업가정신이 경쟁력에 영향을 미친다는 사실을 알고, 기업 내부에서 벤처 비즈니스를 운영하게 하는 등 기업가정신의 고취에 커다란 관심을 보이고 있다.

제4절 성공 창업의 필요조건

많은 기업들이 성장하고 전성기에 도달하기도 전에 사려져 버린다. 일본 기업의 경우 신생기업의 55%가 5년 내에 도산하거나 폐업 등으로 사라진다고 한다. 세계 최대의 경제규모를 자랑하는 미국의 경우 총 2,000만 개 이상의 회사가 존재하며, 한 해에만 백만 개 이상의 회사가 새로이 설립된다. 이처럼 많은 기업들이 설립되고 있지만 사업 실패의 가능성도 그에 못지않게 큰 것이 현실이다.

미국 중소기업청의 한 자료에 따르면, 신생기업 가운데 30%는 설립 후 1년 내에 사라지며, 3년이 지나면 또 20%가 넘는 기업들이 모습을 감추고, 결국 새로운 기업의 절반이 5년도 되지 않아 사라지고 만다고 한다.

그렇다면 어떻게 해야 이러한 실패의 확률을 극복하고 생존경쟁에서 살아남을 수 있을 것인가? 기업이 창업된 후 유기적인 조직체로서 변화하는 환경에 끊임없이 신축적으로 대응하며, 장기적으로 성장하고 발전하는 성공적인 창업기업이 되려면 기업가는 다음의 주요 조건을 충족하여야 할 뿐만 아니라, 효과적인 창업전략을 구사해야 한다.

1) 경영환경 변화의 이해

경영환경의 변화는 많은 기업들이 도산하게 되는 위협요인으로 작용하기도 하지만, 때로는 창업의 기회를 제공하기도 한다. 창업을 준비하는 예비 창업가들은 기존 시장과 새로운 잠재시장의 틈새와 환경변화의 흐름을 파악하여야 한다. 또한 창업하고자 하는 업계의 동향과 창업환경을 이해하고 경영환경의 미래 변화와 예측에 대한 이해가 필요하다. 왜냐하면 이러한 환경변화를 이해하고 예측함으로써 소비자 욕구의 변화 파악, 목표시장에 대한 전략적 대안 마련, 창업시장의 향후 전망, 최적 업종과 시기의 선정, 명확하고 합리적인 사업계획서 작성과 경영자원의 조달, 분명한 수익모델의 방향 등을 설정할 수 있기 때문이다.

2) 왕성한 기업가정신

창업은 무에서 유를 창조하는 일과 같다. 창업가는 이 세상에서 존재하지 않았던 새로운 회사를 설립하여 새로운 상품과 서비스를 창출해낸다. 그러므로 창업가의 모험적 기업가정신은 창업의 성공을 위한 가장 중요한 필수적 요소이다.

3) 최적 업종과 시기의 선정

성공적인 창업을 위해서는 경기순환과 소비자 욕구의 흐름을 읽고, 성장 가능성이 있는 업종을 선정해야 한다. 특히 자기 자본 규모에 적합한 업종으로 수요자의 다양성과 변화를 고려해야 한다. 그러므로 창업에 적합한 시기는 동종업종이나 제품이나 서비스의 성숙기보다는 도입기나 성장기에 창업해야 한다.

4) 경영자원의 동원

창업 업종과 아이템이 선정되면 사업규모를 결정하고, 이를 효율적으로 추진할 수 있는지 여부를 파악하기 위하여 필요한 인적 자원, 물적 자원, 재무적 자원, 기술과 관리시스템의 지적 자원(정보) 등 경영자원에 대한 분석과 평가 및 경영자원의 동원에 관한 내용을 검토해야 한다. 왜냐하면 신규 사업은 위험부담이 높아 위험을 최소화하기 위하여 경영자원의 분석이 필요하며, 창업의 성공 여부는 기업의 경영자원과 이들의 시너지 결합이 밀접한 관계를 가지고 있기 때문이다.

5) 구체적이고 합리적인 사업계획서 작성

사업계획서란 고려하고 있는 사업을 하기 위해서 앞으로 실행할 일련의 행동에 대한 청사진이다. 그러므로 사업계획서에는 경영환경 분석과 경쟁자 분석, 중·장기 경영계획이 포함되어야 하며, 해당 업종에 대한 객관적인 사업타당성과 계획 상품의 시장규모, 목표이익, 경쟁자 분석과 확실한 수익모델 등을 가지고 있어야 한다.

6) 창업지원제도의 효과적인 활용

성공작인 창업을 위해서는 정부의 다양한 지원제도들을 적극 활용할 필요가 있는데, 이에 관련된 정보는 산업통상자원부, 중소벤처기업부 등 정부 각 부처의 관련 사이트 등을 참고할 수 있다. 또한 각 지역대학에 특화된 분야별로 설립·운영되고 있는 창업보육센터 입주는 초창기 고정비용을 최소화할 수 있을 뿐만 아니라, 다양한 지원 혜택이 가능하므로 이러한 지원제도를 적극 활용하면 창업 초창기의 실패율을 최소화하며 경쟁력을 갖추는데 큰 도움이 된다.

Chapter 02 창업과 경영환경

제1절 경영환경의 의의와 분류

경영환경이란 기업이나 기업활동에 영향을 미치거나 영향을 받는 기업 내·외부의 모든 요인의 집합으로 이해할 수 있다. 그러므로 경영환경을 구성하는 요인은 그 수도 많고 그 범위도 매우 광범위하다.

동물들은 환경에 적응하면서 사는 본능을 선천적으로 지니고 태어났지만, 인간은 환경을 적극적으로 극복하고 환경을 지배하고 창조하는 지혜를 가지고 태어났다. 따라서 환경에 능동적으로 적응하며 그것을 극복하고 지배하는 인간은 번영하고, 그렇지 못한 인간은 퇴보한다는 사실을 역사는 말해 주고 있다.

기업도 마찬가지이다. 기업은 환경과의 상호의존, 상호작용의 관계 속에서 존속·발전하는 것이다. 그러므로 기업이 환경의 변화에 창조적으로 적응해 가지 못할 경우 기업의 실패는 불가피하게 된다. 기업이 생존하고 특정한 목표를 계속 달성해 나가기 위해서는 환경조건에 적응하여야 할 뿐만 아니라 환경조건을 기업에게 유리한 방향으로 변화시켜야 한다.

기업을 둘러싸고 있는 경영환경이란 크게 거시적 환경(macro-environment)과 산업환경(industry-environment)으로 구분해 볼 수 있다. [그림 2-1]에서 보는 바와 같이 거시적 환경이란 기업의 성과 달성과 의사결정에 영향을 미치는 경제적, 사회적, 인구통계적, 정치적 요인들을 말한다. 그리고 산업환경이란 경쟁자, 고객, 공급자 등 기업활동에 직접적인 영향을 미치는 요인들로서 과업환경(task-environment)이라 불리기도 한다.

기업은 높은 성과를 달성하기 위하여 외부환경에 적합한 전략을 선택할 필요가 있다. 만약 기업이 과거의 전략에 집착하여 새로운 환경변화에 적절하게 대응하지 못한다면 그 기업의 경영성과는 궁극적으로 떨어지게 된다. 그러므로 기업은 외부환경의 변화 추세를 면밀하게 분석하여, 이에 적절한 전략적 대응을 하여야 한다.

이를 위해서는 외부환경으로부터 어떠한 기회와 위협이 주어지는지에 관하여 조사할 필요가 있다. 만약 환경으로부터 기회요인을 발견한다면, 기업은 그 기회를 최대한으로 살릴 수 있는 전략적 방안들을 강구하여야 할 것이다. 반대로 환경으로부터 위협요인을 발견한다면, 그 위협으로부터 기업을 방어하기 위한 전략적 방안들을 마련하여야 할 것이다.

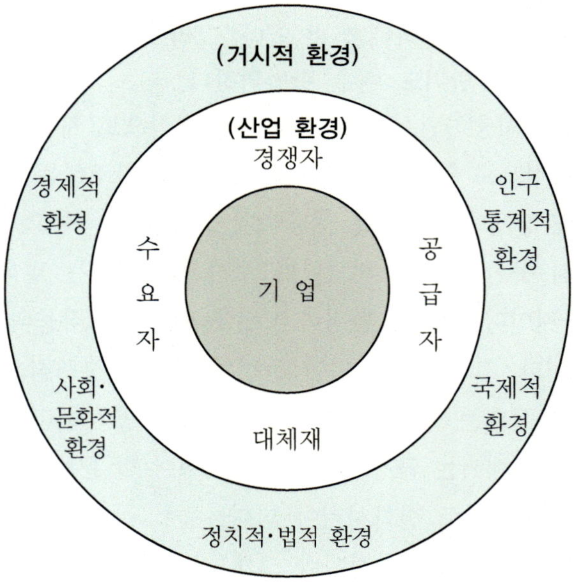

[그림 2-1] 창업기업의 경영환경

제2절 거시환경 분석

거시환경요소는 산업밖에 존재하는 것으로 시장 수요에 중요한 영향을 미친다. 이러한 영향요인들은 계속적으로 변화하여 기업에 기회와 위협요인을 부여한다. 거시적 환경에는 경제적 환경, 기술적 환경, 사회·문화적 환경, 인구통계적 환경, 정치적·법적 환경 등이 있다.

2.1 경제적 환경

경제의 전반적 성격과 방향을 말한다. 경제적 환경의 변화는 다른 환경에 비해 기업에 미치는 영향이 간접적이다. 이러한 경제적 환경은 기업이 활동하는 경쟁의 본질과 방향을 결정한다. 경제적 환경은 제품의 수요 크기나 성장률, 원료 및 중간재의 가격, 제품의 생산원가, 판매 가격, 자본의 조달 가능성 등에 영향을 미치나 그 영향의 정도는 산업에 따라 다르게 나타난다.

1) 경제성장률

경제가 성장하게 되면 소비지출이 늘어나게 되고, 또한 이것은 기업에게 확장의 기회를 준다. 반대로 경제적 불황은 반대의 결과를 초래하게 되며 그로 인해 극심한 가격경쟁이 야기된다.

2) 금리

금리는 제품의 수요 수준에 영향을 미칠 수 있다. 왜냐하면 소비자들이 돈을 차입하여 제품을 구입하는 경우 금리가 중요한 구매 결정요인으로 작용하기 때문이다. 또한 금리는 기업의 자본비용을 결정하는 요인이기 때문에 투자전략에 주요한 영향을 미친다. 일반적으로 금리가 하락하면 통화량은 증가하고 주가는 상승하며, 결과적으로 기업의 자금사정을 호전시켜 경기를 부추길 수 있다.

3) 환율

환율의 변동은 무역기업뿐만 아니라 국내 시장만을 상대하고 있는 기업들에게도 직·간접적인 영향을 미친다. 특히 이러한 환율의 변동은 수출시장에서 제품의 경쟁력에 큰 영향을 미친다.

4) 인플레이션

일반적인 가격 수준의 상승을 말하며, 기업경영에 지대한 영향을 미친다. 잘 운영되는 경제에도 다소의 물가상승은 있기 마련이다. 그러나 문제는 임금상승률이 물가상승률을 따라 주느냐에 달려 있다. 임금상승률이 물가상승률을 따르지 못하면, 이는 결국 가처분소득의 저하로 이어진다. 가처분소득이 저하되었을 때 소비자의 구매빈도나 물량도 줄어들 가능성이 높아지며, 이외에도 가격에 대한 탄력성, 점포의 선택 등 다른 소비자행동에도 많은 변화를 불러오게 된다.

또한 인플레이션은 경제를 불안하게 한다. 경제성장 속도를 더디게 하고 또한 금리를 상승시킨다. 그리고 인플레이션은 무엇보다도 미래예측을 어렵게 만들어 기업의 투자의욕을 감소시키고, 결국에는 경제전반을 위축시키게 된다.

2.2 기술적 환경

새로운 기술을 창조하고 새로운 제품과 시장 기회를 창조하는데 영향을 미치는 영향력을 말한다. 이러한 기술적 환경이야말로 오늘날 기업의 운명을 결정하는 가장 극적인 요인이 되고 있다.

기술환경요인은 기초과학뿐만 아니라 신제품 개발, 새로운 제조기법 발명 등을 모두 포함한다. 그리고 한 사회의 전반적인 기술환경은 그 사회가 생산할 수 있는 제품과 서비스 수준을 결정짓는다. 이러한 기술적 변화는 기존의 제품을 진부화시키는 동시에, 새로운 제품을 출현시킨다. 또한 기존 제품의 수명주기를 단축시킬 수 있다.

트랜지스터의 발명으로 진공관이 사라지고, PC의 등장으로 타자기 산업이 사양화되고, 정보통신의 발전으로 인터넷 이용을 통한 산업의 변화는 그 상상을 초월하는 미래를 맞이하고 있다. 그러므로 기업은 새로운 기술변화가 어떠한 영향을 미칠 것인지 예측하고 전략적으로 그 효과를 분석할 필요가 있다.

2.3 사회·문화적 환경

사회·문화적 환경요인이란 문화적, 사회심리적, 종교적 조건 등을 의미한다. 이러한 환경요인은 사회 구성원의 이념, 가치관, 태도 등에 영향을 미침으로써 기업에게 사업성 기회를 제공하기도 하고 때로는 위협요인으로 작용하기도 한다. 사회·문화적 환경요인의 변화는 외적으로는 시장 수요와 고객의 구매행동에 영향을 주고 내적으로는 조직 구성원들의 태도와 행동에 영향을 미친다.

① 경제 수준이 고급화될수록 하위 소득계층이 축소되고 중상층 비중이 상대적으로 증가하게 된다. 그리고 전반적인 교육 수준이 상승되면서 소비자의 욕구가 다양화되고 고급화된다.

② 사회문화의 발전으로 경제단체, 소비자단체, 노동조합, 종교단체 등 각종 이익집단들의 역할이 증대된다. 이들 이익집단은 자신의 이익을 추구하는 과정에서 기업에 압력 요소로 작용할 수 있다.

③ 사회 구성원의 가치관에 변화를 가져오며, 이에 따라 소비자들의 소비경향과 구매행동도 영향을 받아 변화한다.

2.4 인구통계적 환경

인구통계적 환경요인으로는 연령 및 소득의 분포, 교육 수준, 인구이동, 인구증가율, 이혼율, 사망률, 출생률 등이 있다. 이러한 요인들의 변화는 기업 입장에서는 새로운 기회 및 위협의 원인이 된다. 예를 들면 전쟁이후 베이비붐은 유아용품의 특수를 창출하기도 하고, 인구의 노령화는 실버산업을 발전시키고 있다.

인구통계적 환경은 시장의 규모를 결정짓는 가장 기초적인 요인이 된다. 이러한 인구통계적 환경이 산업 및 기업의 시장규모를 결정하는 좋은 예로는 미국의 베이붐(bay boom) 세대를 들 수 있다. 제2차 세계대전 직후에 미국에서는 7천5백만 명의 어린이들이 태어났고, 이들이 성장하여 현재 미국 인구의 1/3을 차지하고 있다. 이들은 세월의 변화에 따라 유아, 어린이, 청소년, 장년, 중년, 노년으로 연령이 높아지면서 새로운 수요를 형성하여 가고 있다.

1950년대의 유아의류나 유아용품·장난감 산업, 1960년대의 청바지·레코드·화장품산업, 1970년대의 유흥·레저·패션산업, 1980년대의 건강산업·고급 주택산업이 거대한 수요를 창출한 것은 이들 연령 변화와 관련이 깊은 것이다.

우리나라의 경우 노령인구는 1995년 166백만 명, 2000년 337백만 명이며, 2010년 503백만 명, 2020년 690백만 명, 2030년 1,017백만 명으로, 총인구 중 노령인구비율은 각각 5.9%, 7.1%, 10.0%, 13.2%, 19.3%로 급속한 증가가 예상되고 있다.

또한 출생인구의 감소는 소득향상과 함께 유아용품의 고급화, 패션화로 변화되고 있으며, 적은 수의 자녀에 대한 교육비나 양육비가 고급화되고 있어 기업에게는 가격 인상에 대한 소비자의 반발이 둔화되고 차별화와 고가 정책의 수립이 과거보다 쉬워졌다.

이러한 인구통계적 환경은 다른 환경요인에 비해서는 비교적 예측이 가능하다. 왜냐하면 인구통계적 환경은 전쟁, 천재지변 등 갑작스러운 상황의 변화가 없다면 안정적인 변화를 보이며, 그 양상은 추세 변동의 형태를 보이기 때문이다. 따라서 기업이 인구통계적 환경의 변화에 의해 갑작스럽게 어려움을 겪는다는 것은 기업 경영자의 실책이라고 할 수 있다.

2.5 정치적 및 법적 환경

정치적 또는 법적 이유로 인해 각종 규제 조치가 추가되거나 제거됨에 따라 기업은 전략적으로 새로운 위협과 기회를 맞이할 수 있다. 국영기업체와 금융기관은 물론 사기업도 세법, 노동법, 공정거래법 등 각종 법규를 준수하여야 한다. 또한 국민보건, 안전, 환경 등 여러 가지 해당 법규를 준수하여야 한다. 최근에는 오존층의 파괴, 산성비, 지구온난화 현상과 같은 환경 문제들이 정치적 쟁점으로 등장하면서 기업에 위협을 주고 있다.

제3절 산업환경 분석

산업의 특성을 분석할 수 있는 모형이 마이클 포터(M.E. Porter)의 5가지 영향요인 모형이다. 이 모형은 산업의 경쟁질서를 좌우하는 요인으로서 ① 잠재적 경쟁자의 진입 위협, ② 기존 기업 간의 경쟁, ③ 수요자 교섭력, ④ 공급자 교섭력, ⑤ 대체재의 위협을 제시하고 있다.

이 모형에 의하면 5가지 영향요인들이 강하게 작용할 때, 기업은 가격을 높게 책정하고 수익성을 확보할 수 있는 능력에 제약을 받기 때문에 불리하다고 한다. 반면에 영향요인들이 약하게 작용할 때는 높은 수익성을 확보할 수 있는 기회가 많이 작용한다고 한다.

산업에 따라 5가지 영향요인 모두 똑같이 중요하지 않으며, 주요한 구성요인들은 서로 다르다. 따라서 모든 산업은 자신만의 독특한 구조를 가지고 있다고 할 수 있다. 같은 산업이라 할지라도 이와 같은 영향요인의 강도는 시간이 흐르고 산업이 진화함에 따라 달라진다.

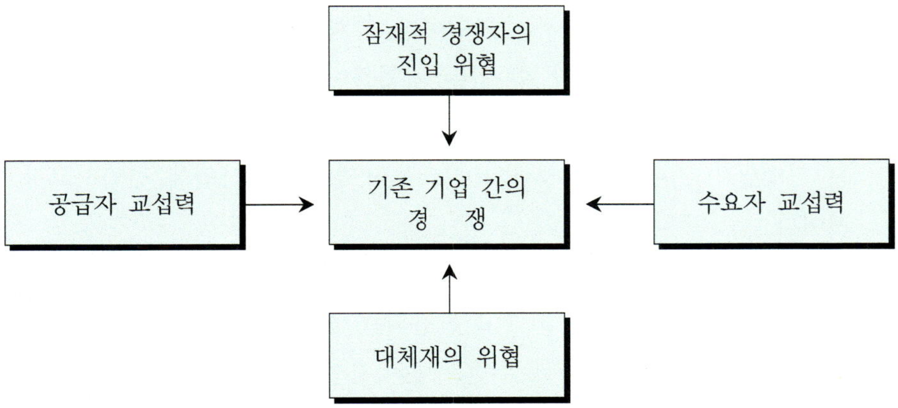

자료: Michael E. Porter, Competitive Strategy, The Free Press, 1980, p.4.

[그림 2-2] 산업환경 분석모형

그렇지만 어떤 산업에서도 5가지 요인은 기업으로 하여금 산업의 수익성과 자신의 수익성을 크게 향상시킬 수 있는 전략적 혁신을 유발할 뿐만 아니라 산업 내의 경쟁에 있어서 복잡하고 중요한 요인을 파악할 수 있게 해 준다. 그러므로 전략기획 담당자들은 이러한 영향요인들의 변화에 따른 기회와 위협요인들을 정확하게 파악하여 적절한 전략적 방안을 강구하여야 한다.

3.1 잠재적 경쟁자의 진입위협

현재 산업 내에서 경쟁하고 있지 않지만 언제든지 마음만 먹으면 진입할 수 있는 능력을 갖춘 기업을 말한다. 잠재적 경쟁자의 진입 위협이 크면 클수록 기존의 기업들은 수익성과 시장점유율 측면에서 위협을 느끼게 된다. 그러므로 이러한 진입 위협이 클수록 기존 기업의 수익성은 더 많이 위협받는다고 할 수 있다. 반면에 진입 위협이 낮을수록 기존 기업들은 쉽게 가격을 올리고 더 많은 수익을 확보할 수 있는 기회를 갖게 된다.

이러한 잠재적 경쟁자가 될 수 있는 기업들에는 다음과 같은 여러 종류가 있다.

① 시장 확대를 노리는 기업이다. 예를 들면 다른 지역에서 활동하고 있는 기업은 지역 이동을 통해 쉽게 경쟁자가 될 수 있다.

② 제품 영역을 확대하고자 하는 기업이다. 유사한 제조기술과 유통망을 기반으로 산업에 쉽게 진입할 수 있는 기업들이 여기에 해당한다.

③ 후방 통합의 가능성이 있는 기업이다. 기존 제품을 부품으로 구매하고 있는 기업들의 경우 자체 생산의 필요성이 있을 때 산업에 진입하고자 할 것이다.

④ 전방 통합의 가능성이 있는 기업이다. 부품을 공급하고 있는 기업의 경우 완제품이 전략적 가치가 크다고 판단되는 경우 산업 진입을 시도하기 쉽다. 예를 들면 텍사스인스트루먼트사는 자신이 만들고 있는 반도체 칩을 활용하여 시계, 계산기, 컴퓨터 산업에 쉽게 진입하였다.

잠재적 경쟁자의 진입 위협은 진입장벽(barriers to entry)에 따라 그 크기가 달라진다. 이때 진입장벽이란 잠재적 경쟁자가 특정 산업에 진입하는 것을 제한하는 각종 장애요인으로서 산업 진입에 수반되는 비용을 의미한다. 이러한 비용

(진입장벽)이 크면 클수록 산업의 수익성이 높다 하더라도 잠재적 경쟁자는 산업에 진입하기가 어려우며, 그 결과 기존 기업들은 더 높은 이익을 향유할 수 있다. 잠재적 경쟁자가 부담하여야 될 비용이 많을수록 진입장벽은 그만큼 높게 된다.

베인(Joe S. Bain)은 산업의 진입장벽을 형성하는 주요 원천으로 상표충성도, 절대적 비용우위, 규모의 경제 등을 들고 있다. 이러한 원천들을 통해 기존 기업들이 높은 진입장벽을 구축할 수 있을 때 신규 진입의 위협은 그만큼 감소한다. 그리고 이러한 위험이 줄어들수록 기존 기업들은 더 높은 가격을 책정하여 더 높은 수익성을 확보할 수 있게 된다.

1) 상표충성도

상표충성도란 지속적인 광고, 특허, 제품 혁신, 고품질, 애프터서비스 등을 통하여 창출할 수 있는 기존 기업의 제품에 대한 구매자의 선호도를 말한다. 이러한 상표충성도가 강할수록 신규 진입자는 기존 기업으로부터 시장점유율을 탈취하기 어렵다. 그러므로 상표충성도는 신규 진입자로부터 기존 기업의 이익을 보호하는 역할을 한다.

2) 절대적 비용우위

기존 기업이 비용 측면에서 신규 진입자가 따라올 수 없는 월등한 제조기법, 특허, 값싸게 원자재를 확보할 수 있는 능력 등의 절대적 우위를 점한다면 신규 진입으로 인한 위협은 그만큼 줄어든다.

3) 규모의 경제

대량생산 및 대량 구매로 인한 원가절감, 대규모 매출에 의한 고정비용 부담률의 감소, 광고효과 등으로부터 창출되는 기업규모에 따른 원가상 이점을 의미한다. 이러한 규모의 경제에 의한 이점이 클수록 신규 진입자들은 어려움에 처하게 된다.

3.2 기존 기업 간의 경쟁

기존 기업 간의 경쟁 밀도는 경쟁자들의 수와 그들의 활동 특성, 제품 차별화 정도, 원가 구성과 퇴출장벽 등 여러 가지 요인에 의해 결정된다.

1) 경쟁기업의 수와 활동 특성

경쟁업체의 수가 많고 유사한 목표, 동일한 비용구조로 생산활동을 하고, 유사한 전략을 활용할수록 경쟁이 더욱 치열해진다.

2) 제품 차별화

제품의 용도는 본질적으로 동일하나, 제품의 구조, 성능, 디자인 등의 차이에 의해 발생하며, 때로는 이러한 제품의 물리적 특성 차이 외에도 특정 브랜드와 관련된 신분 의식 등과 같이 주관적 인식의 차이에 따라 발생하기도 한다. 시장 특성에 있어 제품 차별화의 여지가 적을수록 기업들은 가격경쟁에 의존하게 된다. 왜냐하면 제품과 서비스에 대해 기업 간 차별성이 없다고 인식될 때 소비자는 가격을 중시하기 때문이다. 따라서 제품 차별화의 정도가 약한 산업일수록 기업 간의 가격경쟁이 심하다.

3) 원가구성

일반적으로 경쟁기업들 사이에 수익성 증가보다 시장점유율 증가를 위한 경쟁이 이루어질 때 기업 간 경쟁은 더욱 치열해진다. 특히 구조적으로 고정비 비중이 높은 경우 가동률을 높이려는 압력을 받게 된다. 따라서 무리한 물량경쟁이 촉발될 수 있으며, 이 경우 지나친 가격 인하 경쟁으로 치닫는 수가 있다.

4) 퇴출장벽

특정 산업에 참여하고 있는 기업이 해당 산업으로부터 떠나고자 할 때 이를 제한하는 장애요인이나 비용을 의미한다. 이러한 퇴출장벽이 높을 경우 기업 간 경쟁이 심해진다. 왜냐하면 사업에서 손을 떼려 해도 많은 비용이 소요되므로, 기업들이 배수의 진을 치고 경쟁에 임하기 때문이다. 이러한 퇴출장벽에는 경제적·감정적 요인들이 있다. 경제적 요인에 관한 예를 들면, 보유자산이 특수목적에 전문화된 것일수록 청산 시 시장가치가 적기 때문에 그만큼 많은 비용을 지불하여야 퇴출이 가능해진다. 또한 사업에 대한 자부심과 자존심 등 심리적 요인이 퇴출장벽이 될 수 있다.

3.3 수요자 교섭력

교섭력(bargaining power)은 공급자와 수요자 간에 상대적인 힘의 격차에서 발생한다. 수요자 교섭력은 수요자의 힘이다. 만일 수요자가 제품가격의 인하나 보다 나은 품질 또는 보다 나은 서비스를 요구하게 되면 공급자인 기업에게는 위협이 된다. 반면에 고객인 수요자 입장이 약화되면 가격을 인상할 수 있고 보다 나은 수익을 얻을 수 있다. 수요자가 상대적으로 판매자보다 힘이 있을 때 수요자는 사업의 수익성을 악화시킬 수 있다. 예를 들면, 다음과 같은 상황에서 수요자는 높은 교섭력을 갖게 된다.

① 수요자의 구매량이 판매자의 전체 매출액에서 큰 비중을 차지할 때이다. 특정 수요자가 전체 매출의 상당 부분을 차지한다면 자연히 영향력이 커지고 그 수요자의 요구를 수용하지 않을 수 없게 된다.

② 수요자가 대량의 제품을 구매할 때이다. 이 경우 수요자는 강력한 구매력을 활용하여 가격 인하를 시도하기 쉬어진다.

③ 제품이 차별화되어 있지 않은 경우이다. 이 경우 수요자들은 언제라도 다른 공급회사들로부터 제품을 구입할 수 있기 때문에, 자신에게 보다 유리한 조건을 요구하는 경향이 있다.

④ 수요자가 용이하게 후방 통합을 할 수 있는 경우이다. 이 경우 수요자는 후방 통합의 위협을 통하여 거래상 양보를 끌어내기 쉽다.

⑤ 수요자들이 자세한 정보를 확보하고 있을 때이다. 수요자들이 수요 상황, 시장 가격동향, 공급자들의 구체적인 원가구조 등을 파악하고 있다면 수요자의 협상능력이 보다 커질 수 있다.

한편, 수요자의 교섭력이 구조적으로 취약하다면 기업은 보다 유리한 가격을 책정하여 수익성을 높일 수 있는 기회를 얻을 수 있다.

3.4 공급자 교섭력

공급자와 수요자의 교섭력은 상대적이다. 공급자는 수요자의 경우와 마찬가지로 공급자의 수와 원자재의 중요성에 따라서 기업의 수익성에 영향을 미친다. 즉 공급자 교섭력이 강할수록 기업의 수익성을 악화시킬 수 있다. 이러한 교섭력은 다음과 같은 상황에서 커진다.

① 대체품이 없는 경우이다. 공급자의 제품을 대체할만한 다른 제품이 없다면 그만큼 공급자에 대한 의존도가 높아지고 공급업자의 요구를 수용하여야 되는 경우가 많다.

② 공급자의 제품이 기업의 생산 및 경영활동에 중요한 요인이 될 때이다. 이 경우 경영활동에 차질을 일으키지 않기 위하여 어쩔 수없이 공급자의 요구를 수용하여야 되는 경우가 많다.

③ 제품이 차별화되어 있는 경우이다. 제품이 차별화되어 다른 공급업자로 쉽게 전환할 수 없는 경우 공급업자에 대한 의존도가 높아진다.

④ 공급자들이 손쉽게 전방 통합을 할 수 있는 경우이다. 이 경우 공급자들은 전방 통합의 위협을 통하여 보다 유리한 조건으로 거래를 할 수 있다.

한편, 공급업자의 교섭력이 취약하다면 기업은 공급업자에게 가격 인하나 품질향상 요구를 하기 쉽기 때문에 기업의 수익성을 향상시킬 수 있다.

3.5 대체재의 위협

대체재란 특정 제품과 직접적으로 경쟁을 하지 않지만 기업의 판매 수익에 영향을 줄 수 있는 제품을 말한다. 예를 들어 플라스틱은 철강 제품의 대체재이며, 비닐 제품은 가죽 제품의 대체재가 될 수 있다.

산업의 수익률은 대체재의 존재 여부에 따라 크게 달라진다. 그러므로 이러한 대체재의 존재 여부는 기업의 가격 책정에 영향을 미치며, 그 결과 수익성에도 영향을 준다. 만약 뚜렷한 대체재가 존재하지 않는다면, 그만큼 위협이 줄어들고 가격 책정에 있어서도 유리한 입장에 있을 수 있기 때문에 기업의 수익성 증대에 도움을 준다. 이러한 대체재가 가격결정에 위협을 주는 정도는 고객의 대체 성향과 가격 대비 성능 비율에 의해서 결정된다.

PART

2

창업과정

Chapter

03 사업 아이디어 선정

제1절 사업 아이디어 의의와 탐색

1.1 사업 아이디어 의의

사업 아이디어는 기업이라고 하는 경제주체(광의의 생산, 운영시스템)의 산출요소를 규정하는 것을 말한다. 즉 기업의 목적 달성을 위한 수단으로써의 최종 목적물인 제품 또는 서비스를 의미하는 것이다.

1) 제품과 고객욕구 측면

사업 아이디어로서의 제품은 물리적(실체적) 제품만이 아니라, 그 제품이 가지고 있는 효용(기능)에 그 가치가 있다(고객에게 중요한 것은 제품 또는 서비스로부터 얻는 만족임). 따라서 현대적 의미의 다차원적 제품 개념(확장된 제품 개념)과 그에 따른 고객의 욕구(needs, wants)를 고려하여야 하며 고객의 욕구가 없으면 사업도 없다.

2) 시장과 고객신용 측면

과거 제품 중심의 사업에서 고객(시장) 지향적인 사업 아이디어로의 개념이 필요하다는 것이다. 즉 참여하는 시장과 추구하는 고객의 유형을 의미하는 개념이다. 이때의 유형은 동일성에 의해 계층화되는 경향이 있으며 지역, 인구통계, 사회경제적 계층, 수명주기, 개인적 특성(소비재), 사용자 및 업계 규모(산업재) 등이 고려대상이 된다.

[표 3-1] 제품지향적 정의와 시장지향적 정의

회사명	제품지향적 정의	시장지향적 정의
레브론	화장품을 만든다.	우리는 희망을 판다.
제록스	복사장비를 만든다.	우리는 사무실 생산성 증대를 돕는다
콜롬비아 영화사	영화를 만든다.	우리는 오락을 시장에 내놓는다.
브리타니카	백과사전을 만든다.	우리는 정보를 생산·보급하는 사업을 한다.
캐리어	에어컨을 만든다.	우리는 집안에 안락한 분위기를 제공한다.

3) 기술과 수행 기능 측면

고객의 욕구를 충족시키는 방법적 측면의 고려사항으로, 경쟁전략에 바탕을 두는 전문화 또는 통합화에 대한 기업의 독특한 능력을 고려의 대상으로 하는 개념이다. '창조적 파괴' 사고에 의한 확장된 범위를 고려하는 관점을 의미한다.

1.2 사업 아이디어 원천

사업 아이디어의 발굴을 위해서는 광범위한 활동과 아이디어 개발을 위한 체계적인 노력이 요구된다. 즉 사업 아이디어는 많은 사람들과 접촉하고 전시회 참여나 독서 등 관련 분야의 전문지식을 확보하기 위한 다양한 노력을 통해서 얻을 수 있다.

창업을 위한 사업 아이디어의 원천은 다음과 같이 다양하다.

① **기대치 않았던 초대** : 초대성 제안이나 부탁의 형식으로 발생하는 경우
② **전직** : 예비 창업자가 근무하던 이전 직장의 업무와 관련해서 얻어지는 경우
③ **권리의 취득** : 권리 구입 또는 아이디어 창안자와 협력관계를 맺는 경우
④ **어떤 사업을 수행하는 과정에서 얻게 되는 또 다른 사업기회**

⑤ **취미** : 취미로 시작하게 된 것이 사업으로 이어진 경우
⑥ **사회활동을 통해 만난 사람들로부터 아이디어를 얻는 경우**
⑦ **단순한 행위의 관찰** : 주변 상황을 단순히 관찰함으로써 창업을 위한 사업 아이디어를 얻게 되는 경우

미국독립사업전국협회(National Federation of Independent Business)에서는 회원을 대상으로 "지금 하고 있는 사업의 아이디어를 어디에서 얻었는가?"라는 설문조사를 실시한 적이 있다. 그 결과 "이전 일의 경험"이라는 대답 비율이 45%였으며, 16%가 취미 또는 관심사였고, 그다음으로 "우연한 기회"로부터가 11%, 어떤 사람의 제안에 의한 아이디어 획득이 7%이었다.

이처럼 대부분의 경우 사업기회가 체계적인 탐색보다 자연 발생적으로 발견된다고 해서 창업자들이 우연한 발견을 위해서 마냥 기다릴 수는 없는 것이다. 우연한 발견도 적극적으로 탐색하는 자에게 발견 확률이 높기 때문에 무언가 아이디어 탐색 방안을 모색해야 한다. 예비 창업자들이 적극적이고 체계적인 방법으로 사업 아이디어를 얻을 수 있는 정보 원천이 사실상 다양한 경로에 존재한다.

그러므로 창업기업을 설립하기 위하여 사업 아이디어를 얻어낼 때도 이와 같이 적극적이고 체계적인 탐색을 통해서 우연한 발견 확률을 높일 수 있다. 창의적이고 좋은 사업 아이디어는 창업을 추진하려는 창업자의 기본도구가 되며, 이를 통해서 사업기회를 포착하는 발판을 마련하게 되므로, 새로운 아이디어를 얻기 위해서는 남들보다 앞서서 상황적 변화의 패턴을 인식하는 것이 중요하다. 이를 위해서는 직장이나 기타 일상생활의 경험을 새롭게 재구성하는 노력도 필요하며, 또한 창의적인 아이디어 창출기법을 적극 활용하는 자세도 필요하다.

1.3 사업 아이디어 탐색

여러 가지 사업 아이디어 중에서 가장 적합한 아이디어를 찾아내는 것이 사업 아이디어 탐색과정의 가장 핵심적인 단계라 할 수 있다. 이러한 사업 아이디어의 탐색은 자신의 가장 가까운 주변에서부터 접근하는 것이 바람직하다. 특히 사업 아이디어는 경험이 있는 분야 및 평소 관심과 흥미가 있는 분야 중에서

선정하는 것이 좋다. 왜냐하면 창업자가 경험이 있는 분야는 이미 축적된 기술과 지식을 바탕으로 자신감을 가지고 쉽게 사업을 추진할 수 있기 때문이며 관심과 흥미가 있는 분야는 일을 하면서도 즐겁고 재미있게 일을 해나갈 수 있기 때문이다.

사업 아이디어를 위한 정보 원천으로는 신문 및 잡지 또는 TV 프로그램 등 다양한 채널이 있다. 특히 인터넷을 통한 창업사이트 활용은 최근 사업 아이디어 선정을 위해 좋은 수단이기도 하다. 이러한 다양한 창업 관련 정보 원천을 통해서 향후 창업시장을 예측해 보고 나름대로의 시장 전망도 해 볼 수 있다. 이 과정을 거쳐 선택한 몇 가지 사업 아이디어는 다음 단계에서 직접 시장에 대한 반응과 현장조사를 실시한다. 그것은 아이디어가 갖는 특성을 직접 확인함으로써 아이디어에 대한 위험을 파악할 수 있게 된다. 또한 장점과 단점을 파악함으로써 아이디어에 대한 차별화 포인트를 찾아내는데 주력할 수 있게 된다.

제2절 사업 아이디어 선정기준

사업과 사업 아이디어의 문제는 바늘과 실의 관계이다. 사업을 하고자 하면 반드시 영위하고자 하는 사업 아이디어가 있어야 하기 때문이다. 그만큼 창업에 있어서 사업 아이디어 선정 문제는 사업실패와 직결된 문제이므로 신중을 기하여야 한다. 창업자는 사업 아이디어 선정을 시작으로 직접 기업을 경영하는 사업가의 길을 걷게 된다. 사업 아이디어 선정에 있어 무엇보다도 중요한 것은 창업자가 '어느 분야에서 경쟁력이 있는가?' 하는 것이다.

이와 같이 사업 아이디어 선정은 현재의 유행과 추세도 중요하지만, 자기의 실력을 발휘하고 적성에 맞는 분야를 선택하여야 한다. 성공의 지름길은 자기 자신이 객관적으로 판단하여 경쟁력 있는 아이디어를 선택하는 일이다. 그러므로 사업 아이디어 선정의 기본원칙을 제시하면 다음과 같다.

① 해당 사업의 성장 가능성이 있는가?

② 자신의 경험이나 특징을 활용할 수 있는가?

③ 실패 위험이 적은가?

④ 공장을 설립하여야 하는가?

⑤ 아웃소싱(outsourcing)이 가능한가?

⑥ 대기업이 참여하기 곤란한가?

⑦ 자기 자본 규모에 적당한가?

⑧ 수요와 시장성이 충분한지 또는 1~2년 내에 수요가 형성될 수 있는가?

⑨ 투입비용에 대비하여 수익성은 높은가?

⑩ 일시적인 유행에 그치는 분야는 아닌가?

[표 3-2] 사업 아이디어의 선정기준

구분	선정 기준
적성·능력의 적합 여부	• 적성 및 성격은 맞는가? • 건강유지능력은 있는가? • 해당 업종의 경험 또는 사업수행능력, 지식유무? • 해당 업종의 창업자금 조달능력은 양호한가?
시장성·입지성 전망	• 해당 지역에서의 시장분석상 입지가 해당 업종에 적합한가? • 사업발전단계상 도입기, 성장기 업종인가? • 해당 업종의 시장규모가 커지고 있는가? • 시장의 경쟁현황과 전망은 양호한가?
수익성 양호 여부	• 투자비용에 비해 수익전망은 양호한가? • 손익분기점은 얼마이며, 언제인가? • 2~3년 이내 흑자 실현이 가능한가? • 인테리어공사 등 고정비가 권리금화에 유리한가?
상품성 우수 여부	• 고객 입장에서 가격에 비해 유용한 상품인가? • 고객에게 인기도와 경쟁은 있는가? • 영업 및 A/S 가능 여부? • 상품조달 및 공급의 용이성은?
위험요소 여부	• 해당 업종 인·허가문제에서 미비한 점은 없는가? • 경쟁업체 및 거래업체와의 분쟁 소지 여부는?

제3절 사업 아이디어 선정 시 고려요소와 순서

3.1 사업 아이디어 선정 시 고려요소

유망 사업 아이디어의 엄격한 의미는 성장성, 즉 장래성이 있고 사업의 궁극적인 목적이라 할 수 있는 수익률이 높은 업종으로서 안정적인 매출 실현이 가능할 뿐만 아니라 자금회전율이 높은 업종이라 할 수 있다.

그러나 현실적으로 이러한 유망업종을 찾기란 거의 불가능하다. 그러므로 유망 사업 아이디어란 돈벌이가 확실한 업종이라기보다는 실패율이 낮은 업종으로서 어느 정도의 부가가치가 있고 기본 시장이 존재하여 향후 수요 확대의 여지가 큰 업종 정도로 해석하는 것이 창업자에게 적절하다고 본다.

창업이란 너무 낙관적이면 방심하게 되고, 사업을 통해 일확천금을 노리다 보면 곧 실패의 문턱에 이를 수 있다. 따라서 사업 아이디어 선정 시 유행에 휩쓸려 인기있는 아이디어만을 선정하고 사업을 시작하면 결국은 같은 업체들과의 지나친 경쟁으로 인하여 사업운영이 힘든 경우가 많기 때문에 유행에 휩쓸린 섣부른 아이디어 선정은 금물이라 하겠다.

창업자와 맞고, 성공 가능성이 높은 사업 아이디어 선정을 위해서는 ① 유망 사업 아이디어 기본 조건, ② 제품과 시장과의 적합성, ③ 창업자의 경험·적성·연령 등의 3가지를 고려하여야 한다.

1) 유망 사업 아이디어 기본조건

(1) 대기업이 참여하기 곤란한 새로운 업종

창업하려고 하는 사람은 먼저 자신의 경험 및 능력과 자금조달 가능 범위 내에서 시작할 수 있는 업종을 우선적으로 고려해야 한다. 해당 사업이 누가 보아도 유망한 사업이어서는 곤란하다. 대기업이 막대한 자금과 조직력으로 성장 분야 산업에 참여하는 경우가 흔히 있기 때문이다.

중소기업을 위해 정책적으로 지원하고 있는 업종으로서 산업통상자원부 장관이 고시한 중소기업우선육성업종, 중소기업계열화업종, 중소기업고유업종과 공업배치법 시행령에 규정하고 있는 도시형 업종 및 창업지원법 시행령상 기술집약형 중소기업 업종, 벤처기업 육성을 위한 특별조치법 시행령에 규정하고 있는 업종 중 자기에게 적합한 업종이나 제품으로 창업할 수 있는 기회를 포착할 필요가 있다. 또한 차세대 성장산업의 부수 산업, 부품산업 및 하청 사업으로부터 사업 가능성을 찾아볼 필요가 있다.

고객의 입장에서 편리한 것이면서도 대기업의 조건에는 맞지 않거나 대기업으로서는 불가능한 그런 분야의 사업 아이템도 얼마든지 있다.

(2) 기동성이 있는 사업 아이템의 선택

원료와 소재를 생산하는 사업은 같은 제품을 대량으로 생산하여 값싸게 공급해야 하므로 신제품 개발 등과 경영 합리화도 도모해야 하므로 투입자금은 그만큼 대규모화할 수밖에 없다. 따라서 소재산업보다 2차 가공 또는 3차 가공산업이 창업 업종으로 적합하다. 가공산업부문이 기동성이 있고 가공방법 등에 따라 제품이 얼마든지 달라질 수도 있기 때문이다.

철을 소재로 하는 사업은 자동차·선박·가전제품·건축물 등으로 분류될 수 있으며, 이들 중 분류 업종은 다시 수천수만 종의 부품산업, 플라스틱 성형제품, 건축자재 산업 등으로 나누어지게 된다.

식품가공이나 레스토랑 산업도 핵분열 내지 분점이 비교적 용이하다. 기동성 있는 업종의 선택은 매출증가도 용이하고 성장 가능성도 높으며, 실패 비용도 최소화할 수 있다.

(3) 자본규모에 적정한 업종의 선택

아무리 좋은 업종이라도 자금이 뒷받침되지 않은 사업구상은 허구에 불과하고 결국 실패로 이어질 수밖에 없는 것이다. 따라서 업종 선택은 조달 가능한 자본규모와 연결하여 검토하는 것이 필수적이다.

창업자는 자금동원능력이 뒤따르지 않는 경우에는 처음부터 공장을 짓는 등 사업을 크게 시작할 필요가 없다. 최근 아웃소싱이 각광을 받고 있는 것은 이러한 이유에 기인된다. 사업가는 아이템에 대한 아이디어와 캐릭터를 부여하고 외주를 통하여 생산하고 직접 판매를 담당함으로써 성공을 한층 앞당기는 것이다.

도·소매업 및 서비스업이라면 점포 또는 사무실 임차료 외에 시설비, 상품 구입비와 더불어 권리금이라고 하는 영업권도 계상해 주어야 한다.

자금조달능력은 자기자본, 인간관계를 통한 조달 가능액(일종의 소액 사채), 금융기관 차입 가능액(담보력, 신용 등을 감안하여 은행과 제2금융기관을 구분 산정)으로 구분하여 산정한다.

적정 자금 투입 범위를 결정한다. 그다음은 가계에 전혀 지장을 주지 않은 범위(저축 및 주거용 이외 부동산의 담보), 가계에 영향을 주는 범위(주거용 주택의 담보), 타인에 영향을 주는 범위(사채 및 제3자 주거용 이외의 부동산 담보), 창업자와 조력자의 공멸을 가져오는 범위(제3자 주거용 담보 활용) 등으로 구별하여 실패할 경우를 대비하여 스스로 책임질 수 있고 피해를 최소화할 수 있는 선에서 적정 자금 투입 규모를 결정한다.

적정 자금 투입 규모가 산정되면, 자본규모(타인자본 포함)에 적합한 업종으로서 자기 경험과 적성에 합당한 업종을 다수 선정한다. 예비 선정된 다수의 업종은 각 업종별로 구체적인 정보수집·검토와 사업타당성 분석을 통해 창업 업종으로 선정하는 것이 바람직하다.

적은 자본으로 사업을 할 수 있는 업종을 개괄적으로 살펴보면 다음과 같다.

① 소프웨어산업

향후 10년간 30% 이상 지속적으로 성장할 대표적인 미래형 지식산업이다. 이 분야는 아이디어가 가미된 무형의 상품이 시장의 수요를 창출하는 대표적인 분야이다. 소프트웨어산업은 모든 산업에 연관이 되어 있으므로 그 성공 가능성도 높다고 할 수 있다

② 정보통신서비스산업

정보통신산업 중 정보통신서비스산업은 수요자 중심의 정보를 발굴하고 지속적인 업데이터를 할 수 있다면 적은 비용으로 성공할 수 있는 분야이다. 즉 정보가 팔리는 시대가 되었다.

③ 다품종소량생산산업

최근에는 대량생산보다 소량생산에 인기가 집중하게 되었다. 자동차, 철강 같은 공업제품은 대량생산이 유리하나 과자나 음식점의 요리, 패션, 액세서리 등

취미와 관련되는 분야에서는 대량생산이 오히려 인기를 끌지 못하는 원인이 된다. 이런 분야는 캐릭터가 생명이다. 자본이 적은 사람이라고 해서 사업기회가 없어졌다고는 말할 수 없다. 특히 이런 분야는 생산원가가 얼마 투입하였느냐보다 소비자의 마음을 얼마나 끌 수 있는지가 사업의 성패를 가늠한다.

④ 연구개발산업

전문지식과 기술로 가치를 창출하는 산업으로 국가 전체의 경쟁력을 결정하는 산업이다. 즉 창업자는 기획과 판매를 담당하고, 생산은 기존 기업에 외주를 주는 방법으로 아이디어가 가미된 캐릭터가 생명인 산업이다. 창업자는 기획, 기업은 생산, 판매는 유통업체와 협약 등을 통해 진출 가능한 분야이다.

⑤ 기타 산업분야

적은 비용으로 창업 가능한 기타 분야로서 게임기 개발 등의 영상·콘텐츠산업, 산후조리도우미 관리·제공 등 가사 대체 서비스산업 등도 있다. 특히 각 기관에서 제공하는 신산업정보에 창업자의 아이디어가 부가된다면 획기적일 수 있다.

2) 제품과 시장과의 적합성

이는 제품과 그 제품이 판매될 시장과의 조화 문제로서 신제품 + 기존 시장, 기존 제품 + 신시장의 결합은 성공확률이 높은 반면에, 신제품 + 신시장, 기존 제품 + 기존 시장의 결합은 실패 확률이 높은 편이다.

3) 자신에 맞는 창업아이템의 선정

(1) 전문 지식이나 경험이 있는 분야 선택

관련된 전문 지식이나 경험이 있는 분야와 연관하여 업종과 창업아이템을 선정하는 경우 자신이 가장 자신 있는 분야로 하는 것이 성공확률을 높여준다. 특히 전문자격증을 가지고 있다면 이를 적극 활용한 창업을 고려해 볼만하다. 안경, 제빵, 원예, 디자인, 요리, 조리 등 자격증을 가지고 있다면 관련 전문업종을 선택하는 것도 확실한 방법 중의 하나이다.

비록 자신에게 전문적인 지식이나 경험이 없더라도, 주위에 전문적인 업종에 종사하거나 공장 등을 경영하고 있고 자신에게 적절히 도움을 줄 수 있는 가족이나 친지 같은 사람의 도움을 받는 것도 차선책이 될 것이다.

(2) 자신의 적성이나 성격에 맞는 분야 선택

창업에 있어서 자신의 적성이나 성격은 매우 중요하다. 자신의 적성과 성격에 맞는 업종과 아이템이어야 적극적인 흥미를 가지고 집중할 수 있다. 뿐만 아니라 치열한 경쟁에서 살아남기 위해서 필요한 내심으로 우러나오는 서비스도 가능하게 되어 고객을 사로잡을 수 있으므로 성공확률을 높여주고 사업의 지속성을 유지할 수 있기 때문이다.

(3) 자신의 연령과 조화를 이루는 분야 선택

자신의 연령과 조화를 이루지 못하는 사업 아이템은 아무리 좋은 사업 아이템이라 할지라도 실패확률이 높은 편이다.

3.2 사업 아이디어 선정 순서

사업 아이디어 선정은 성장 가능성이 있어야 하며, 현재뿐만 아니라 미래의 가능성에 더 무게를 두어야 한다. 무계획적이고 체계성이 없는 사업 아이디어 선정은 많은 시간을 낭비하게 하고 최적의 아이디어 선정마저도 불가능하게 만든다. 이러한 사업 아이디어 선정은 철저한 검토 과정을 거쳐야 한다. 이는 창업자 스스로 판단하면 실패의 위험성이 높기 때문이다. 그러므로 주변의 종사자가 있으면 반드시 면담을 하거나 인터넷·전문잡지·신문 등을 통하여 다양한 정보를 수집하여야 하며, 제3자의 입장에서 객관적인 사업타당성 분석을 실시하여 최적의 사업 아이디어를 선정하여야 한다.

일반적으로 사업 아이디어 선정시 기본 순서는 다음과 같다.

① 창업하고자 하는 희망 업종에 대한 정보수집
② 기존 사업, 체험자 또는 종사자와의 면담
③ 후보 사업 아이디어에 대한 구체적인 정보수집 및 정밀 분석·검토
④ 사업타당성 분석
⑤ 최적의 업종 및 사업 아이디어 선정

Chapter

04 사업타당성 분석

제1절 사업타당성 분석의 성격

1.1 사업타당성 분석의 의의

우리는 '아이디어가 돈이다'라는 말을 흔히 들어 알고 있다. 이것은 아이디어의 중요성을 강조하는 표현일 뿐이다. 아이디어는 아직 돈이 아니다. 아이디어가 돈이 되기 위해서는 여러 중간지점을 거쳐야 하는데, 특히 중요한 것이 사업타당성 분석이다. 사업타당성은 사업화 대상 제품이나 서비스가 기대수준 이상의 수익을 창출할 가능성, 즉 성공 가능성을 뜻한다. 대부분의 창업자가 사업타당성 분석을 소홀히 하거나 주관적으로 유리하게 생각하고 사업을 시작하는 경우가 많은 데, 이 경우 대부분 실패한다.

사업타당성 분석(feasibility analysis)이란 창업 후 경영활동의 결과인 목표 이윤의 달성 가능 여부를 사전에 객관적으로 조사·검토하는 과정을 말한다. 즉 창업을 고려하고 있는 사업 아이템(아이디어)으로 사업을 시작했을 때 제품화의 과정을 거쳐 시장 수요를 창출하여 어느 정도 성공할 가능성이 있는지를 체계적인 방법으로 분석하는 것을 의미한다. 이러한 사업타당성 분석은 사업실패를 회피하기 위한 사전 점검장치이다.

1.2 사업타당성 분석의 필요성

사업성공의 첫 단계라는 사업타당성 분석은 다음과 같은 점에서 필요하다.

1) 성공률 제고

창업자로 하여금 자신의 주관적 사업 아이디어(아이템)에 대해 객관적이고 체계적인 사업타당성 분석을 수행함으로써 계획사업의 객관성을 높이고 사업 시작 전 위험요소를 확인함으로써 성공 가능성을 높일 수 있다. 많은 창업 실패 요인 중 하나는 자신의 아이디어(아이템)에 대한 창업자의 지나친 과신이다. 체계적이고 객관적인 사업타당성 분석은 창업자가 자신의 아이디어를 점검해보고, 약점을 보완하고 위협요소를 사전에 대비하거나 제거할 수 있는 계기를 마련해 준다.

2) 효율적인 창업 업무 수행

창업자들이 사업타당성 분석을 통하여 구상하고 있은 사업의 제반 문제점과 제약 요소들을 사전에 파악함으로써 창업기간을 단축할 수 있는 등 효율적인 창업 업무를 수행할 수 있다. 사업타당성 분석에서는 앞으로의 사업 전개방향과 강·약점 분석을 실시하게 된다. 이 과정에서 창업자는 자신의 아이디어(아이템)를 사업화하는데 필요한 자원들을 명확히 구분하고 이의 획득과 축적에 집중함으로써 시간 및 자원낭비를 줄일 수 있다.

3) 사전 예방

창업자가 계획사업의 시장성, 기술적 타당성, 재무적 타당성 등 세부항목을 분석해 봄으로써 해당 업종에 대해 미처 깨닫지 못한 세부사항을 사전에 인지하여 성공적인 창업을 이룰 수 있다. 새로운 사업 아이디어(아이템)를 얻게 되면 일반적으로 자신의 사업은 매우 매력적인 것으로 보인다. 그러나 시장성, 기술적 타당성, 재무적 타당성 등 세부항목에 대한 객관적이고, 면밀한 분석의 과정을 거치지 않는다면, 자신이 전혀 예상하지 못한 문제들로 인해 위험에 빠질 수 있다. 사업타당성 분석은 시장성, 기술적 타당성, 재무적 타당성 등의 항목들에 대한 분석을 통해 자신이 구상한 사업 아이디어를 보다 정교하게 만들 수 있고, 미처 깨닫지 못한 요소들에 대한 이해를 높여 준다.

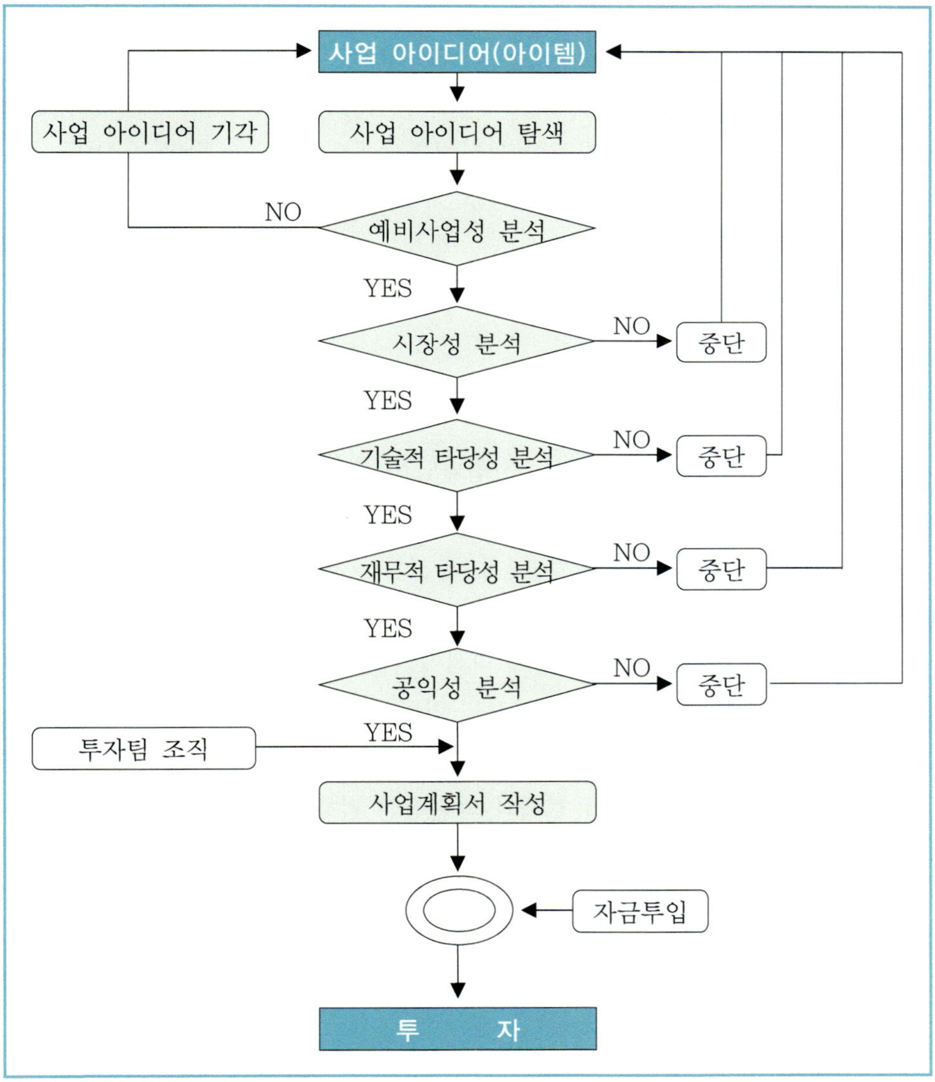

[그림 4-1] 사업타당성 분석 절차

4) 균형 있는 지식 습득과 내용 보완

기업의 구성요소를 정확하게 파악함으로써 창업자의 경영능력 향상에 도움을 줄뿐만 아니라, 계획사업의 균형 있는 지식 습득과 보완하여야 할 사항을 미리 확인하여 조치를 취할 수 있게 한다. 사업에 대한 전반적인 분석이 동반됨으로써 사업 전반에 대한 평가뿐만 아니라 사업에 대한 자신의 기업규모와 조직 구성 방향 등에 대해 구체적인 비전을 가지고 사업을 시작하게 된다. 결국 사업타당성 분석을 통해 창업자는 자신이 보완하여야 할 사항들과 함께 자신의 사업 운영 방식을 설정하고 운영을 위한 필수 지식과 노하우를 습득하게 된다. 그러므로 사업타당성 분석을 통해 창업자는 창업 이전에 경영능력을 향상시킬 수 있는 기회를 가지게 되는 것이다.

1.3 사업타당성 분석 절차

일반적으로 창업자가 할 수 있는 사업타당성 분석을 위한 자료조사는 다음과 같다.

1) 면담

구상하고 있는 사업 아이디어의 수익성에 관한 정보를 얻는 데는 여러 가지 방법이 있겠지만, 출발점은 많은 사람을 만나서 의도하는 사업에 대한 그들의 견해를 듣는 것이다. 구체적인 정보를 얻을 수 있도록 미리 준비하고 면담 결과를 기록하여야 한다. 비판적인 견해와 낙관적인 견해 모두가 유용한 것들이 될 수 있다.

면담 대상은 가족, 친구, 학교 시절의 은사, 관공서, 관련 업종 협회 및 단체, 컨설팅회사와 동종 업종의 사업을 하고 있는 사업가, 미래의 고객, 금융기관에 종사하는 사람 등을 들 수 있다. 특히 관공서, 관련 단체 및 협회에는 전화를 과감히 해도 된다. 창업자는 그들의 고객이다. 또한 그들을 만나기가 어려운 경우도 있을 것이다. 그러나 과감히 방문해도 된다. 창업자는 그들의 수요자이며 고객이기 때문이다.

2) 경험

면담조사를 통하여 어느 정도의 지식이 갖추어지면 동종 업종의 현장에서 직접 경험 또는 견학을 통하여 자료를 수집하고 면담을 통하여 수집한 자료를 보완하여야 한다. 현재 종사하고 있는 분야와 다른 사업을 하려고 하는 경우에는 주말이나 여가시간을 이용하여 현장 경험을 쌓으며, 사업의 노하우(know-how) 및 자신의 적응력 등에 대한 검토도 하여야 한다.

3) 간행물 및 인터넷

정부 보고서, 협회 간행물, 창업 유관기관 간행물, 관계 전문잡지, 사업성 분석 전문서적 등을 참고하되, 인터넷에 각종 정보가 수록되어 서비스되고 있으므로 인터넷 검색을 통한 자료수집 후 사업타당성 분석도 중요하다.

4) 추정손익계산서 작성

추정손익계산서란 창업자가 사업 아이디어에 대하여 미래의 수익과 손익을 미리 분석하는 계산서로서, 추정손익계산서를 작성하여야 지출비용을 줄일 수 있다.

누구나 주먹구구식으로라도 월 매출액과 이익을 추정하는 것은 상식이지만 그것을 3개년 추정하는 것은 쉽지 않지만 반드시 숫자로서 손익계산서 양식에 작성해 보아야 한다.

사업타당성 분석은 크게 1단계 예비 사업성 분석과 2단계 본 사업타당성 분석으로 나눌 수 있다.

제2절 제1단계 : 예비 사업성 분석

후보 사업 아이디어를 비교·분석하여 사업 아이디어의 후보 순위를 결정할 수 있도록 후보 사업 아이디어 간의 상대평가 및 창업자의 사업계획 수행능력 평가와 적합도 분석을 통해 최적의 사업 아이디어를 선택하기 위한 과정을 말한다.

2.1 후보 사업 아이디어에 대한 예비 사업성 분석

모든 후보 사업 아이디어에 대해 예비 사업성 분석이나 세부 분석을 하는 것은 현실적으로 많은 시간과 비용이 소요된다. 그러므로 성공 가능성이 희박한 사업 아이디어는 예비 선별과정을 통해 제거하고 사업 가능한 사업 아이디어를 상품성, 시장성, 수익성, 안정성 면에서 비교·평가한 후 후보 사업 아이디어를 1차적으로 선정한다. 창업자가 어떤 방법으로 사업 아이디어를 얻든지 간에 창업에 성공하기 위해서는 창업자 개인의 경험·능력·목적 등에 적합한 아이디어여야 한다.

2.2 창업자의 계획사업 수행능력 분석

사업의 성패는 기업가로서의 적성과 자질, 창업자의 계획사업 수행능력 및 해당 업종에 대한 적합도에 달려 있다. 개인이든 기업이든 계획된 일의 성공과 실패는 그 일을 추진하는 주체 내지는 참여인력의 인적요인에 의해 좌우된다고 해도 과언이 아니기 때문이다. 특히 신규 창업일 경우 창업자의 새로운 계획사업 수행능력과 앞으로 경영하고자 하는 업종에 대한 경험·지식 및 관련성이 필요 불가결한 요소가 아닐 수 없다. 그러므로 사업타당성을 분석할 때는 먼저 창업자 평가를 실시하여야 한다.

이러한 창업자 평가에서는 창업자 자신의 특성과 능력, 사업을 하고자 하는 동기 등을 분석한다. 그리고 창업자 평가 단계에서는 창업자가 자신의 성향과 능력에 알맞은 사업을 추진하고 있는지, 필요자원 조달을 위한 네트워크 구축 가능성에 대해서도 살펴보아야 한다. 창업자 평가는 자신에 대한 평가이므로 최대한 신중하고, 객관적인 관점에서 자신을 냉정하게 평가해야 한다.

창업자의 자질이 기업경영에 매우 중요함에도 불구하고, 많은 경우에 창업자들은 사업타당성 분석에서 자신에 대한 분석을 게을리하는 경우가 있다. 창업자들은 자신이 가지고 있는 개인적 역량이나 배경뿐만 아니라 자신에 대한 주변의 평판에 대해서도 객관적이고 보수적으로 평가하여 사업타당성 분석에 반영하여야 한다. 또한 창업자는 자신의 위험 감지 및 대처능력, 실천력, 의사소통능력, 조직관리능력에 대해서 면밀하게 분석하여야 한다. 창업자의 수행능력 평가를 위한 일반적 요소는 다음 [표 4-1]과 같다.

[표 4-1] 창업자 수행능력 평가요소

평가요소	세부 평가항목
적성 및 자질 (선천적 자질)	① 모험심 ② 가능성에 대한 집념 ③ 스케일 ④ 리더십 ⑤ 의지력 ⑥ 기타 창업자의 성격·체질·체력적인 소질
경험 및 지식 (후천적 자질)	① 창업 관련 분야에서의 경험 ② 학문과 지식 ③ 창업자의 능력 ④ 교제인물의 폭과 깊이 ⑤ 창업환경을 둘러싸고 있는 인과관계
업무수행능력 (경영능력)	① 가정 유지능력 ② 창업 멤버의 구성 및 통제능력 ③ 서비스 및 기술혁신 능력 ④ 경영·경제적 환경적응 능력 및 경영분석·판단능력

제3절 제2단계 : 본 사업타당성 분석

본 사업타당성 분석은 예비 사업성 분석에서 1차적으로 선정된 후보 사업 아이디어를 상세히 분석한 후, 사업성공 가능성을 확인하는 과정이다. 이러한 사업타당성 분석의 내용과 형식은 사업의 특성에 따라 일정하지는 않지만 일반적으로 시장성 분석(market analysis), 기술적 타당성 분석(technical analysis), 재무적 타당성 분석(financial analysis)으로 구성된다. 고려되는 사업이 공익과 관련되는 경우에는 공익성 분석(social profitability analysis)을 추가하게 된다.

3.1 시장성 분석

시장성이란 기업이 제공하고자 하는 제품이나 서비스의 시장 반응을 측정, 평가하는 개념이다. 실제로 제품이나 서비스가 시장에 진입했을 경우 고객들이 어떤 반응을 보일 것인가, 즉 얼마나 많은 고객이 그 제품이나 서비스를 구매할 것인가는 사업의 성패와 직결된다. 따라서 시장성은 창업기업의 사업타당성 분석과정에서 가장 중요한 부분이다. 아무리 좋은 제품을 만든다고 하더라도 해당 제품이 시장에서 수요 되지 않는다면 기업의 생존이나 성과실현이 불가능하기 때문이다.

흔히 좋은 제품을 만들고도 판매가 제대로 되지 않거나 매출 증가율이 높지 않아 손익분기점에 도달하는 기간이 너무 길어 사업이 본 궤도에 올라보지도 못하고 도산해 버리는 경우가 많다. 창업자의 시장성 분석의 최종 목적은 사업 성패를 사전에 판단할 수 있는 중요한 정보를 얻는 것, 즉 앞으로 예정하고 있는 제품이나 서비스가 시장에서 얼마나 팔릴 것인가 하는 판매 예측, 향후 시장 증가 추세는 어떻게 변할 것인가 등을 분석하는 데 있다.

그러므로 시장성분석 시는 자신이 참여하고자 하는 산업의 시장 동향이 어떠한지, 경쟁자들은 어떻게 변하고 있으며, 소비자 욕구는 어떻게 변화되고 있는지, 매출계획은 어떠한지를 분석하여야 한다. 추가로 경쟁자들과 차별화하기 위한 자신의 경쟁우위 요인은 무엇인지 계획을 세워야 하며, 만약 창업자가 시장 후발주자라면 선발주자의 이점을 상쇄할 수 있는 요인이 무엇인지도 명확히 하여야 한다.

시장성 분석의 요소는 ① 국내외 수급동향 및 중장기 수급전망, ② 시장 특성 및 구조(시장의 위치, 수송방법, 유통경로 및 조직, 거래조건 등), ③ 동업자 또는 유사제품과의 경쟁상태 및 향후 경쟁제품의 출현 가능성, ④ 국내외 가격구조 및 가격동향, ⑤ 목표시장의 선정 및 판매전략, ⑥ 수출인 경우 해외시장분석에 의한 수출 가능량 산정 등이다.

3.2 기술적 타당성 분석

제품의 생산과 관련된 제 요소, 즉 제품이 원만하게 생산될 수 있는지를 분석하는 것으로 사업에 영향을 미치는 여러 가지 요인을 고려하여 기술적 대안을 비교·검토하는 단계이다. 이러한 기술적 타당성 분석은 사업계획의 기술적 타당성과 원가 추정을 위한 기초자료를 제공해준다.

기술적 타당성 분석의 일반적인 요소로서는 ① 제품의 효율적 생산 가능성과 관련된 제품의 특성, 생산공법, 생산공정의 적정성, ② 공장입지조건의 적합성, ③ 시설규모 및 생산능력, 계획시설의 적정성 여부, 생산계획의 적정성, ④ 소요 원재료의 수급계획 등이다.

이러한 기술적 타당성 분석의 핵심은 제품을 확보 가능한 기술인력에 의해 원만히 생산할 수 있는지, 불량률을 목표 수준까지 낮출 수 있으며 이로 인한 제품의 경제성과 경쟁력을 확보할 수 있느냐에 달려 있다. 예를 들어 특정 제품이 당해 기업의 기술 수준에 의해 원만히 생산되고, 생산된 제품의 불량률이 목표 수준에 도달함으로써 제품의 경제성이 인정되며, 나아가서 국내 경쟁사의 경쟁제품뿐만 아니라 외국의 제품(수입품 포함)과 비교해서 품질 및 가격 측면에서 경쟁력이 있다면 기술적 타당성이 높다고 볼 수 있다.

기술적 타당성 분석은 사업타당성 분석 중 가장 어렵고 전문성이 요구되는 분야로 평가기준을 정하기가 어려우며, 더구나 객관성 및 신빙성이 있는 평가기준을 마련하기란 결코 쉬운 일이 아니기 때문이다. 그러나 창업을 함에 있어서 기술적 타당성을 확보하지 못한다면 사업은 실패할 수밖에 없을 것이다.

3.3 재무적 타당성 분석

아무리 제품의 품질이 좋고, 시장성이 뛰어나서 성공적으로 생산·판매되더라도 수익이 제대로 창출되지 못하든지 투자의 경제성이 없다면 그 사업은 근본적으로 실익이 없는 것으로 판단할 수 있다.

재무적 타당성 분석은 시장성 분석과 기술적 타당성 분석을 통하여 수집하고 분석한 자료를 바탕으로 경제성이나 수익성을 측정하는 여러 가지 자료를 이용하여 사업만의 타당성을 검토하는 것이다.

이러한 재무적 타당성 분석은 사업타당성 분석의 최종단계일 수도 있으며, 나아가서 창업 후 경영전략을 수립하기 위한 사전 준비과정일 수도 있다. 왜냐하면 계획제품이 그 특성상 수익성이 낮다면 영업외적 요소, 즉 인건비나 경비를 줄일 수밖에 없는 경영전략 수립이 요구되며, 경제성이 없다면 새로운 사업 분야의 탐색 등이 필요하기 때문이다.

재무적 타당성 분석은 추정 재무제표의 작성을 그 전제로 하고 있다. 수익전망은 향후 3년 내지 5년간의 추정제조원가 명세서와 추정손익계산서를 작성하여야만 그 예측이 가능하며, 예측된 매출액과 당기순이익 규모에 의해 손익분기점 분석이 가능한 것이다. 또한 추정 재무상태표와 자금조달 운용계획표가 작성되어야만 이를 근거로 투자수익 및 계획사업에 대한 경제성 평가가 가능하고 자금흐름 예측에 근거하여 자금수지 및 자금조달능력을 분석할 수 있기 때문에 재무적 타당성 분석은 추정 재무제표 작성을 전제로 하고 있는 것이다.

이러한 재무적 타당성 분석의 평가항목으로는 ① 수익전망 ② 손익분기점 분석 ③ 투자수익 및 계획사업의 경제성 분석 등으로 분류할 수 있다.

이와 같은 재무적 타당성 분석이 명확하지 못하면, 벤처캐피털이나 엔젤로부터 투자받기가 매우 어려워지고, 이는 사업성공의 장애요인이 될 것이다. 따라서 세밀한 재무적 타당성 분석을 통해 자신의 목표를 명확히 설정하여야 한다.

재무적 타당성 분석을 위해서는 우선 기존의 재무구조, 수익성·자금수지 상황 분석과 사업계획을 기반으로 향후 소요되는 시설자금과 운전자금 규모들을 파악하고, 이러한 소요자금을 조달하는 방법으로서 영업활동을 통하여 들어오는 현금과 내부유보자금 및 증자 등을 통한 자금 조성 가능성을 검토한다. 그 다음에 각 기간별로 예상되는 자금 과부족에 대하여 그 규모와 신규 차입 가능성 및 상환능력을 평가한다. 추정 재무제표는 미래의 사업에 영향을 주는 여러 가지 불확실성을 단순화하여 작성되기 때문에 민감도 분석이나 손익분기점 분석을 실시하여 효율적인 투자 결정을 유도하여야 한다.

① 민감도분석 : 계획의 전제가 된 가정치를 변경하여 같은 추정과 검토를 통한 결과를 만들어내는 것이다. 각 비용과 수익성요인이 변화할 때 그것이 현재가치 현금흐름과 투자수익률에 양적 영향을 얼마나 미치는지를 시뮬레이션을 통해 분석하는 기법

② 손익분기점 분석 : 모든 비용을 고정비와 변동비로 나누어 비용, 가격, 판매수량에 따라 매출과 이익이 어떻게 변하는가를 분석하는 방법이다. 즉 총수입과 총매출량이 일치하는 매출량을 산출하여 목표이익에 대한 매출액 또는 조업도, 생산량을 산출하는 기법

3.4 공익성 분석

계획한 사업이 공공에 미치는 손해와 이익을 조사하는 활동을 말한다. 특히 유해한 상품을 판매하거나 생산하여 공공의 안녕과 질서를 저해하면 사업이 허용되지 않을 수 있다. 그러므로 공익성에 대한 부분을 소홀히 하여 경제적 이득만을 취하는 사업은 취급하지 않아야 한다. 공익성 분석에서는 부가가치효과, 국제수지효과, 고용효과, 지방경제 활성화 효과 등이 고려된다.

Chapter 05 사업계획서 작성

제1절 사업계획서의 의의와 중요성

1.1 사업계획서의 의의

사업계획서(business plan 또는 business proposal)는 새로운 사업을 시작함에 있어서 사업목적 달성을 위한 지속적인 활동에 필요한 방법과 절차, 활동범위 등 모든 요소들을 기술해 놓기 위해 준비하는 서류이다. 즉 사업계획서는 창업자가 기업을 설립하고 성장시키기 위한 구체적인 의지를 글로 표현하여 정리한 설계서이다.

사업계획서는 사업의 성공을 위해서 필요한 사항들을 체계적으로 검토하게 하며, 계획된 사업의 장점과 약점을 재인식할 수 있는 기회를 제공한다. 또한 창업과정에서 단계적으로 달성하여야 할 이정표를 제시하며 순차적으로 행동의 가이드라인을 제공한다. 따라서 사업계획서는 현재 나의 위치는 어디인가, 목적지는 어디인가, 그리고 어떻게 도달할 것인가와 같은 질문에 답을 요구하게 된다.

그러므로 어떤 사업을 시작하더라도 반드시 그 업종과 규모에 맞는 사업계획서를 미리 작성하여만 한다. 사업계획서를 작성하여야 하는 이유는 다음과 같다.

① 사업계획서는 사업 준비를 위한 사전단계로서, 복잡한 창업절차를 미리 점검할 수 있다.
② 미리 사업계획을 세우면 위험요소를 사전에 발견할 수 있으므로 실패 요소를 줄일 수 있다.
③ 이해관계자들에게 사업을 설명하고 홍보하는 데 효과적이다.

그러나 사업계획서가 너무 과장되거나 허황되면 사업이 계획대로 진행되지 못하고 이해관계자들로부터도 신뢰를 얻지 못하여 그만큼 실패할 확률이 높다.

1.2 사업계획서의 중요성

우수한 사업계획서는 사업성공의 가능성을 높여주는 동시에, 계획 중인 창업을 가능하게 함으로써 창업기간을 단축하고 계획사업의 성취에도 많은 영향을 미친다. 또한 창업투자자의 관심 유도와 설득 자료로서 활용도가 높다.

1) 기업의 성과 증대

사업계획서를 작성하는 과정에서 창업기업이 직면하는 주요한 문제들을 체계적으로 이해할 수 있는 기회와 이를 해결할 수 있는 전략을 수립할 수 있는 아이디어를 얻을 수가 있다. 경영자의 가치관과 기업 목적의 검토 및 조정, 정보수집과 분석 결과의 공유, 조직 내 의사결정방법의 개발 등과 같은 것들이 계획과정에서 검토되고 수립됨으로써 창업 조직을 효과적으로 만드는 데 기여하게 되어 결과적으로 창업기업의 성과를 증대시킬 수 있다.

2) 경영관리의 지침서 역할

사업계획서는 창업기업의 비전과 목표를 담고 있으므로 관리자를 비롯하여 전체 구성원들로 하여금 이러한 목표를 향해 나아갈 수 있도록 도와주는 안내자 역할을 한다. 창업을 한 후에는 조직 구성원들이 원래의 목적과 나아가야 할 방향을 잊기 쉬운데 그러한 경우에 사업계획서를 참조하면 기업의 목표를 재확인할 수 있고, 또한 그와 관련된 문제를 해결할 수 있는 안내자의 역할을 한다.

3) 외부자원의 획득

사업계획서는 창업에 도움을 줄 제3자 즉 동업자, 출자자, 금융기관, 매입처, 매출처, 더 나아가 일반 고객에 이르기까지 투자에 대한 관심 유도와 설득 자료로서 많이 활용하게 된다. 투자자들은 투자의사결정 과정에서 사업계획서를 중시한다. 사업계획서는 투자자들이 제안된 사업이 갖는 위험과 가능성을 확인하기 위한 검토를 시작하는 출발점이 되기 때문이다. 특히 은행, 벤처 자본가, 창업자금 지원기관들로부터 자금지원을 얻기 위해서는 투자심사를 위한 판단자료로 사업 아이디어, 업계 동향, 수요 추세, 경쟁상태, 소요자금, 경영진의 경영능력 등에 관한 정보를 포함한 사업계획서를 제공해 줌으로써 투자의사 결정에 활용할 수 있도록 하여야 한다.

제2절 사업계획서 작성 원칙과 순서

2.1 사업계획서 작성 원칙

사업계획서는 창업자의 얼굴인 동시에 창업자 자신의 신용이다. 사업계획서는 효율적인 창업기업을 설립하여 그 사업을 지속적으로 성장·발전시키고자 하는 창업자의 구체화된 의지이며, 체계적으로 정리·기술한 창업계획서이기 때문이다.

사업계획서 작성 시 가장 중점을 두어야 할 사항은 경영진의 회사 운영능력과 시장 기회라고 말할 수 있다. 창업자는 투자자에게 무엇을 줄 수 있는지 결정하고, 그에 걸맞은 사업계획서를 구조화시킬 줄 알아야 한다.

이러한 관점에서 사업계획서 작성 시에는 다음과 같은 사항에 주의하여 작성되어야 한다.

① 사업계획서는 충분한 시간을 가지고 자신감을 바탕으로 계획사업에 대하여 구체적으로 작성되어야 한다. 창업자 자신이 가지고 있는 목표 아이템을 제 3자에게 설득력 있게 납득시키는 것이 사업계획서의 1차 목적이다.

그러므로 계획사업에 대한 내용을 충분히. 그리고 구체적으로 작성할 필요가 있다.

② 사업계획서는 신뢰성을 확보할 수 있도록 객관적인 자료를 기초로 작성되어야 한다. 자칫 자신감이 너무 지나쳐 제 3자가 느끼기에 허황되고 실현가능성이 없다고 판단될 때는 신뢰성에 큰 타격을 입을 수도 있기 때문이다.

③ 계획사업의 핵심 내용을 강조하여 부각시켜야 한다. 사업계획이 너무 평범하면 제 3자의 호감을 얻지 못하므로 전략계획 제품을 중심으로 1 ~ 2종, 많더라도 3종을 넘지 않는 범위에서 핵심적으로 제품을 설명할 필요가 있다.

④ 제품 및 기술성 분석은 전문적 용어를 피하고 보편적인 내용으로 구성한다. 해당 제품 자체의 설명에만 국한하지 말고 관련 산업, 관련 업종의 내용부터 접근하는 것이 필요하며, 제품 생산공정을 구체적으로 설명한다.

⑤ 자금조달 운용계획은 정확하고 실현 가능성이 있어야 한다. 즉 자금조달의 원천과 운용의 용도를 금액 및 일시별로, 창업자 자신이 조달 가능한 자본은 구체적으로 현금과 예금, 부동산 담보 등에 의한 조달액을 표시함으로써 제 3자로부터 창업자의 자금조달 능력을 신뢰하게 할 필요가 있다. 그 후 동업자, 금융기관 등으로부터의 조달 계획을 구체적으로 표시하여야 한다.

⑥ 계획사업에 잠재되어 있는 문제점과 향후 발생 가능한 위험요소를 심층적으로 분석하고, 예기치 못한 사정으로 인해 창업이 지연되거나 불가능하게 되지 않도록 다각도에 걸친 점검이 요구된다.

⑦ 근거가 불충분한 자료 또는 비논리적인 추정은 피한다.

2.2 사업계획서 작성순서

사업계획서는 작성 목적과 용도, 제출기관에 따라서 그 구성 양식과 내용이 차이가 날 수 있다. 또한 창업자가 직접 작성하느냐, 전문기관에 의뢰하여 작성하느냐에 따라 그 내용과 형식, 그리고 전문성이 달라질 수 있다. 그러므로 사업계획서를 작성하기 전에 미리 작성순서와 내용 등을 결정해 두면 시간과 노력을 절약할 수 있을 뿐만 아니라 내용도 충실해질 수 있다.

1) 기본방향 설정

사업계획서의 작성 목적에 따라 기본방향을 설정하는 과정이다. 기본목표와 방향이 명확히 설정되지 않으면 사업계획서의 초점이 흐려진다.

2) 작성계획 수립

사업계획서 작성의 지연은 계획사업의 추진에 많은 지장을 초래한다. 또한 대부분의 사업계획서가 정해진 기간 내에 작성되어야 하므로, 각 부문별 작성 일정과 내용, 그리고 작성 책임자를 확정하는 등 치밀한 작성 계획을 미리 세운 후 작성되어야 한다.

3) 관련 자료 및 첨부서류 수집

앞 단계의 사업계획서 작성 방향과 일정계획을 수립하지 않고 자료수집부터 먼저 하게 되면 실제로 필요한 자료를 구하지 못하거나 내용이 빈약하여 다시 수집하여야 하는 등 시간과 자원의 낭비를 초래하기도 한다. 그러므로 작성단계별 과정을 반드시 거쳐 필요한 자료를 충분히 수집하여야 한다.

4) 양식 구성

대부분의 경우 사업계획서는 작성 목적과 제출기관에 따라 소정의 양식이 있기 때문에 그 양식에 의거하여 작성하면 된다. 그러나 양식이 없는 경우에는 작성하여야 할 사업계획서의 양식을 직접 구성하여야 한다.

5) 사업계획서 작성

제출기관에 따라 사업계획서 작성방법을 간단히 설명하고 있는 경우도 있지만, 그것만으로는 충분하지 않다. 사업계획서 작성자는 완벽한 작성을 위해 작성요령을 미리 숙지해 둘 필요가 있다.

6) 편집 및 제출

사업계획서는 그 내용도 중요하지만, 편집 과정도 그에 못지않게 중요하다. 정성을 다하고 모양을 세련되게 편집함으로써 보다 좋은 인상을 받을 수 있도록 주의를 기울여야 한다. 그리고 사업계획서를 제출할 때에는 그 내용을 충분히 이해하여 설명과 응답에 부족함이 없도록 만반의 준비를 하여야 한다.

제3절 사업계획서 구성 내용

일반적으로 사업계획서는 기업체 현황, 계획제품의 시장 구조적 특성, 소비자의 성격구성, 시장확보 가능성과 마케팅 전략, 계획제품에 대한 기술적 특성, 생산시설, 입지조건, 생산계획과 더불어 계획 아이템에 대한 향후 수익전망, 투자의 경제성, 계획사업에 대한 소요자금 규모와 조달 계획, 차입금의 상환계획, 조직과 인력계획 등 창업에 관련되는 사업내용을 객관적이고 체계적으로 작성하는 중요한 자료이다.

사업계획서 작성이 필요한 경우 각종 인·허가 또는 자금지원을 외부 관계기관에 제출하기 위해 작성하는 경우가 있는가 하면, 창업자 자신이 동업자 또는 주주, 거래처 및 이해관계자 등에게 자기 사업계획을 소개할 필요가 있거나 스스로 계획적인 사업 추진을 위해 비교적 간단하게 작성할 필요성이 있을 때도 있다.

이러한 사업계획서는 작성 목적과 제출기관에 따라 그 내용과 형식이 다를 수 있다. 일반적으로 ① 창업자 자신이 사업계획을 나름대로 구체화하여 사업계획을 수립하고 이를 동업자, 판매처, 창업자 자체 용도 등에 활용할 목적으로 작성하는 간이 사업계획서, ② 창업조성 실시계획 승인, 공장인·허가 및 창업자금 조달 등을 위한 외부 관계기관 제출용 사업계획서로 구분할 수 있으며, 기본 사업계획서를 작성한 후, 목적에 따라 그 내용을 가감하여 사용하는 것이 효율적이며, 구성 내용은 [표 5-1]과 같다.

[표 5-1] 기본 사업계획서 구성내용(예시)

1. 기업체 현황
  - 회사개요 및 업체 연혁
  - 창업동기 및 향후계획
  - 사업전개방안 및 향후계획
2. 조직 및 인력현황
  - 조직도 및 인력구성의 특징
  - 대표자 및 경영진현황
  - 주주현황 및 관계회사 내용
  - 종업원현황 및 고용계획
  - 교육훈련현황 및 계획
3. 기술현황 및 기술개발계획
  - 제품의 내용
  - 제품아이템 선정과정 및 사업전망
  - 기술현황
  - 기술개발 투자현황과 계획
4. 생산 및 시설계획
  - 시설 및 생산
  - 생산공정
    · 생산공정도
    · 생산공정상의 문제 및 개선대책
  - 원·부자재 사용 및 조달계획
    · 제품단위당 소요 원재료
    · 원재료 조달상황
  - 시설투자계획
    · 시설투자계획 및 투자효과
5. 시장성 및 판매전망
  - 관련업계의 최근 현황
  - 동업계 및 경쟁사현황
  - 판매현황
    · 최근 2년간 판매실적
    · 판매경로 및 방법
  - 시장 총규모 및 자사제품 수요전망
  - 연도별 판매계획 및 마케팅전략
    · 연도별 판매계획
    · 마케팅전략
    · 마케팅전략상의 문제 및 해결방안
6. 재무계획
  - 재무현황
  - 재무추정
    · 추정 재무상태표 및 손익계산서
  - 향후 수익전망
    · 손익분기점 분석
    · 향후 5년간 수익전망
    · 투자수익률
7. 자금운용조달계획
  - 소요자금 및 조달계획
  - 연도별 증자 및 차입계획
  - 자금조달상 문제점 및 해결방안
8. 사업추진 일정계획
9. 특정분야별 계획
  - 공장입지 및 공장설립계획
    · 공장설치 인·허가
    · 공장설치일정 및 계획
  - 자금조달
  - 기술개발 사업계획
    · 사업내용 및 연구목표
    · 연구개발 인력구성
    · 개발효과
  - 시설근대화 및 공정개선계획
    · 추진목적
    · 분야별 추진계획
10. 첨부서류
  (1) 정관
  (2) 사업등기부등본
  (3) 사업자 등록증 사본
  (4) 최근 2년간 결산서류
  (5) 최근 월 합계잔액시산표
  (6) 경영진·기술진 이력서
  (7) 지적재산소유권(특허·실용신안)
  (8) 기타 필요서류

제4절 좋은 사업계획서 조건

좋은 사업계획서는 다음과 같은 조건을 갖추어야 한다.

① **사업계획서만 읽으면 누구나 사업의 내용을 알 수 있도록 구체적으로 기재하여야 한다.** 수치나 그래프를 사용해 이해를 돕고, 관련 증빙자료를 첨부해 신뢰감을 높인다. 지나치게 방대한 것은 바람직하지 않으며. 일반적으로 사업계획서는 A4용지 20 ~ 30페이지 정도면 충분하다.

② **실현 가능한 계획을 담아야 한다.** 사업계획서는 기업을 운영하기 위한 지침서이며, 가이드라인이다. 따라서 사업계획서가 지나치게 교과서적이거나 비현실적이어서는 곤란하다. 일단 사업이 시작되면 사업계획대로 운영해도 손색이 없을 정도로 현실에 맞게 설계되어야 한다. 머릿속에서 맴도는 사업계획은 아무리 뛰어나도 지면으로 옮기다 보면 새로운 문제점이 발견되기 마련이다. 따라서 창업자는 이런 문제점을 전문가와 상의하여 보완할 필요가 있다.

③ **차별화 전략의 수립이 필요하다.** 첨단기술을 확보했다고 해도 대기업과의 지속적인 경쟁은 불가능하다. 따라서 창업기업의 사업계획서는 대기업이 할 수 없는 사업 아이템으로 무장하여야 한다. 창업투자회사는 적은 투자로도 단기에 많은 수익을 얻을 수 있는 업종을 선호한다.

④ **창업의 목적이 개인적인 이익뿐만 아니라 공공의 이익을 위한 것임을 증명하여야 한다.** 뛰어난 아이템과 풍부한 자금을 갖고도 실패하는 창업자들의 공통점은 대부분 사사로운 개인적 이익에만 집착하거나 독단에 빠지는 경우가 많다는 사실이다. 사업관계에서 일방적으로 유리한 비즈니스는 없다.

아무리 뛰어난 기술력을 갖고 있어도 신뢰감을 주지 못하면 투자자도 떠나고 고객도 멀어져 간다. 거대한 재벌기업이 무너지는 것은 무능한 경영인의 무능함과 개인적 이기주의가 근원이다. 따라서 창업자는 자신이 설립한 기업이라도 공공의 것으로 생각하는 정신이 필요하다.

Chapter

06 상권분석과 입지선정

제1절 상권분석

1.1 상권의 개념과 유형

1) 상권의 개념

창업자는 자신에게 적합한 아이템을 선정할 때 그 아이템에 맞는 상권을 설정하여야 한다. 상권이란 점포 또는 집단에 관계된 고객이 분포하고 있는 지리적 범위로서 구체적으로는 당해 상점가가 고객 흡인력이 있고, 취급하는 상품에 대하여 상시로 당해 상점에서 구입하는 고객이 분포하고 있는 지역을 말한다.

상권과 유사한 개념으로 사용되는 상세권이라는 말도 있다. 상세권이란 어느 특정 상업 집단(시장 또는 상점가)의 상업 세력이 미치는 범위를 말한다. 경우에 따라서는 상권과 상세권은 동일한 의미로 사용되기도 하지만, 상권은 개별 상점이 고객을 끌어들일 수 있는 지역적 범위를 말하며, 상세권은 상업 집단이 고객을 끌어들일 수 있는 지역의 범위를 말한다.

2) 상권의 유형

한 지역의 상권은 단계적인 계층적 구조로 이루어져 있다. 가장 큰 개념은 도시의 행정구역과 거의 일치하는 개념으로 도시 내의 모든 유통기관들의 상권의 합인 지역상권(general trading area)이 있고, 그다음으로 지역상권 내의 후보 입지가 속하는 상업지역이 가지는 상권으로 지구 상권(district trading area)이 있으며, 대형 백화점과 유명 전문점의 존재 여부, 그리고 관련 점포들 간의 집적 여부에 따라 상권의 크기가 결정되며, 가장 작은 상권을 구성하는 것으로 각각의 개별 점포들의 상권인 점포 상권(individual trading area)이다.

이러한 상권은 고객들의 거주 및 활동지역을 거리를 중심으로 일반적으로 1차 상권, 2차 상권, 3차 상권으로 구성된다.

1차 상권(primary trading area)은 전체 점포 이용객의 60 ~ 70%를 포함하는 지역범위를 말하며, 고객들이 다른 상권의 고객들보다 상점에 가장 근접해 있으며 고객 수나 고객 1인당 판매액이 가장 높은 지역으로 해당 지역의 소비수요 중 30% 이상을 흡입할 수 있는 지역이다. 도보로 5분 이내의 거리이면서 반경 약 500m 이내를 일컫는다.

2차 상권(secondary trading area)은 1차 상권 외곽에 위치하며 전체 점포 이용객의 20 ~ 25%를 포함한다. 1차 상권에 비해 고객들이 넓게 분산되어 있으며, 고객의 접근성이 떨어진다. 도보로 15분 이내의 거리로 반경 약 1Km 이내이다.

3차 상권(third trading area)은 1, 2차 상권에 포함되는 고객 이외의 나머지 고객들이 거주하는 상권 범위로 한계 상권(fringe trading area)이라고도 한다. 고객들의 거주지역은 광범위하게 분산되어 있고, 편의품의 고객들은 거의 존재하지 않으며 선매품이나 전문품을 취급하는 점포의 고객들이 5 ~ 10% 거주한다.

한편, 입지 특성별로 나누어보면 주택가 상권, 아파트 단지 상가, 대로변 중심 상권, 대학가 상권, 번화가 상권 등으로도 구분할 수 있다. 이러한 상권은 불변하는 것이 아니라 지하철 개통과 같은 교통시설 추가와 주거단지, 대형 상업시설 신축, 지역개발 계획 등 정책 변경에 따라 변화되기도 한다.

1.2 상권조사

1) 상권조사의 개념

상권조사는 포괄적인 주위 환경 및 시장의 배경과 특성을 조사하는 시장조사와 상권 내 인구의 동태적 분석 및 자기점포 상권 세력의 강·약도를 작성하고,

이를 판단하고 평가하여 고객 개척의 기본방향을 결정하는 상권의 보유 범위를 조사하는 것이다.

2) 상권조사의 절차와 방법

(1) 제1단계 : 상권 내 지역정보의 수집

- 관공서의 인구통계자료
- 상업 통계자료
- 특정 기관의 조사정보(방송사, 신문사, 조사업체 자료 등)
- 지역 관련 점포 조사(점포수, 위치 등)

(2) 제2단계 : 지역상권 지도의 작성 (상권 중심부를 기준으로 최소 반경 500m)

- 지구별 세대수
- 교통기관별 표시(역, 정류장 등)
- 관련 유통점 포시
- 지형적 특성
- 집객력이 있는 지역시설(체육관, 금융기관, 관공서 등)
- 경쟁점 표시

(3) 제3단계 : 상권내 지역도보 관찰

- 연령별 생활방식 표시
- 소득 수준 파악(거주지, 주거형태, 거주 연수, 차량 보유 등을 활용)
- 상권의 넓이 파악(교통이용 현황을 활용)
- 혼잡 점포 및 인기 점포 파악
- 쇼핑 도로 파악
- 고객들의 생활방식 및 상품의 구매행동 파악

(4) 제4단계 : 주요 시설의 하루 이용객 수 조사

- 해당 상권에 영향을 미치는 유통시설, 관공서, 학교 등 이용객 수 조사

(5) 제5단계 : 유동인구 조사 (요일별, 시간대별 2~3곳에서 연령별 조사)

- 평일 12~13시, 16~17시, 19~20시 조사

• 주말 13~14시, 17~18시, 19~20시 조사

(6) 제6단계 : 해당 상권의 개발계획 조사(해당 상권 관할 구청에서 조사)

• 아파트 신축, 아파트 재개발 등 건축계획, 도로정비, 관공서 건축계획 등

(7) 제7단계 : 상권의 급지 구분 및 점포 임대시세 조사

• 상권의 상, 중, 하급지 구분
• 급지 구분은 지도상에 표시함

1.3 상권선택

상권에 따라 성별, 연령별 유동인구의 특징이 따르기 때문에 어느 상권에 어떤 아이템이 좋을지를 철저하게 분석해야 한다. 창업자는 신설점포의 입지선정 과정에서 기존 상권을 선택할 것인가 아니면 스스로 독자적인 상권을 개발할 것인가의 문제에 부딪치는데 그 결심 여하에 따라 경영전략이 근본적으로 달라진다. 그러므로 독자적인 상권을 개척하기로 결심하게 되면 점포 신설지역에서 창업아이템에 대하여 새로운 경영환경을 창조하고, 고객층을 새로 형성시키기 위한 공격적 마케팅 전략을 수립하여 확장 위주의 경영계획을 추진하여야 한다.

그러나 기존 상권에 진입하는 경우에는 이미 형성되어 있는 상권의 분위기에 적절히 대응하고 고객의 기호나 니즈에 적응하기 위한 마케팅을 통해 기존 고객을 신설 점포로 수렴해 들이는 전략이 중요하므로, 신설 점포의 차별성을 부각하기 위한 점포의 면적, 점포 간 거리는 물론 광고, 홍보전략도 달라져야 한다.

창업 업종에 맞는 적절한 상권을 선택하기 위해서는 주요 수요층, 유동인구, 도로 상황, 경쟁점포 유무 등을 분석한다. 창업 업종의 매출 성장 가능성 및 지역개발 가능성 등 상권에 영향을 줄 수 있는 요인들을 파악하여 장기적인 안목을 가지고 상권을 선택한다. 이미 지역상권이 형성된 곳이나 동종 업종이 모여 있는 상권, 업종 특성에 적합하고 시장개척 가능성이 높은 상권을 선정한다.

제2절 입지선정

2.1 입지선정의 개념

입지조건은 특정 상점의 입지를 선정하기 위하여 행하는 조사작업으로, 특히 유통기업의 경우 입지 요인은 매출액에 절대적인 영향을 미치기 때문에 가장 중요한 고려요인이다. 도·소매업의 기본적인 특성은 소비자와의 직접적인 접촉, 즉 소비자가 점포에 직접 찾아오지 않으면 상품을 팔 수 없으므로 입지선정이 사업성공의 70 ~ 80%를 점유한다고 할 수 있다. 입지는 업종에 따라 크게 다르므로 모든 업종에 적용할 수 있는 획일적인 입지 선정기준은 없다고 볼 수 있다. 그러므로 예비 창업자는 먼저 입점 후보지역을 선정한 다음 점포의 위치, 평형, 점포 전면의 구조, 출입구 사용상의 문제점 등 세부적인 사항을 면밀하게 검토해야 한다.

점포의 입지는 상권 내에 소비 대상 인구가 많고 미래에도 인구가 증가할 것이 예상되며 소득 수준 및 소비성향이 높고 구매력이 왕성한 연령층의 거주자, 즉 계획 업종 및 업체에 적합한 소비자가 다수 존재하는 곳을 선택하여야 한다. 또한 도로, 지하철, 버스노선 등 교통체계를 비롯하여 다수의 소비자를 유인할 수 있는 시설이 주변에 존재하고 기존 상권이 형성되어 있는 곳이 경험이 적은 창업자에게는 유리하며, 도매업인 경우 유사업종 상권이 형성된 곳을 선정하여야 한다.

2.2 입지선정 시 확인사항

신규 점포 후보지를 확정하게 되면 계약에 앞서 점포의 상태와 소유주의 의도를 파악하는 것이 중요하다. 점포를 완전히 사서 입주하는 경우는 창업자의 의사에 따라 입주 후의 개선이나 준비절차를 자유롭게 추진할 수 있으나, 임차하여 입주하는 경우는 점포 소유자가 권리금 상쇄를 위한 일시적 임대인지 아니면 인근에 대형점포를 신축하기 위한 확장 이전인지를 확인하여야 한다. 또한 점포의 상태, 즉 전력, 용수, 배수시설, 누수나 침수, 환기, 쓰레기 등만 아니라 고객주차장 확보 대수, 광고간판 설치 공간 등도 확인하여야 한다.

2.3 입지선정 절차

입지의 중요성과 선택 기준은 업종과 영업방법에 따라 크게 다르며, 또한 준비자금과의 균형도 필요하다. 소매업이나 요식업처럼 점포 판매가 중심인 경우 '입지 산업'이라 불릴 만큼 사람의 능력보다 입지가 더 많은 영향을 미친다.

1) 입지대안 확인

사업을 수행할 입지를 결정하기 위해서는 우선 가능한 입지대안들을 확인해야 한다. 소매 입지대안에는 다른 소매 입지들과 지리적으로 독립되어 있는 장소의 독립 입지와 다른 소매 입지와 지리적으로 인접해 있는 장소의 군집 입지가 있다. 그러므로 예비 창업자는 우선적으로 이에 대한 의사결정을 통해서 점포입지 선정에 따르는 노력을 줄어야 한다.

2) 입지대안 평가

입지선정 시 반드시 검토되어야 하는 필수원칙들로 어느 하나라도 충족되지 않으면, 그 입지는 선정될 가능성이 사라지게 된다.

① 실제 임대 또는 매입할 수 있는 장소인지의 이용 가능성
② 장소의 규모 또는 구조 등에서의 적합성
③ 임대 또는 매입할만한 충분한 자원을 가진 장소인지의 수용 가능성

2.4 좋은 입지 조건

창업자는 점포입지를 선정하는 데 있어서 점포 용도를 확인하여 창업 업종의 영업활동이 가능한 점포를 선정하여야 한다. 도·소매업종은 대개의 경우 중간 내지 최종 소비자와 직접 접촉하여야 하는 분야이므로, 어떤 업종 못지않게 고도의 친밀성과 시장 감각이 필요한 분야임을 창업자는 명심하고, 이에 적절한 대응을 하여야 한다.

이와 같은 좋은 점포의 입지를 선정하기 위하여 고려해야 할 기본적 사항을 살펴보면 다음과 같다.

① **계획입지와 계획 업종 및 업태와의 적합성이다.** 일반적 관점에서 아무리 좋은 입지라도 계획 업종 및 업태와 연결되지 않는다면 좋은 입지라 볼 수 없기 때문이다. 이를 테면 명동에 수산물 도·소매업 입지를 선정한다면 결코 적합한 입지선정이라 볼 수 없다. 명동은 수산물 소비자가 거주하고 있는 주거지가 아니기 때문이다.

② **후보지의 환경에 대하여 구체적인 조사가 이루어져야 한다.** 해당 상권의 인구수, 인구 구성, 세대수, 소득 수준, 소비수준, 목표 소비자의 수 등을 창업자가 직접 현장에 나가서 같은 상품 판매처의 고객 수 등을 심층적으로 조사·분석해 볼 필요가 있는 것이다.

③ **후보지의 장래성을 조사하는 일이다.** 후보 입지의 현황만 보고 입지를 선정하는 것은 상당한 위험이 뒤따른다. 후보 입지의 장래성은 시가지 형성 상황, 주변 도시의 인구증가 속도, 신도시 계획 및 도시개발 계획의 유무, 도로의 신설·변경, 대형점의 출점 계획 유무 등의 파악은 향후 발생할지도 모를 경영환경의 변화를 미리 예측함으로써 사업실패를 방지할 수 있는 지름길이 되는 것이다.

④ **자금조달 능력의 검토이다.** 입지선정의 실제에 있어서는 좋은 점포입지의 경우 보증금도 많지만, 상당한 권리금도 존재하는 것이 현실이다. 따라서 아무리 좋은 입지라 하더라도 거기에 상응한 자금조달능력이 없다면 그 창업자에게는 그림의 떡에 불과하다. 그런 의미에서 자기 자본 수준에 맞는 점포입지가 창업자에게는 최적의 입지라 볼 수도 있을 것이다.

⑤ **사업장 규모의 적합성 및 경쟁성이다.** 일반적으로 자신의 점포 인근에 경쟁점포가 없으면 그것만큼 좋은 입지는 없다. 그러나 그 상권에 꼭 알맞은 업종이라면 적어도 1 ~ 2곳의 경쟁점포가 있기 마련이다. 이런 경우에는 아무리 좋은 위치라 하더라도 인접한 경쟁점포와 비교하여 규모가 적다면 소비자의 심리상 작은 가게에 들어오지 않기 때문에 입점하는데 심사숙고 하여야 한다. 따라서 좋은 입지란 취급하고자 하는 상품을 보기 좋게 진열하고 판매할 수 있는 정도의 적정 규모 확보의 필요성이 있는 것이며, 주변 여타 점포에 비해 규모면에서 빈약하거나 경쟁력이 없다면 결코 경쟁에 이길 수 없는 것이 우리의 현실이다.

경쟁업종이 아니더라도 확인하여야 할 것이 또 하나 있다. 인근 주변의 점포가 나에게 도움이 되는 업종인지, 손해가 되는 업종인지를 따져봐서 입점하여야 한다. 이를 테면 유흥가 주변 상권에서는 오락사업이나 주류사업은 도움이 되지만 아동교육사업은 절대 도움이 안 되는 사업인 것이다. 하나 더 모여 있으면 시너지 효과를 내는 업종들이 있다. 이런 업종인 경우에는 꼭 밀집되어 있는 상권으로 가야 성공 가능성이 높다고 할 수 있다.

제3절 점포의 선택과 계약

점포의 선택은 점포의 크기, 구조, 형상 등 물리적 측면과 소유권, 저당권 등 법률적 측면, 그리고 입지, 수익성 등 경제적 측면을 모두 보고 판단하여야 한다.

또한, 점포 계약과정에서 창업자는 점포 매매 또는 임차를 위한 조건과 하자의 내용을 확인하고 계약을 체결해야 한다. 해당 대지와 건물에 대한 법적 주인과 계약 체결자와의 관계, 근저당, 가등기 및 가압류 여부는 등기부등본을 발급받아 확인하고, 도시계획에 따른 용도는 도시계획 확인원, 토지대장, 건축물대장을 발급받아 무허가나 가건물인지의 여부와 함께 도시계획상의 철거대상인지 아닌지를 확인한다.

이와 함께 창업자는 계약조건에 대해서도 철저히 확인하여야 한다. 즉 임차보증금의 조건, 월세액, 각종 공과금 및 세금납부 유무 등이 계약서상 명시되어야 하며, 계약할 때 인수할 품목과 비품 목록, 계약기간, 명도일, 계약기간 만료 후 재연장조건, 향후 사업 성패에 따른 업종 변경할 때의 제약조건 여부, 월세금 지불방법, 연체 시 이자, 해약조건, 하자보수 등도 명시하지 않으면 안 된다. 계약금, 중도금, 잔금, 중개료의 액수 및 지급일 그리고 권리금, 보증금 등을 일괄 인수할 때에 권리승계 및 인증 유무를 명시하고 매도인, 매수인, 중개인의 이름, 주소, 연락처, 날인 상태를 확인하여야 한다. 마지막으로 등기부상의 법률상 주인과 바르게 계약한 것인지 주민등록증을 상호 보여줌으로써 본인 여부를 확인하는 것이 바람직하다.

Chapter

07 기본적 창업절차

사업을 수행하기 위해서는 정해진 창업과정을 거쳐야 하며, 철저한 창업과정의 준비는 기업들에게 사업성 기회를 가져다주며, 기업의 성공 가능성을 높여준다.

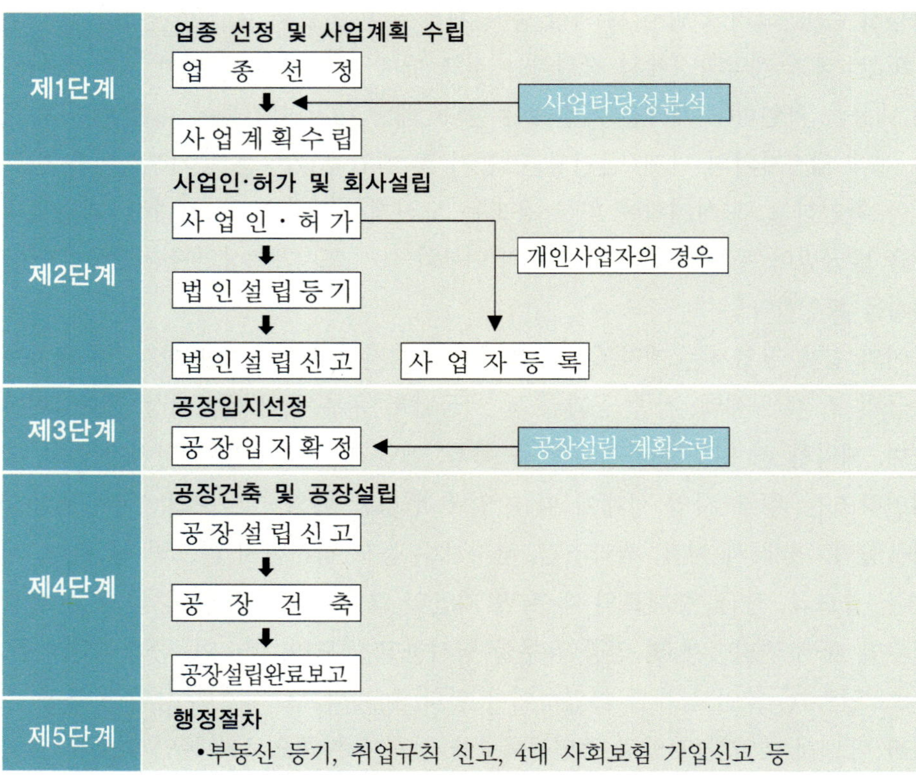

[그림 7-1] 창업절차

제1절 1단계 : 업종 선정 및 사업계획 수립

업종 선정이 이루어지고 나면, 선정 업종에 대한 사업타당성 분석을 실시하고, 사업규모, 기업형태, 창업 멤버와 조직 구성, 공장설립 유무 및 사전검토 등을 포함한 사업계획을 수립하여야 한다.

1.1 업종 및 사업 아이디어 선정

1) 업종 선정

(1) 업종 선정의 필요성

업종은 시대변화를 가장 많이 반영한다. 특히 예비 창업자들은 어떤 업종을 선택하느냐에 따라 미래의 사업 전개방향이 나온다. 업종의 세대교체주기가 빨라짐에 따라 여러 가지로 검토해야 할 사항들이 있다. 즉 기존 점포수의 증가나 업종 수명주기의 단축, 빠른 세대교체, 소비자의 소득 수준 변화 등이 업종을 다양하게 변화시킨다.

(2) 업종 선정 시 고려사항

① **트렌드**(trend)

비즈니스는 고객과의 관계에서 성패가 좌우된다.

IMF 구제금융시기에 무점포 소호사업이 인기를 끌더니 경기회복과 함께 교육 관련 사업과 외식업, 여가 관련업종이 강세를 보이고 있으며, 월드컵과 아시안게임이 개최되던 때는 전통 관련업종이 강세를 보였으며, 퓨전 아이템도 확산되었다.

트렌드를 제대로 읽는 지혜, 바로 창업주가 갖추어야 할 중요한 덕목이다. 최근의 통계에 의하면 10 ~ 20대 디지털 세대가 소비의 중심이라고 한다. 결국 이들의 감성과 생활패턴, 커뮤니케이션, 문화를 공감할 수 있는 감각과 노력이 필요하다.

② **소비성향**

트렌드와 함께 고객의 소비성향에 대한 냉철한 분석이 필요하다. 소득 양극화가 심화됨에 따라 중산층이 엷어지고 서민층의 주머니 사정이 넉넉지 않다.

소비의 거품이 빠지면서 형식보다는 실리를 중시하는 선진국형 소비패턴이 정착되고 있다. 특히 경제권을 갖고 있는 30대 이상의 연령층이 알뜰 소비성향을 나타내고 있으며, 30대 이하의 신세대들에게는 이성보다는 감성을 자극하는 아이템 승부가 중요하다.

③ **경쟁력**

동종업종끼리 일정한 세력으로 형성된 상권이 있는가 하며, 대부분의 다운타운 상권은 이종업종간의 결합으로 구성되어 있다. 업종 선정을 할 때 타 업종간의 경쟁관계나 보완관계의 여부에 따라 종종 성패가 좌우되는 경우를 볼 수 있다.

패션상권에 분식점, 호프, 커피숍 등은 보완관계에 속하지만 극장, 유흥주점, 당구장 등은 경쟁관계에 속한다. 즉 일정 시간대를 쇼핑에 할애해야 하는 고객이 영화 관람이나 음주, 여가활동 때문에 부담이 될 수 있기 때문이다.

업종 경쟁력은 크게 우세업종과 틈새업종으로 접근할 수 있는데, 우세업종이란 해당 상권에서 타 업종에 비해 강세를 보이고 있는 업종을 말하며, 유효수요는 충분하지만 경쟁이 심하지 않은 업종을 틈새업종이라 한다. 결국 우세업종이면서도 시장의 수요가 충분한 아이템 선정이 바람직하다.

④ **적합성**

창업은 인생을 바꾸어 놓을 수 있는 중요한 의사결정으로, 자신의 경력이나 선호도, 가족의 동의와 자금여력 및 성격 등을 동시에 고려한 최선이 결정이 요구된다.

부부 창업인 경우에는 사전에 배우자의 선호나 적성 그리고 집까지의 거리, 자녀문제 등을 염두에 두어야 한다. 가능하면 커리어 창업이 바람직하지만 사전 준비만 철저히 한다면 색다른 분야에 도전해 보는 것도 괜찮은 전략이라 할 수 있다.

⑤ **입지궁합**

'돈 버는 자리가 따로 있다'는 말처럼 창업에 있어서 입지가 차지하는 비중은

두말할 것이 없다. 점포의 경우, 시설투자비 이외에 바닥 권리금이라는 것이 권리금의 명목으로 형성되어 있어서 단순히 상권이 좋다고 해서 점포를 물색해 보면 높은 임대료를 실감하게 된다. 이는 토지와 건물의 차별적 가치 때문인데, 실제 사용가치보다 교환가치가 높은 이유이다. 현실적으로 점포구입비가 전체 창업비용에서 50%를 상회하기 때문에 섣부른 점포 구입은 곤란하며, 중요한 사실은 업종마다 입지조건이 매우 상이하다는 것이다. 무의식적인 소비가 강한 업종은 역세권이나 시내 중심가가 유리하지만 의식적 소비의 경우에는 주거지를 배후지로 한 입지전략이 필요하다. 생활밀착형 업종이나 배달업종, 중저가 소매업종의 경우에는 주거지에 입지 하는 것이 유리하다는 뜻이다.

⑥ 수익성

사업의 최고 가치는 이윤의 창출이고 이익을 남기지 못하는 업주는 베버(M. Webber)가 말하는 신의 명령을 어기는 죄인이라는 평가를 면하기 어렵다.

흔히 마진율이라는 것이 수익성의 지표로 사용된다. 외식업의 경우에는 30 ~ 40%, 소매업은 20 ~ 25%가 마진으로 남는다. 여기에 임대료와 인건비, 기타 경비를 제외하면 점주의 순이익으로 돌아가는데, 1년으로 환산하여 권리금 수준과 비슷하면 업종 선정을 제대로 한 셈이다. 만약 이에 미치지 못한다면 과감하게 '포기하는 미학'을 겸허히 받아들이는 자세 또한 필요하다. 덧붙이자면 투자수익률을 반드시 사전에 따져보아야 한다. 1억 원(점포구입비 제외)을 투자하여 연간 5천만 원을 번다면 연간 수익률이 50%로 그리 좋지 않은 실적에 만족해야 한다. 업종간 다소 차이는 있지만 연간 수익률 100% 정도를 올릴 수 있어야 성공했다는 평가를 받을 수 있다.

⑦ 라이프사이클

어떤 경우에는 불과 몇 개월 사이에 반짝하더니 사라지는 아이템이 있고, 10년이 지나도 꾸준한 성장을 보이는 업종이 있다. 특히 10 ~ 20대를 주 고객층으로 한 아이템은 타 업종에 비해 라이프사이클이 짧기 때문에 수익률, 양도 여부, 전업 가능성 등을 사전에 고려해 두어야 한다.

⑧ 시장 진입 가능성

프랜차이즈 형태로 빠르게 시장을 형성하는 업종을 독립점포로 창업 하기란 쉽지 않다. 브랜드 파워와 시스템, 고도의 마케팅 전략에 이르기까지 개인사업자의 시장 진입은 상당한 장애를 받는다. 만약 가맹점 지원사항 등을 충분히 점검해 본 후에 경쟁력이 있다고 판단되면 브랜드를 선택하는 것이 바람직하며, 독립점포 사업을 원한다면 프랜차이즈가 치열하지 않은 틈새업종으로의 창업이 유리하다.

2) 사업 아이디어 선정

창업기회는 매우 다양한 방법과 여러 상황에서 발생한다. 창업기회는 창업을 준비하는 동안 그 아이디어로부터 출발하여 어떤 아이템을 선택할 것인가가 가장 중요하다. 사업 아이템은 창업의 대상이 되고, 그에 대한 타당성이 검토되면서 진행되는 창업의 중심축이다.

우리가 흔히 창업을 고려하고 있다고 하면 투자자나 동업자 등 협력자들이 아이템이 뭔가 하고 물을 것이다. 이것은 아주 중요한 문제이다. 판매할 상품을 고르는 것은 곧 사업수완이라고도 할 수 있다. 또한 어떤 아이템을 정했다면 다음과 같은 몇 가지 조건을 꼭 확인해 보아야 한다. 즉 그 상품 또는 서비스에 대한 노하우를 가지고 있는가, 상품의 유통구조에 대해 확실히 알고 있는가, 만약 고객이 사용법이나 기능 등 상품에 대한 질문을 해올 경우 확실한 정보를 제공할 수 있는가, 이 상품을 다른 지역에 정확히 배달할 수 있는 배송체계를 확보해 놓았는가, 판매지역에서 타 상품보다 경쟁력을 가지고 있는가, 판매지역에서 이 상품에 대한 선호도를 조사하였는가 등등 사업을 하고자 하는 품목이나 업종 또는 아이디어가 아무리 기발한 제품이나 아이디어를 가지고 있다 하더라도 고객에게 그 제품이나 또는 서비스를 가지고 접근이 어렵다면 이 상품을 선택하는 것을 다시 한번 고려해 보아야 할 것이다.

먼저 시장조사가 우선되어야 한다. 경쟁상대는 있는가. 시장규모는 어떠한가. 안정적인 수요처를 확보할 수 있는가. 시장이 성장되어감에 따라 나의 제품도 성장성이 뒷받침되어 줄 수 있는가 등에 관하여 조사해야 할 것이다.

사업 아이템이 선정된 후에도 아이디어, 기술인력, 판매망 그리고 가장 중요한 시설자금과 운전자금 등 투자액 조달은 가능한가 등 어느 하나 빼놓을 수 없는 것이다. 사업 아이템 선정에 앞서 아이디어 개발에 초점을 맞출 사항으로는 먼저 선점이 필요하다. 그리고 뒤따라오는 기업의 진입이 어려운 산업이어야 한다. 발전단계에서 초기 또는 성장단계에 있는 산업에서 찾아야 한다.

1.2 사업규모 결정

사업규모의 결정 문제는 창업 성패와 직결된다고 해도 과언이 아니다. 지금까지 많은 창업실패자들의 경험을 분석해 보면 매출 부진, 경영능력 부족, 자금부족 등의 외적 요인 외에 과다한 사업규모에 기인한 바가 크다. 그만큼 적정 사업규모의 결정은 창업 성공의 중요 요소가 된다. 특히 사업규모를 결정할 때 고려하여야 할 내용은 다음과 같다.

1) 창업자의 자금조달 능력

자금조달규모는 사업규모를 결정하는 핵심적인 요소이다. 현명한 창업자라면 여기서 한발 더 나아가 사업규모를 자기 자본 조달 능력의 1/2 규모로 축소하여야 모든 상황에 대처할 수 있다. 장기적으로 볼 때 과도한 시설투자로 실패를 하는 것 보다 사업규모를 축소하여 안정된 사업을 진행해 나가는 것이 성공의 지름길이다.

2) 동종업계의 규모

창업과 관련된 산업분야는 산업분류표상 크게 제조업·광업·건설업·운수·창고·통신업·도소매업·서비스업으로 분류된다. 이들 업종 중 일반적으로 제조업은 가장 큰 규모를 필요로 하며, 소매업과 서비스업은 작은 규모로 시작할 수 있는 업종이다. 무엇보다도 사업규모의 결정에 있어서 같은 업종, 같은 제품을 생산·판매하는 경쟁회사의 규모를 정확히 분석하는 것이 중요하다.

3) 취급하고자 하는 제품의 특성

제조업이라도 많은 시설투자가 필요한 설비산업의 경우와 좁은 공간에 기계 몇 대만 설치하고서도 영위할 수 있는 사업도 있기 때문이다.

1.3 기업형태 결정

창업자가 업종을 선택하고 사업계획을 수립하고 나면, 필요시 사업인·허가를 얻고 개인 또는 법인의 기업형태로 사업주체를 결정하여 해당 관청에 사업자등록 또는 법인 설립등기를 하여야 한다. 기업형태는 기업의 설립 주체와 법률상 규정된 기업의 설립 형식에 따른 기업의 종류를 의미하는 것이다.

창업에 있어서 기업형태의 결정은 중요하다. 영업, 자금조달, 종업원 관리, 생산관리 등 기업 전반에 걸쳐 만능 경영을 하여야 하는 개인기업 형태로 창업을 할 것인지 조직을 갖추고 회사 업무를 대부분 능력 있는 종업원에게 분담시켜 전체를 통괄할 수 있는 법인형태로 창업할 것인지에 관한 치밀한 검토가 필요하다. 따라서 창업자는 여러 가지 기업환경과 경영능력, 세금, 자금조달, 향후 영속성 그리고 개인기업과 법인기업의 장·단점 등을 비교·평가하여 창업자의 실정에 맞는 기업형태를 결정하여야 한다.

개인기업은 기업이 완전한 법인격이 없으므로 소유자에게 종속되는 기업이고, 회사형태의 법인기업은 완전한 법인격을 가지고 스스로의 권리와 의무의 주체가 되며 기업의 소유자로부터 분리되어 영속성이 있는 기업이다.

우리나라의 일반적인 회사의 형태는 주식회사이며 합자회사, 합명회사 및 유한회사는 많지 않다고 보아도 무방하다.

일반적으로는 개인기업으로 설립하였다가 매출액이 증가하면 소득세 부담 때문에 법인으로 전환하는 경우가 많다. 그러나 벤처기업을 창업할 때는 주식회사 형태로 설립하는 것이 유리하다. 개인기업의 경우 기업이윤 전체를 기업주가 독점할 수 있으며 의사결정이 신속하다는 장점이 있는 반면, 기업주의 무한 책임과 납세 상의 불이익 등의 단점을 가지고 있다. 법인기업의 경우에는 자본과 조직 위주의 경영이 용이하고 기업의 법적 공시성으로 인하여 대외신용도가 비교적 높은 대신, 의사결정의 지연, 창업의 복잡성 등의 단점도 갖고 있다.

창업자는 창업자의 특수한 사정이나 선호하는 경향과 성격에 따라 양 제도를 비교·평가하여 보다 바람직한 방향으로 기업형태를 선택하는 것이 바람직할 것이다.

1.4 창업 멤버와 조직구성

1) 창업 멤버와 조직의 중요성

기업경영의 제 1요소는 사람이며, 창업 준비절차에서 가장 중요한 사항은 필요한 인력의 충원과 교육훈련이다. 창업기업의 인력충원은 기존 기업의 신규사원 채용과는 달리 직급별, 부문별로 다양한 형태의 인력을 충원하여야 하기 때문에 신중을 기하여야 한다.

창업 직원을 선발할 때의 우선적인 원칙은 최소정예주의에 입각하여 꼭 필요한 인력부터 채용하여야 한다. 그리고 경력사원의 스카우트는 최적임자를 원칙으로 채용하고 특히 창업주의 뜻에 충실한 인력을 선발하는 것이 좋다. 또한 창업 멤버의 구성상 친인척의 수, 학력 수준, 경력의 장단점, 연령, 성별 분포 등을 적절히 배합하여 선별할 필요가 있다.

이렇게 창업기업의 조직이 갖추어진 이후에는 기업 전체적으로, 그리고 각 업무분야 및 부서별로 업무수행에 필요한 교육훈련을 실시하여야 한다. 기업의 기본적인 경영방침과 목표에서부터 그 목표를 효율적으로 달성할 수 있는 수단과 방법, 즉 각종 규정의 숙지, 고객응대와 서비스 훈련, 업무처리 체계도의 구축, 사무자동화에 따른 필수 전산교육의 실시 등 다양한 교육이 체계적으로 이루어질 수 있도록 각별한 신경을 기울여야만 한다.

중소기업, 특히 창업기업에 있어서 임직원 한 사람 한 사람이 자기에게 주어진 일을 차질 없이 해결할 능력이 없으면 조직에 결함이 생길 수밖에 없다. 그러므로 창업기업의 경우에는 창업 초기 유능한 창업팀의 결성과 효율적인 조직구성이 매우 중요한 의미를 갖게 되는 것이다.

2) 창업 멤버와 조직 구성 시 고려요소

창업멤버와 조직을 구성할 때 우선적으로 다음과 같은 내용을 고려하여야 한다.

① **창업 멤버와 회사 조직은 심플하게 구성하는 것이 유리하다.** 작은 조직이 비용부담이 적고 의사결정 등 추진력뿐만 아니라 조직의 효율성도 높아지기 때문이다.

② **업종에 맞는 조직을 구성하여야 한다.** 창업회사의 조직은 일반적인 회사 조직을 중심으로 편성하되 해당 업종에 맞는 특색 있는 조직이 필요하다. 아무리 조직 내 우수한 인력이 존재한다 하더라도 이들 인력을 효율적으로 운영할 수 있는 시스템이 없다면 무용지물이 된다.

③ **동업 시에는 상호 조건을 분명히 하여야 한다.** 가급적이면 동업을 피하고 동업이 꼭 필요한 경우에는 상호 조건을 정확히 제시하여 합의가 된 후에 창업 준비에 착수하여야 한다. 우리나라의 경우 동업관계가 끝까지 유지되는 경우가 아주 드물 뿐만 아니라 기업은 영리를 추구하는 사람의 집합체이므로 상호 조건을 분명히 해두는 것이 필요하다.

1.5 공장설립 유무 및 사전검토

공장설립이 필요한 때에는 먼저 사업계획 수립단계부터 [표 7-1]의 사항을 검토하여 자신이 설립하고자 하는 공장의 업종·규모 등에 대한 이해를 충분히 한 후에 관계법령에 맞추어 설립절차를 이행하여야 시행착오를 줄일 수 있다. 사업계획 수립단계에서 이러한 사항을 검토 없이 추진하는 창업자는 공장설립 시 애로를 많이 겪는다. 그러므로 필수적으로 이러한 사항을 검토하여야 한다. 공장설립이 필요한 경우 사전검토를 위하여 관련 부처에 상담이 필요하다.

[표 7-1] 공장설립 시 사전검토사항

① 당해 사업이 한국표준산업분류상 제조업에 해당되는지 여부와 업종명·분류번호
② 설립하고자 하는 공장의 규모 : 공장건축면적 및 공장용지면적
③ 제조시설 중 환경 관련법에 의한 환경배출시설을 설치하는지 여부
④ 중소기업 창업자에 해당되는지 여부
⑤ 기술도입신고 대상인지 여부
⑥ 세제·금융지원을 받을 수 있는지 여부
⑦ 외국인투자에 해당되는지 여부
⑧ 첨단산업에 해당하는지 여부
⑨ 개별법상의 사업인·허가 대상인지 여부

1.6 사업타당성 분석

사업타당성 분석이란 창업의 요소와 요건을 갖추고 재화와 서비스를 생산·판매할 경우, 즉 기업의 경영활동을 수행할 경우 기업경영의 본래 목적인 경제성(목표 이윤)의 달성 가능 여부를 사전에 조사·검토하는 것을 말한다. 이러한 사업타당성 분석은 사업을 수행하기 전에 사업환경과 사업자의 능력을 파악하기 위한 하나의 안전장치이다.

사업타당성 분석을 행하는 이유는 사업타당성에 대한 분석 없이 사업을 시작하는 것은 어리석은 결과를 초래하기 때문이다. 그러므로 사업타당성 분석은 계획사업에 대한 창업자 평가와 함께 시장성 분석, 기술적 타당성 분석, 재무적 타당성 분석, 공익성 분석 등을 단계적으로 구분하여 수행된다. 이와 같은 단계를 거쳐 사업타당성이 인정되면 창업 조직을 구성하고 사업계획서 작성 등의 창업과정을 거친다.

1.7 사업계획서 작성

일반적으로 사업계획서는 계획사업이 어떤 방향으로 나아가고 있고, 어떻게 목표를 달성할 수 있는지에 대해 설득력 있게 설명한 문서이다.

사업계획서에는 다음과 같은 내용이 포함되어 있어야 한다.

① 개인투자자 또는 벤처캐피털이 제안한 사업계획을 검토해 볼 가치가 있다고 느낄 수 있도록 내용을 구성하여야 한다.
② 사업운영에 있어서 성공 가능성을 엿볼 수 있는 경영팀을 소개하여야 한다.
③ 제안된 사업 아이템이 차별화된 경쟁력이 있다는 것을 보여 줄 수 있는 시장 기회를 제시하여야 한다.
④ 제안하는 제품이 생산 가능하고 시판될 수 있는 제품임을 분명하게 제시하여야 한다.
⑤ 투자수익률을 만족시키는 재무계획을 제시하여야 한다.

제2절 2단계 : 회사설립 및 사업자등록

예비 창업자가 사업계획 수립 이후 직접 사업계획을 실행하는 단계이다. 제1단계에서 타당성이 입증된 사업 아이디어가 사업활동으로 이어지기 위해서는 해당 업종을 관장하는 해당 관청에서 법적인 사업인·허가를 취득하여야 하는데, 개인기업이나 법인기업 형태로 사업 주체를 결정하여 해당 관청에 사업자등록이나 법인 설립등기를 하여야 한다.

개인기업의 경우는 사업개시일로부터 20일 이내에 사업장을 관할하는 세무서에 사업자등록을 위한 신청서를 제출하고 사업자등록증을 교부받아야 하며, 법인기업의 경우는 관할 지방법원이나 등기소에 설립등기를 한 후 30일 이내에 관할 세무서에 법인 설립신고를 하여야 한다. [그림 7-2]는 사업 인·허가절차를 나타낸 것이다.

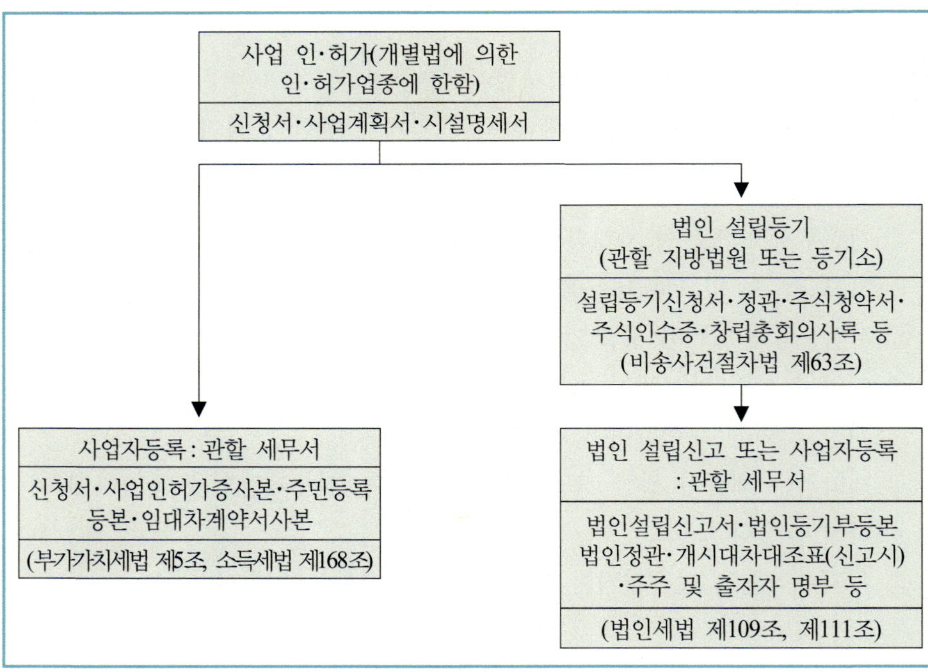

[그림 7-2] 사업 인·허가절차

제3절 3단계 : 공장입지 선정 및 공장설립 승인

사업인·허가가 완료되고 나면 공장의 위치를 선정하여야 하는데, 이러한 입지 선정은 국토이용관리법이나 도시계획법 등을 근거로 하여 그 용도에 맞아야 한다.

3.1 공장입지 선정

공장을 설립할 수 있는 지역은 공장을 건설하기 위해 국가공단, 지방공단, 농공단지와 같이 국가 등에서 조성해 놓은 지역인 계획입지나, 국토이용관리법 및 도시계획법상으로 세분된 개별적인 용도지역(지구) 중 공장입지 선정 및 공장설립승인(지구) 중 공장설립이 허용되는 지역인 자유입지이다.

계획입지는 산업입지 및 개발에 관한 법률에서 정한 목적(국가공단은 국가기간산업 육성분야, 지방공단은 지역개발 분야, 농공단지는 농어촌지역개발 분야 등)에 부합할 경우 신청하여 입주할 수 있으며, 자유입지는 국토이용관리법 및 도시계획법 등이 허용하는 지역에서 공장설립이 가능하다. 자유입지일 경우 공장설립이 허용되는 지역인지의 여부를 알기 위해서는 해당 관공서에서 국토이용관리계획 확인원, 지적공부 또는 도시계획 확인원 열람을 신청하여 확인할 수 있다.

[표 7-2] 자유입지와 계획입지의 장·단점 비교

구 분	자유 입지	계획 입지
장점	• 적지, 적소 입지 선정가능 • 저렴한 토지 확보가능	• 공장설립절차 간소 • 기반시설 공유 및 집적경제 효과 • 공장설립시 소요기간 단기
단점	• 입지 및 개발절차 복잡 • 용도전용의 애로 • 주민과의 마찰 가능(장기간 소요)	• 적시, 적소 선택 불가능 • 높은 분양가

공장을 설립하고자 하는 토지의 지목이 공장용지가 아닌 농지·임야 등인 경우에는 농지법·산림법에 의한 농지전용·산림훼손 등 개별법상의 인·허가를 받아야 공장설립이 가능하다. 이 경우에는 공장 설립 승인 신청 시 토지이용 관련 개별법상의 인·허가를 동시에 신청하여 일괄의제 처리를 받을 수 있다.

우리나라 토지이용 관리체계는 당해 토지를 어떤 용도로 활용할 것인가를 미리 정한 후 당해 용도지역에서 허용되는 행위만을 할 수 있도록 하고 있기 때문에 설립하고자 하는 공장이 당해 용도지역에 부적합한 경우에는 공장설립이 불가능한 것이 원칙이다. 그러나 이 경우에도 시장·군수·구청장에게 창업사업계획 승인 신청을 하면, 공장설립이 가능한 용도지역(준도시지역·농어촌산업지구)으로 변경을 해주는 경우도 있다. 용도변경 인·허가를 받은 경우에는 공장설립을 할 수 있다. 창업자가 아닌 중소기업자도 중소기업 창업지원법상의 창업계획 승인 절차에 따라 공장설립이 가능하다.

3.2 공장설립 승인

공장을 설립할 장소를 선정한 후에는 관할 시장, 군수, 구청장에게 공장설립 승인을 얻어야 한다. 계획입지인 공단지역(국가공단, 지방공단, 농공단지)에 공장을 설립코자 하는 경우에는 공업배치 및 공장설립에 관한 법률에 의거하여 공업단지 입주계약을 체결하면, 별도의 공장설립 승인을 받을 필요가 없다.

[표 7-3] 공장설립 승인 필요 유무

① 계획입지(공단지역)에서는 공장설립 승인 필요 없음.
- 공장용지를 분양받은 기업이 관리기관과 입주계약을 체결하면 시장·군수·구청장에게 별도의 공장설립 승인을 받을 필요는 없음(창업사업계획 승인 필요 없음).

② 자유입지(국토이용관리법, 도시계획법상 공장설치 허용지역)에서는 공장설립 승인 필요
- 공장설립 승인절차(공업배치 및 공장설립에 관한 법률) : 제조업을 영위하고자 하는 자가 임의적으로 공장입지를 선정하여 적법절차에 따라 공장을 설립하는 절차
  [공장설립 승인(→건축허가) → 사용승인 → 공장설립 완료신고(공장등록)]
- 창업사업계획 승인절차(중소기업 창업지원법) : 사업개시일로부터 5년 이내인 창업 중소기업이 공장을 설립할 때 적용되는 절차
  [창업사업계획 승인 → 건축허가 → 사용승인 → 공장설립 완료신고(공장등록)]

그러나 국토이용관리법 및 도시계획법에서 정한 공장설치가 허용되는 지역인 자유입지에서 공장 건축면적 500㎡ 이상의 공장을 설립하고자 할 때는 공장설립 승인을 반드시 받아야 한다. 자유입지에서의 공장설립 승인은 공업배치법상 공장설립 승인과 창업지원법상 창업사업계획 승인이 있다. 창업사업계획서를 통하여 공장을 설치하는 경우에는 국토이용계획 변경절차까지도 의제 처리할 수 있어 유리하다.

3.3 공장부지 조성

토지를 매입한 후 공장부지 조성을 위하여 각 개별법에서 정하고 있는 토지 형질 변경행위를 위한 개발행위 신고(산림을 훼손하는 작업을 하고자 하는 경우에 작업 착수계를 제출하는 등) 등의 절차가 있는 경우 이를 이행하여야 한다. 또한 부지조성을 완료한 후, 각 개별법에서 정한 준공검사 등 개발행위 완료에 따른 행정절차를 이행하여야 한다.

제4절 4단계 : 공장건축 및 공장설립

인·허가를 획득한 후 공장입지가 결정되면, 공장설립과 공장건축을 위한 여러 가지 절차로 건축허가, 건축착공신고, 건축 중간검사 및 준공검사, 공장설립 완료 보고를 하여야 한다.

부지조성이 완료되면 공장을 건축하기 위하여 건축허가를 받아야 하는데, 이때 건축공사를 위한 도로 점용, 건축물 안의 수도·전기·소방시설과 환경 배출시설 설치허가 등을 동시에 신청하여 건축허가 시 한꺼번에 모든 인·허가를 받을 수 있다.

또한 건축허가를 받은 후 착공신고 및 최종 건축완료 시 사용승인을 신청하여야 하며, 사용승인 신청 시 각종 시설(수도, 전기, 정화조 등)에 대한 준공검사를 동시에 신청하여 한꺼번에 검사받을 수 있다.

[표 7-4] 공장설립을 위한 준비절차

절 차	내 용	준 비 서 류
1. 부지선정	• 업종 특성상 유리한 지역 선정 • 도로, 전기사용이 용이한 지역 • 민원 발생이 적은 지역, 공장밀집지역	-
2. 입지검토	• 창업지원법상 창업해당 유무 파악 • 공장입지 파악(국토이용관리법, 농지법, 산림법 등 30개 법률 검토) • 업종 파악, 환경보전법 파악(공해문제)	토지이용계획 확인원, 지적도, 토지대장, 토지등기부등본, 기계시설 내역
3. 부지계약	• 계약금 일부지급으로 토지계약 • 부동산 사용승락서, 인감증명서 발급	-
4. 사업계획서 작성	• 창업사업계획서 또는 공장설립사업계획서 작성 • 인허가사항 검토 (30개 법률에 의한 62개 인허가) • 건물배치도, 구적도 작성 • 지형도 준비	토지이용계획 확인원, 지적도, 토지대장, 공시지가 확인원, 토지등기부등본, 사용승락서, 인감증명서, 법인등기부등본 또는 정관(법인에 한함)
5. 사업계획서 승인신청	• 시지역 중소기업과, 군지역 지역경제과 1차 검토 • 민원실 접수, 처리기간 30일 소요	-
6. 사업계획 승인	• 인허가 관련 법률에 의한 법률검토 후 승인 (시·이 협의부서 : 지역경제과, 환경과, 도시과, 농지과, 산림과, 건축과, 면사무소)	-
7. 대체농지, 입지조성비 및 각종 부담금 납부	• 승인 후 각종 부담금 전용부담금, 대체농지조성비, 대체조림조성비, 각종 국유지점용료 등 납부 • 창업사업계획승인업체 전용부담금 50% 감면	-
8. 공장건축	• 승인에 의한 공장건축 • 공장건축 완료보고	-

4.1 공장설립신고

공장설립 장소를 마련한 후에는 관할 시·군·구청에 공장설립신고를 하여야 한다. 공단지역(국가공단, 지방공단, 농공단지)에 공장을 설치하고자 하는 경우에는 공업단지 입주계약을 체결하면 별도로 공장설립신고를 할 필요가 없다.

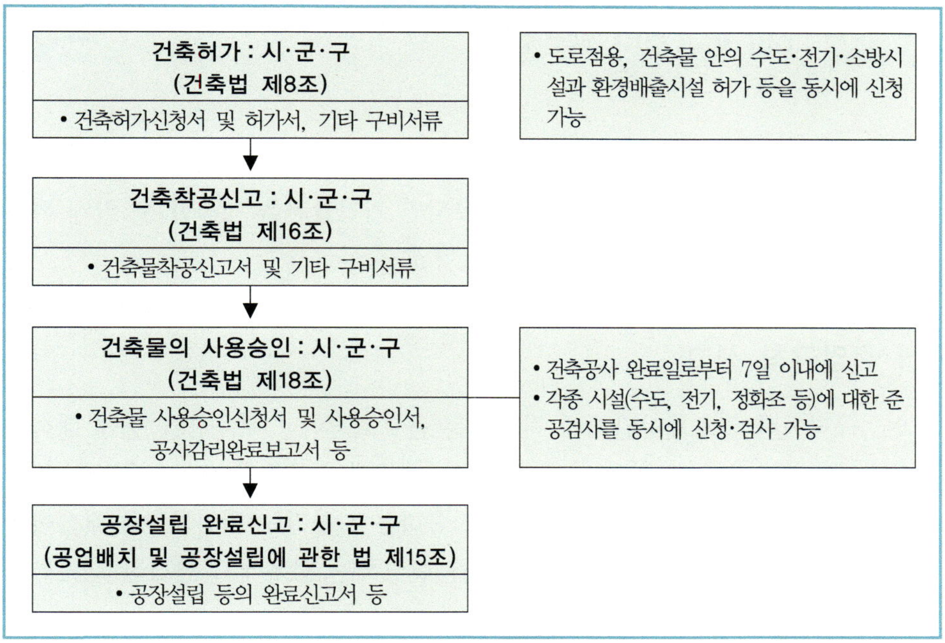

[그림 7-3] 공장건축단계

국토이용관리법 및 도시계획법에서 정한 공장설치 허용지역에 공장을 설립할 경우 공장건축면적 500㎡ 이상 또는 상시 종업원수가 16인 이상인 공장의 경우 공장설립신고를 하여야 한다. 공장설치가 허용되지 않는 지역에서 창업사업계획 승인을 통해 공장을 설치하는 경우에는 별도의 공장설립신고를 할 필요가 없다.

4.2 공장건축

공장건축단계에서는 건축허가 등 건축법이 정한 일련의 절차를 거쳐야 한다. 공장건축이 완료되면 기계, 장치 등을 설치한 후 공장설립 완료신고를 하면, 현지 확인을 거쳐 10일 이내에 발급하는 공장등록증을 교부한다. 또한 환경 배출시설이 설치된 경우에는 가동 개시신고를 한 후 공장을 가동하여야 한다. 공장등록증을 교부받으면 이제 창업의 절차는 끝나고 본격적인 사업에 착수할 수 있다.

제5절 5단계 : 기타 행정절차

행정절차에는 부동산 등기, 취업규칙 신고, 사업장 설치계획 신고, 4대 사회보험 가입 신고 등이 있으며 이것이 완료되면 기업활동을 개시할 수 있게 되는 것이다.

5.1 취업규칙 신고

취업규칙이란 근로계약관계에 적용되는 근로조건이나 복무규율 등에 대하여 사용자가 일방적으로 작성하여 자신의 근로자들에게 공통적으로 적용하는 규칙을 말한다. 상시 10명 이상의 근로자를 사용하는 사용자는 취업규칙을 작성하여 고용노동부장관에게 신고해야 하며, 이를 변경하는 경우에도 변경신고를 하여야 한다.

5.2 근로자명부와 임금대장 작성

창업기업은 근로기준법 제40조 및 제47조의 규정에 의하여 상시근로자가 5인 이상인 경우 근로자명부와 임금대장을 작성하여야 한다. 사업자는 근로기준법 시행규칙 제19조에서 정하는 서식에 각 사업장별로 근로자의 성명, 생년월일, 이력 등을 기재한 근로자명부와 임금과 가족수당 계산의 기초가 되는 사항, 임금액 등을 기재한 임금대장을 작성하여 보존하여야 한다.

5.3 4대 사회보험 가입

4대 사회보험은 건강보험, 연금보험, 고용보험, 산업재해보험 등 국가에서 관리하는 사회보장제도로서 근로자를 사용하는 모든 사업장은 반드시 가입해야 하는 보험을 말한다. 이 사회보험에서는 업무상의 재해, 질병, 분만, 폐질(장애), 사망, 유족, 노령 및 실업 등을 다루는데, 질병과 부상에 대해서는 건강보험 또는 질병보험, 폐질·사망·노령 등에 대해서는 연금보험, 실업에 대해서는 고용보험, 그리고 업무상의 지해에 대해서는 산업재해보상보험제도가 있다.

[표 7-5] 사업장의 4대 사회보험 최초 가입(적용) 신고방법

구분	건강보험	국민연금	고용/산재보험
처리기관	국민건강보험공단 관할지사	국민연금관리공단 관할지사	근로복지공단 관할지사
적용대상	• 상시 1인 이상의 근로자를 사용하는 사업장에 고용된 근로자(연령제한 없음), 사용자, 공무원, 교직원, 시간제근로자	• 국민연금 적용사업장에 종사하는 16세 이상 60세 미만의 근로자와 사용자	• <근로기준법>에 따른 근로자
신고의무자	사용자	사용자	사용자
신고기간	적용일로부터 14일 이내	해당일이 속하는 달의 다음달 15일까지	보험관계가 성립된 날로부터 14일 이내
신고서류	• 사업장(기관)적용신고서 • 직장가입자격취득신고서	• 당연적용사업장 해당신고서 • 사업장가입자 자격취득신고서	• 보험관계성립신고서 (보험가입신청서) • 근로자고용신고서(산재) 및 피보험자격취득신고서(고용) * 보험료신고서(건설업 등의 자진신고 사업장에 한하여 근로복지공단에 제출
첨부처류	없음	없음	근로자 과반수 동의서 (고용보험 임의 적용시)
신고처	www.4insure/or.kr[전자민원신고]신고 (단, 건설공사는 근로복지공단 지사로 신고)		
전자민원신고	전자민원 > 사업장 > 사업장설립신고에서 신고		
상세내역 문의	1577-1000 국민건강보험공단 (www.nhic.or.kr)	국번없이 1355 국민연금관리공단 (www.nps.or.kr)	1588-0075 고용·산재보험 토탈서비스 (www.total.kcomwel.or.kr)

자료: 4대 사회보험 정보연계센터(www.4insure.or.kr)

1) 건강보험 가입신고

국민건강보험은 국민이 질병·부상 등 건강에 문제가 생겼을 때 또는 출산·사망할 때 진료비의 혜택을 받을 수 있는 제도이다.

건강보험의 가입대상은 상시 1인 이상의 근로자를 사용하는 사업장에 고용된 근로자와 그 사용자이다. 건강보험료는 건강보험료율과 장기요양 보험료율에 의해 결정되는데, 건강보험료율은 피보험자의 월 표준 보수액의 5.99%이며, 장기요양 보험료율은 건강보험료 기준으로, 보험료율은 6.55%이다. 단, 요율은 매년 변경이 될 수 있다.

건강보험료 = 가입자의 당해연도 보수월액 × 건강보험료율
장기요양보험료 = 건강보험료 × 장기요양보험료율

2) 국민연금 가입신고

국민연금은 소득활동을 할 때 일정액의 보험료를 납부해서 모아 두었다가 노령, 장애 또는 사망 등으로 소득활동이 중단된 경우 본인이나 유족에게 연금을 지급함으로써 장기적인 소득보장이 가능하도록 정부가 보험의 원리에 따라 만든 사회보험의 일종이다. 국내에 거주하는 18세 이상 60세 미만으로 대표이사 등 상근임원과 종업원을 합하여 1인 이상인 회사(법인)를 설립한 때에는 당연적용 사업장이 되어 국민연금법 시행령 제19조의 규정에 의하여 국민연금에 의무적으로 가입하여야 한다. 국민연금 가입자는 ① 사업장가입자, ② 지역가입자, ③ 임의가입자, ④ 임의계속 가입자로 분류된다. 다만, 공무원연금법의 적용을 받는 공무원, 군인, 생활보호법에 의한 거택보호대상자, 시설보호대상자, 노령연금 수급권을 취득한 자 중 60세 미만의 특수직종 근로자, 조기노령연금 수급권자 및 일용근로자, 3월 이내의 기한부로 사용되는 근로자, 비상임이사, 시간제 근로자, 산업연수생인 외국인 등은 제외된다(국민연금법 제6조 및 동법 시행령 제2조).

연금보험료 = 가입자의 기준소득월액(전년도 소득기준) × 연금보험료율

사업장 가입자의 경우 보험료율인 소득의 9%에 해당하는 금액을 본인과 사업장의 사업자가 각각 절반, 즉 4.5%씩 부담하여 매월 사용자가 납부해야 한다.

3) 고용보험 가입신고

고용보험은 고용안정, 직업능력개발사업 등을 통해 실업의 예방, 고용의 촉진 및 근로자의 직업능력 개발과 향상을 꾀하고, 근로자가 실업한 경우에 생활에 필요한 급여를 지급함으로써 근로자의 생활안정과 구직활동을 촉진하려는 사회보장보험이다. 실업보험이 실직자의 생계를 지원하는 사후적·소극적인 사회보장제도인 반면, 고용보험은 실직자에 대한 생계지원은 물론 재취업을 촉진하고 더 나아가 실업의 예방, 노동시장의 구조개편, 직업훈련 등의 강화를 위한 사전적·적극적 차원의 종합적인 인력정책수단이라 할 수 있다.

고용보험은 1998년 10월 1일부터 근로자 1인 이상을 고용하는 모든 사업에 적용되므로 법인 또는 개인을 불구하고 근로자를 고용하는 모든 사업주는 의무적으로 고용보험에 가입하여야 한다. 식당, 세탁소, 미장원, 꽃집, 슈퍼마켓 등도 근로자 1인 이상을 고용하는 사업장이면 모두 해당된다. 고용보험에 의무적으로 가입해야 하는 근로자 1인 이상 고용 사업주는 보험료 산정이나 실업급여 등 각종 고용보험의 혜택을 받기 위하여 소속 근로자의 임금, 근로시간, 고용기간 등에 관한 근로계약서, 임금대장 등의 기본 서류를 사전에 작성·비치하는 것이 바람직하다.

고용보험의 보험료율은 보험수지의 추이와 경제상황 등을 고려하여 1,000분의 30 범위 내에서 고용안정 직업능력개발사업의 보험료율 및 실업급여의 보험료율을 구분·결정한다. 실업급여의 보험료는 가입자 기준 소득월액의 1,000분의 13으로 사업주와 근로자가 50%씩 부담한다. 고용안정·직업능력개발사업의 보험료는 사업장의 근로자수에 따라 1,000분의 0.25 ~ 0.85로 사업주가 전액 부담한다.

고용보험료율 = 월평균 보수총액 × 고용보험료율

고용보험에 가입하기 위해서는 우선 고용보험법에 적용일 또는 사업개시일부터 14일 이내에 '보험관계성립신고서'를 제출하여 고용보험 적용 사업장임을 확인하는 사업장 관리번호를 부여받는다. 단, 요율은 매년 변경이 될 수 있다.

4) 산업재해보험 가입신고

산업재해보상보험은 근로자의 업무상의 재해를 신속하고 공정하게 보상하고, 재해근로자의 재활 및 사회 복귀를 촉진하며, 재해 예방과 그밖에 근로자의 복지 증진을 위한 사회보험을 말한다. 상시근로자가 1인 이상인 사업장(당연적용 사업장)의 사업자는 의무적으로 산업재해보상보험을 가입하여야 한다. 근로자는 근로기준법에 규정된 근로자를 말하며, 이는 직업의 종류를 불문하고 사업 또는 사업장에서 임금을 목적으로 근로를 제공하는 자를 말한다. 1998년 1월 1일부터는 현장실습을 하고 있는 학생 및 직업훈련생 중 노동부장관이 정하는 현장실습생과 중소기업협동조합 및 대한건설협회가 추천하는 외국인 산업기술연수생도 근로자에 해당되어 산업재해보험법의 적용을 받는다.

이 산업재해보상 보험급여에는 요양급여, 휴업급여, 장해급여, 간병급여, 유족급여, 상병보상연금, 장의비, 직업재활급여의 8종류가 있다.

산재보험료율은 월 보수총액을 기준으로 광업 7.1 ~ 34%, 제조업 0.7 ~ 4.9%, 건설업 3.8%, 금융 및 보험업 0.6%, 기타의 산업 0.7 ~ 3.2% 등으로 업종별로 상이하다. 이러한 산재보험료는 전액 사업주가 부담해야 한다.

[표 7-6] 4대 사회보험의 특징

구 분	건강보험	국민연금	고용보험	산재보험
시행연도	1997년	1988년	1995년	1964년
기본성격	질병치료 단기보험	소득보장 장기보험	실업고용 중기보험	산재보상 단기보험
급여방식	현물급여 균등급여	현금급여 소득비례	현금급여 소득비례	현금-균등급여 현금-소득비례
재정 및 관리	부과방식 이원화관리 (직장, 지역)	적립방식 전체일괄관리	수정적립방식	순부과방식
관리단위	사업장, 세대별 관리	개인별 관리	사업	사업장
보험료관장	보건복지부방관	보건복지부장관	노동부장관	노동부장관
자격관리방식	직장지역 통합관리	직장지역 통합관리	사업별관리 사업자관리	사업별관리
보험료 부과단위	사업장, 지역(세대별)	사업장, 지역(개인별)	사업	사업

자료: 4대 사회보험 정보연계센터(www.4insure.or.kr)

산재보험료 = 당해 보험연도의 보수(임금)총액 × 업종별 보험요율

사업주는 당해 사업 개시한 날로부터 14일 이내에 사업장 관할 근로복지공단 지역본부(지사)에 '보험관계성립신고서'를 제출한다. 또한 사업의 폐지 ~ 종료로 인하여 보험관계가 소멸한 때에는 소멸일로부터 14일 이내에 사업장 관할 근로복지공단에 '보험관계소멸신고서'를 제출하여야 한다. 산업재해보험 혜택은 승인한 날의 다음날 이후 발생한 재해부터 혜택을 받을 수 있다. 단, 요율은 매년 변경이 될 수 있다.

이상의 행정절차를 그림으로 나타내면 [그림 7-4]와 같다.

절 차	구 비 서 류	법 적 근 거
부동산등기 관할 지방법원 또는 등기소	• 신청서 • 등기원인증빙서류 • 주민등록등본 (대리인 신청시 권한 증빙서류) • 등기의무자의 권리에 관한 등기필증	부동산등기법 제40조
취업규칙신고 노동부 지방사무소	• 신고서 • 취업규칙 • 의견서	근로기준법 제96조
사업장설치계획신고 근로복지공단	• 신고서 • 건물평면도 • 기계·설비배치도면 • 설비의 표시도면	산업안전보건법 제48조
산업재해보험관계성립신고 노동부 지방사무소	• 신고서	산업재해보상보험법 제12조
건강보험가입신고 국민건강보험공단	• 신고서	의료보험법시행령 제19조
국민연금가입신고 국민연금공단	• 신고서	고용보험법 제7조

[그림 7-4] 창업 관련 행정절차

Chapter 08 업종별 창업절차

제1절 제조업 창업절차

제조업은 제품 자체를 생산하기 때문에 풍부한 경험과 많은 자금을 필요로 하는 업종이다. 그러므로 제조업 창업은 전문지식과 경험을 갖춘 인력이 필요하며, 제품 생산을 위한 기계설비와 이를 설치할 공장 확보비용이 다른 업종에 비해 초기에 많이 필요하다.

제조업 창업은 예비 창업자가 최소한 제조업체에 직접 근무한 경험이 있거나, 간접적으로 깊은 관계가 있는 경우에 선택하여야 할 것이다. 특히 공장을 새로 설립하여 창업하려는 경우 그 절차가 복잡하고 공장을 건축하는 데도 상당한 기간이 소요됨으로 업종선정, 입지선정, 시장분석, 자금조달 계획 등 창업 준비사항에 대해 충분한 시간을 가지고 검토하여야 한다.

제조업 창업에 있어서 창업자가 특별히 유의하여야 할 과제는 공장설립 과정으로 처음부터 새로 공장을 건축하여 창업하는 것보다 기존 공장을 매입하거나 임차하여 생산활동을 시작하는 것이 오히려 수월한 방법일 수도 있다. 기존 공장을 매입하거나 임차하는 경우에도 유의하여야 할 일이지만, 특히 공장을 새로 신축하려는 창업자는 공장입지와 관련된 규제사항 및 인·허가사항을 사전에 파악하여 공장설립 기본계획을 수립하고 계획에 따라 공장설립을 추진하는 것이 필요하다.

그리고 제조업 업종 중에는 허가, 신고, 등록 등의 인·허가가 필요한 업종과 인·허가 없이도 생산활동을 할 수 있는 업종이 있으므로, 창업자는 창업 준비단계에서 확인하여야 한다. 만일 개별법에 의해 인·허가가 필요한 업종임에도 불구하고, 인·허가를 받지 않고 창업을 하였을 때에는 벌금형 등 제재조치뿐만 아니라 그로 인해 창업이 지연되고 생산활동도 할 수 없는 경우가 발생하기 때문이다.

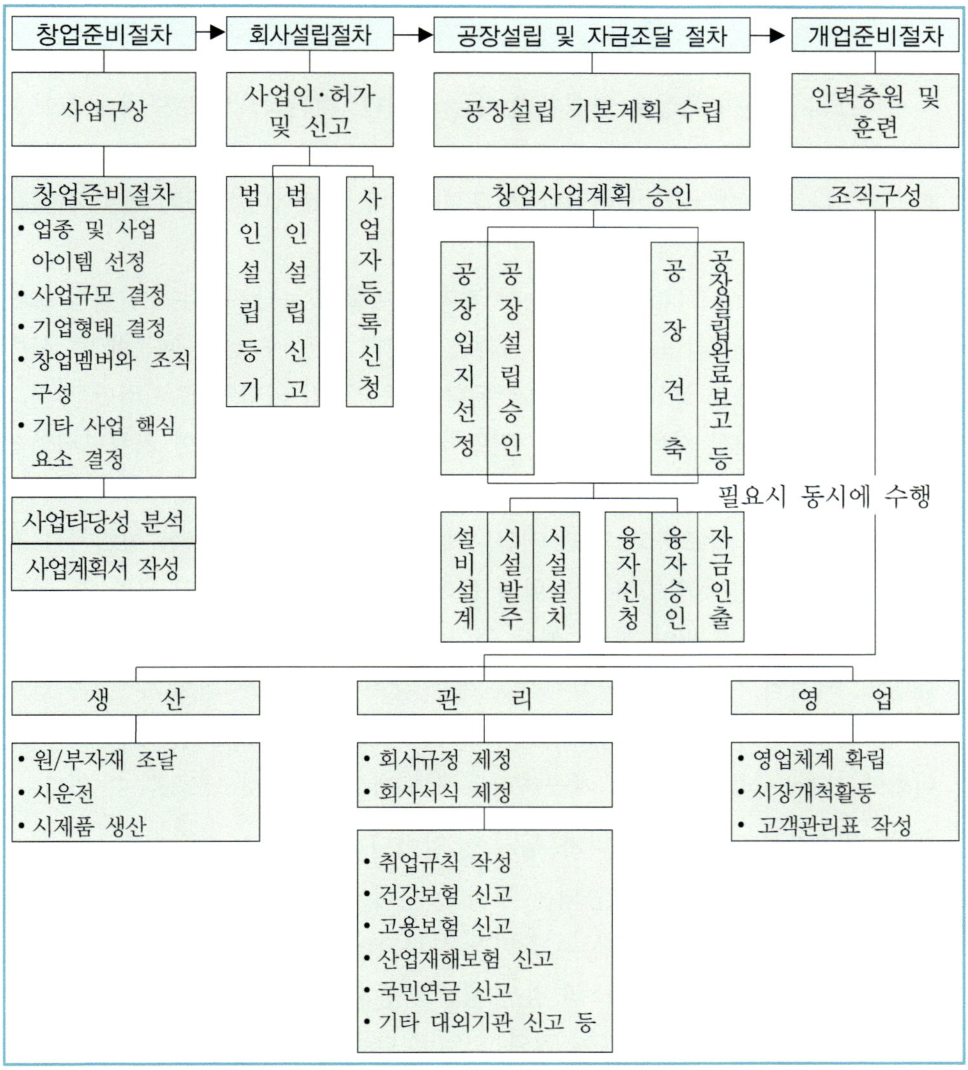

[그림 8-1] 제조업 창업절차

제2절 서비스업 창업절차

2.1 서비스의 특성

유형의 제품과 비교해 볼 때 서비스는 다음과 같은 네 가지 기본적 특성을 가지고 있다.

① 무형성 - 보거나 만질 수 없다.

서비스의 기본적 특성은 형태가 없다는 것이다. 객관적으로 누구에게나 보이는 형태로 제시할 수 없으며, 물체처럼 만지거나 볼 수 없다. 따라서 그 가치를 파악하거나 평가하는 것이 어렵다. 법률서비스나 의료서비스 등이 이런 특성을 잘 반영하고 있다.

서비스의 무형성(intangibility)은 두 가지 의미를 갖는다. 첫째는 실체를 보거나 만질 수 없다는 의미를 갖는다. 둘째는 보거나 만질 수 없기 때문에 그 서비스가 어떤 것인가를 상상하기 어렵게 된다는 주관적인 의미이다. 이러한 서비스의 무형성으로 인한 서비스 상품은 진열하기 곤란하여 그에 대한 커뮤니케이션도 곤란하다. 따라서 무형성으로 인한 이와 같은 문제점을 해결하기 위해서는 실체적인 단서를 강조하고, 구전 커뮤니케이션을 자극하며 강력한 이미지를 창출하고 가격 설정에 있어서 원가회계 등의 비용정보를 이용하고 구매 후 커뮤니케이션에 신경을 써야 한다. 예를 들어 의료서비스의 경우 원장의 명성이나 유명도, 외적인 시설과 같은 실체적 단서를 강조하거나 가시화할 수 있는 정보를 알리려고 한다. 은행에서 '고객만족'이라는 휘장을 달도록 하는 것도 고객 서비스에 대한 시각적 단서를 제공하려는 시도에서 나온 것으로 볼 수 있다.

② 비분리성 - 생산과 소비가 동시에 일어난다.

서비스 제공자에 의해 제공되는 것과 동시에 고객에 의해 소비되는 성격을 가진다. 제품의 경우에는 생산과 소비가 분리되어 일단 생산한 후 판매되고 나중에 소비된다. 그러나 서비스의 경우 생산과 동시에 소비되기 때문에 소비자가 서비스 공급에 참여하는 경우가 많다. 그리고 다른 소비자도 서비스 생산과정에 참여하므로 고객들이 형성하는 분위기가 하나의 서비스 내용이 될 수 있다.

또한 고객들이 참여하기 때문에 집중화된 대량생산체제를 구축하기 어렵고, 구입 전 시험할 수 없으며, 또한 제품의 경우처럼 품질 통제를 하기가 곤란하다. 서비스의 비분리성(inseparability)에 따른 여러 가지 문제점을 해결하기 위해서는 고객과 접촉하는 서비스 담당자를 신중히 선발하고 철저히 교육해야 하며, 고객관리의 중요성을 잊지 말아야 하고 고객이 원활히 서비스를 받을 수 있도록 서비스 시설의 다양한 입지를 제공해야 한다.

③ 이질성 - 품질이 고르지 않다.

서비스의 생산 및 인도과정에는 여러 가변적 요소가 많기 때문에 고객에 대한 서비스가 다음 고객에 대한 서비스와 다를 가능성이 있다. 예를 들어 같은 서비스업체에서도 종업원에 따라서 제공되는 서비스의 내용이나 질이 달라진다. 또 같은 종업원이라도 시간이나 고객에 따라서 다른 서비스를 제공할 수 있다. 즉 서비스는 동질적이 아니고 변동적이어서 규격화, 표준화하기 어렵다.

서비스의 이질성(heterogeneity)은 문제와 기회를 동시에 제공한다. 서비스 질의 균일화가 어렵기 때문에 기업으로서는 어떻게 서비스를 일정 수준 이상으로 유지하는가, 또는 표준화시키는가가 큰 문제이다. 반면에 서비스의 이질성은 고객에 따른 개별화의 기회, 즉 개별 고객으로부터 주문을 받아 서비스를 제공할 수 있는 기회를 제공한다. 보통 서비스의 효용은 소비자의 주관으로 평가하는 경우가 많으므로 제공되는 서비스의 개성화를 통해 다양한 고객욕구에 대응할 수 있다.

④ 소멸성 - 판매되지 않은 서비스는 사라진다.

판매되지 않은 제품은 재고로 보관할 수 있다. 그러나 판매되지 않은 서비스는 사라지고 만다. 즉 서비스는 재고로 보관할 수 없다. 이와 같이 서비스의 생산에는 재고와 저장이 불가능하므로 재고 조절이 곤란하다.

또 구매된 서비스라 하더라도 1회로서 소멸하며 그와 동시에 서비스의 편익도 사라진다. 이러한 서비스의 소멸성(perishability)으로 과잉생산에 의한 손실과 과소 생산으로 인한 이익 기회의 상실이라는 문제가 발생한다.

따라서 이를 해결하기 위해서는 수요와 공급 간의 조화를 이루는 전략이 필요하다. 구체적으로는 수요에 따라 생산계획을 변동하고, 임시직원의 채용을 통해 유연성을 확보하고, 유휴시설이나 장비의 새로운 용도를 개척하며, 종업원에게 여러 직무에 대한 교육을 시행해 유사시 서로 도울 수 있는 기반을 만들어야 한다. 수요측면에서는 수요를 형성시켜야 하고 대기나 예약 같은 형태로 수요를 재고로 보관할 수 있어야 한다. 예를 들어 은행의 번호표나 치과에서의 진료시간 예약 등이 그런 전략을 사용한 것이다.

2.2 서비스업 창업절차

급속한 기술혁신과 정보화로 서비스에 대한 소비자 니즈가 다양화, 고급화, 전문화됨에 따라 서비스산업 자체의 영역이 확대되고 끊임없이 분화되고 있다. 특히 무엇보다도 소비자의 니즈가 복잡, 다양화됨에 따라 창업기회도 많아져 창업자의 창업 욕구를 북돋우고 있다.

서비스업은 일반적으로 개인서비스업과 사업서비스업으로 구분된다. 개인서비스업은 일반 개인을 주요 고객으로 하여 각종 서비스를 제공하는 경우로, 이에는 부동산 관련 서비스업, 여행 알선업, 수리업, 음식점 등이 속한다.

반면에 사업서비스업은 주로 사업체를 대상으로 하여 각종 서비스를 제공하는 사업으로, 전기통신업, 보관창고업, 경영상담, 광고업, 시장조사, 정보처리 및 기타 컴퓨터 운용 관련업, 엔지니어링 및 관련 기술서비스업, 교육서비스업, 고용 알선업 등이 속한다.

서비스업 창업자는 제조업 창업자와는 다른 적성과 자질을 필요로 한다. 특히 서비스업은 창업자의 능력 자체가 사업의 핵심 요소가 되는 경우가 많다. 그러므로 서비스업을 영위하기 위해서는 창업자 자신이 업무수행에 필요한 자격요건이나 능력을 보유할 필요까지는 없으나 최소한 사업분야의 전체적인 흐름에 대한 이해를 할 수는 있는 수준 이상이어야 한다.

서비스업 창업은 그 영역이 광범위하고 다양하여 한 가지 모델을 정하여 창업절차를 설명하기가 용이하지 않다.

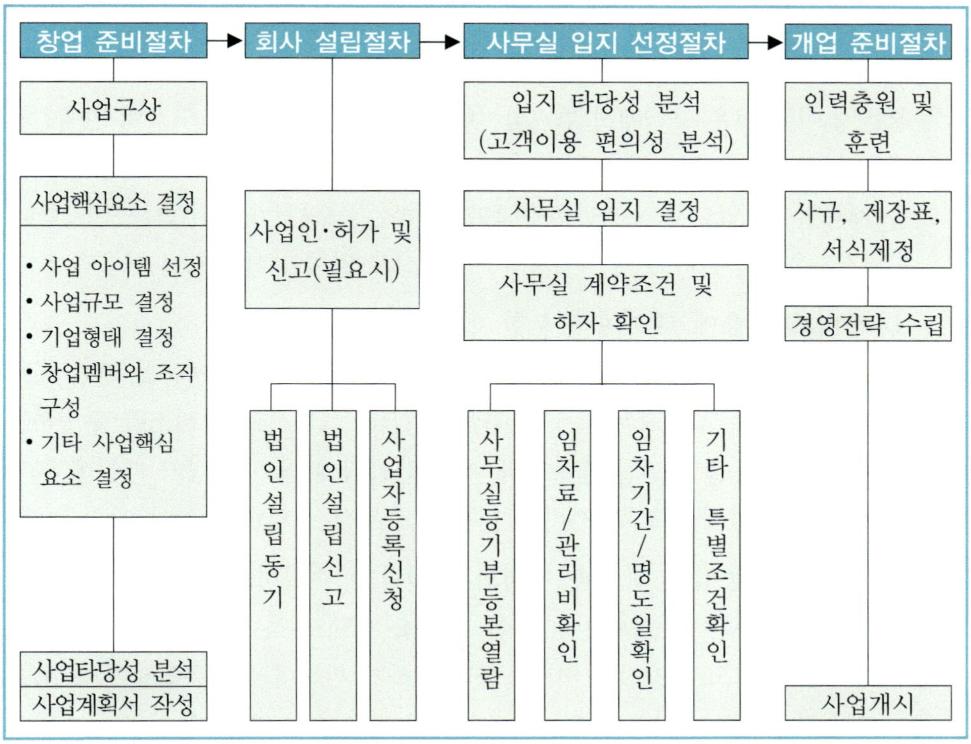

[그림 8-2] 서비스업 창업절차

1) 창업 준비절차

창업 예비단계로서 사업구상, 사업 핵심 요소에 대한 검토를 통해 사업타당성을 사전 분석하는 과정으로 창업자가 남이 모방하는 어려운 독자적인 아이디어나 기술 및 경험을 가지고 있을 경우보다 유리한 지위에 있게 된다.

(1) 사업 핵심 요소의 결정

생활양식의 변화, 여가시간의 증가, 기대수명의 연장, 생활의 중요성 등에 따라 소비자의 요구 수준은 점차 다양화, 고급화, 개성화되어 가고 있다. 그러므로 서비스업종을 창업하고자 하는 자는 창업 업종과 관련된 사회적 환경 및 소비자 생활양식의 변화 등 급속하게 변하고 있는 시대 흐름을 잘 파악하여야 한다. 또한 창업자는 서비스업이 갖고 있는 특징을 잘 파악하여 그 특성에 맞게 경영

노하우를 개발하고 고객을 창출하기 위한 노력을 끊임없이 하여야 한다.

서비스업에서 가장 중요한 것은 서비스의 질이라고 할 수 있다. 즉 서비스의 품질을 높이는 것은 고객에게 편리함이나 편익 제공을 통해서 고객의 만족감을 극대화하는 것이다. 그러므로 창업자는 성공적인 경영을 위하여 품질 좋은 서비스를 제공할 수 있도록 고객만족을 목표로 하는 경영전략을 수립하여야 한다.

서비스업을 창업하기 위해 창업자가 기본적으로 알아야 할 사항은 다음과 같다.

① 서비스 내용에 대하여 충분한 설명을 하여야 한다.

서비스업은 기계시설보다는 주로 인력에 의하여 서비스가 제공될 뿐만 아니라 생산과 동시에 소비되는 특성을 가지고 있다. 그러므로 서비스를 구입하는 고객은 일반 제품을 구입할 경우보다 서비스 품질 파악이 어렵기 때문에 불확실한 입장에 처하게 되므로 서비스 내용을 충분히 설명해 주어야 한다.

② 지속적인 종업원 교육과 차별화된 전략을 수립하여야 한다.

서비스업은 창업자나 종업원의 경험, 지식을 토대로 하여 소비자에게 서비스를 제공하는 것임으로 양질의 서비스를 제공하기 위하여서는 종업원에 대한 교육을 지속적으로 실시하여야 하며, 서비스 질의 향상을 위하여 창업자는 창업 업종의 특징을 파악하여 차별화된 전략을 수립하여야 한다.

③ 서비스 창업은 창업자의 철학을 필요로 한다.

소비자 만족과 종업원을 중시하는 기업의 자세는 창업자의 서비스 철학에서 시작되는 것이다. 또한 이러한 경영자의 철학은 고객과 종업원의 만족을 이끌어내어 성공적인 기업경영을 할 수 있는 밑바탕이 된다.

④ 서비스 수준을 관리해야 한다.

고객은 일정 수준 이상의 서비스를 원하고 있기 때문에 경영자는 기대와 욕구를 파악하여 자사와 경쟁사와의 서비스 수준을 비교하고 고객이 만족할 수 있는 서비스를 유지 및 관리할 수 있도록 하여야 한다.

⑤ 지속적인 홍보가 필요하다.

서비스업을 창업하여 사업기반이 확립되기까지 서비스 내용 및 서비스 수준에 대한 홍보가 지속적으로 이루어져야 한다.

⑥ **소비자가 만족할 수 있는 서비스를 제공하여야 한다.**

서비스업에서 가장 중요한 서비스의 품질을 향상시켜 소비자가 제공되는 서비스에 만족할 수 있도록 하여야 한다.

(2) 사업타당성 분석

사업타당성 분석 결과에 따라 창업을 결정하게 되는 최종적인 분석인 만큼 어느 것 하나에도 소홀함이 없이 정밀분석을 실시하되, 그 내용에는 사업 아이템 적합도, 사업입지 타당성, 시장성과 판매전망, 수익성, 성장성과 투자의 위험성 및 경쟁업체, 선택업종이 성장 가능성은 있는지, 시기적으로 신규 창업이 적합한지 등에 대한 비교분석을 실시한다.

2) 회사 설립절차

사업자등록이나 법인신고만으로 영업활동이 가능한 업종과 사업을 영위하기 위해서는 필요한 시설과 자격을 갖추고 관련 정부기관에 인·허가를 받아야 하는 인·허가업종으로 분류할 수 있다.

창업자는 자신이 창업하려는 업종이 관련법에 의해 허가, 등록 또는 신고가 필요한 업종인지 여부를 파악하여 창업 준비를 하여야 한다. 공중위생과 관련이 있는 업종, 사행행위 등 행정규제가 필요한 업종, 전문적 지식이 요구되는 서비스업 등에 대하여는 개별법령에서 시설기준 및 자격요건 등을 규정하여 국민생활을 보호하고 있다.

창업 준비절차에서 기업형태가 결정되어 법인을 설립하여야 하는 경우에는 자본규모의 결정, 주주구성 등을 결정한 후 「상법」 등에서 규정하는 절차에 따라서 법원에 법인 설립등기를 하고, 법인 설립등기 후 발급되는 법인등기부등본 등을 첨부하여 관할 세무서에 법인 설립신고와 사업자등록신청을 함으로써 일단 법적으로는 회사가 성립되는 것이다.

개인기업 설립시에는 사업인·허가와 사업자등록만으로 사업수행을 위한 법적 절차를 수행할 수 있게 되는 것이다.

3) 입지선정

사무실의 입지를 결정할 때는 계획하고 있는 입지가 창업할 업종 및 업태와의 적합성 여부를 먼저 확인하고 다음의 내용을 충분히 검토하여야 한다.

서비스업의 입지조건은 고객들이 얼마나 편하게 그 회사와 거래할 수 있는지를 결정하는 핵심적 요인이다. 즉 고객이 쉽게 접근이 용이한 곳이 좋다. 예를 들어 세탁소나 미용실에 가기 위해 집에서 수 킬로나 떨어진 곳에 가야 한다면 이를 이용하는 사람은 거의 없을 것이기 때문이다.

또한 비용 등의 문제도 고려하여 결정하여야 한다. 제공되는 서비스의 종류에 따라 고객이 찾아오는 업종이라면 가급적 교통이 편리한 곳에, 고객이 통신수단을 주로 이용하고 서비스 제공자가 고객을 방문하는 업종이라면 공간비용이 저렴한 곳에 입지하는 것이 좋다.

4) 개업 준비

특정 서비스를 제공하는데 필요한 인력을 충원하고 각종 요소를 마련함으로써 사업에 착수하는 과정으로, 본격적인 영업활동에 돌입하기 위하여 필요한 관리, 영업직원을 충원하고 훈련하는 일에서부터 체계적인 조직의 구성으로 이어진다.

회사 실정에 맞는 조직이 구성되면 판매원, 종업원 교육과정을 거친 후 본격적인 생산에 돌입하여야 한다.

관리 분야에서는 급여규정, 회계규정 등 각종 회사 내규의 제정, 업무에 필요한 각종 서식 제정과 더불어 직원 연수도 집중적으로 실시하여야 한다. 대외기관에 신고하여야 할 각종 사규, 즉 취업규칙 신고, 사업장 설치계획 신고, 고용보험 가입, 기타 대외기관 신고 등을 이행하여야 한다.

영업분야에서는 영업체계의 확립, 시장개척활동 및 시장조사 등을 병행하여 실시함으로써 본격 영업에 대비하여 자사 서비스 제품을 홍보하고, 소비자 반응을 체크하여 제품의 성공 가능성을 타진해 보는 등 보다 더 좋은 서비스 제품으로 발전할 수 있도록 다양한 측면에서 소비자 반응을 살피는 일이 중요하다.

제3절 도·소매업 창업절차

3.1 도·소매업의 개념

유통업으로도 불리는 도·소매업은 1차 산업의 생산물, 즉 농·림·수산물과 2차 산업의 광·공업제품을 수요자에게 직접 공급(판매)하기까지의 과정을 맡아서 하는 산업이다. '유통업'이라고 말할 때는 도·소매업자가 담당하는 범위, 즉 생산물을 매매하고 그 소유권을 이전시키는 활동인 사적 거래와 생산물이 최종 수요자에게 이전하기까지 수송이나 보관의 과정인 물적유통이 모두 포함되는 개념이다. 그러나 일반적으로 유통경로라고 할 때는 상적 유통경로를 뜻한다.

3.2 도·소매업 창업절차

도·소매업은 흔히 제조업이나 서비스업에 비해 비전문가가 도전하기 용이한 분야로 창업절차가 대체적으로 간단하다. 도·소매업은 업종의 특성상 인·허가 사항이 적으며 창업절차가 간단하기 때문에 일반적으로 점포를 확보하고 사업자등록을 하면 영업을 할 수 있다. 즉 먼저 공장설립에 따르는 복잡한 절차가 필요 없으며, 일반적으로 소규모로 시작하기 때문에 법인 설립절차가 필요 없는 경우가 대부분이다.

그러나 담배, 양곡과 같이 유통질서 확립이 필요한 제품과 의약품처럼 전문지식을 필요로 하는 업종의 경우에는 개별법에서 시설기준 및 자격요건 등을 규정하고 있다. 그러므로 창업자는 업종 선정 시, 자신이 창업하려는 업종이 법에 의해 허가 등록 또는 신고가 필요한 업종인지 여부를 파악하여 창업 준비를 해야 한다.

도·소매업이라 하더라도 창업을 준비함에 있어서는 점포의 입지선정, 취급할 품목의 선정, 자금조달 능력 등을 종합적으로 검토하여야 할 뿐만 아니라, 상권분석과 영업방법 등에 대한 충분하고 세밀한 조사가 반드시 필요하다. 예를 들면 의류를 취급하려면 유동인구가 많은 곳으로, 생필품은 아파트 단지 등 거주인구가 많은 장소 등에서 성공확률이 높다. 시장분석은 물론, 품목별로 판매 대상, 장소, 시기와 방법 등을 복합적으로 검토하여야 한다. 특히 도·소매업의 경우에는 점포의 입지가 매우 중요하다. 그래서 도·소매업의 창업에 있어서는 반드시 사업품목과 점포입지를 선정할 때부터 자료조사와 현장 시장조사를 실시하여야 한다.

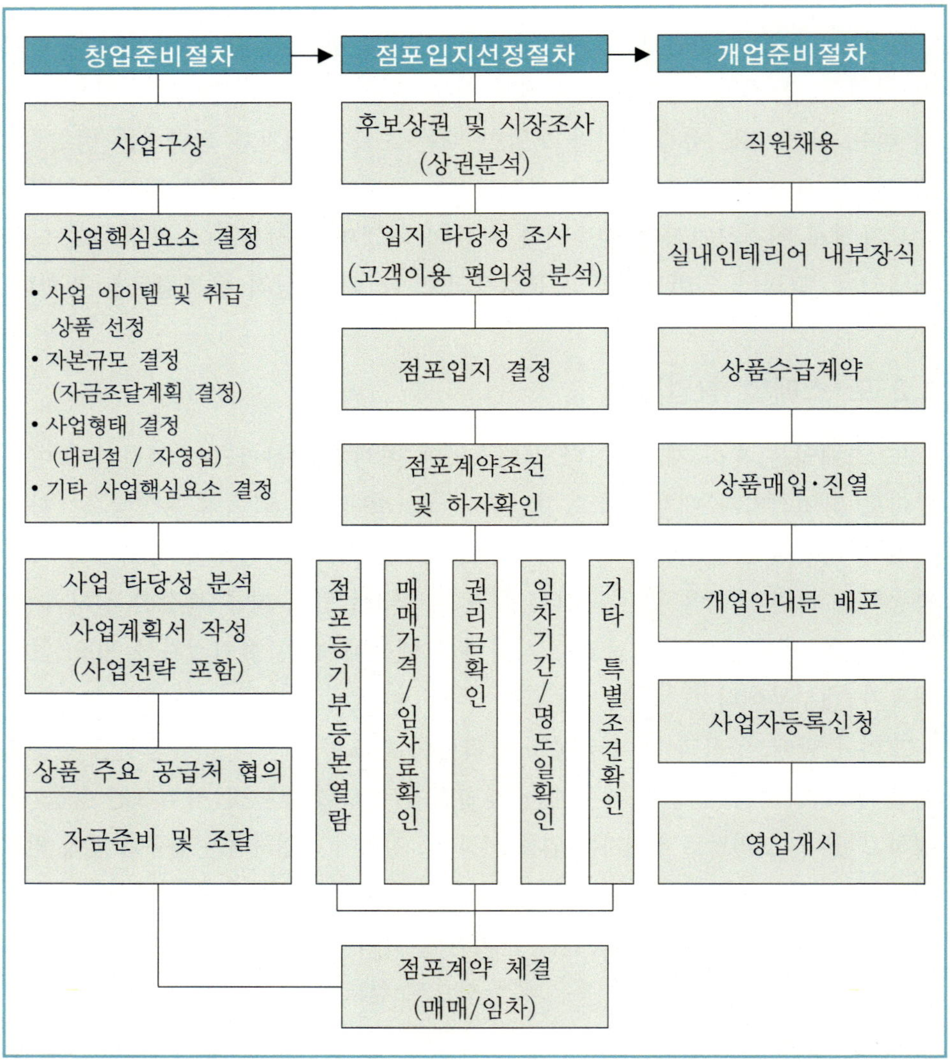

[그림 8-3] 도·소매업 창업절차

1) 창업 준비절차

(1) 사업 아이템 선정

사업 아이템 선정은 서두르지 말고 신중한 자세로 다양한 정보와 자료를 분석하며 시장조사과정을 거쳐 결정되어야 한다.

정보의 수집 방법은 자신의 경험과 지식을 먼저 체계 있게 정리한 후에 창업할 아이템에 전문지식을 갖고 있는 동료나 전문가의 조언, 관련 서적 등을 통해 수집하고, 특히 도·소매업을 경영하고 있는 점포를 순회하며 개별 면담과 영업실태를 시간대별로 관찰하여 기초자료를 확보한다. 이때는 가급적이면 여러 개의 아이템을 대상으로 하는 것이 바람직하다.

기초자료 분석과 영업실태 관찰을 통해 어느 정도 확신을 갖게 되면 구체적인 자료수집에 착수하여야 한다. 구체적인 정보수집대상은 상품의 공급처(도매상, 대리점, 제조원, 수입상 등), 창업하고자 하는 아이템이나 취급상품과 관련된 협회 등 전문단체, 상품시장을 전문적으로 조사하는 민간연구기관, 소상공인지원센터 등이 있다.

(2) 사업타당성 분석

두 개 이상의 아이템을 대상으로 관련 정보와 전문가의 조언을 구한 뒤 창업자는 사업 아이템에 대한 타당성 분석을 실시하여야 한다. 특히 사업타당성 분석은 그 결과에 따라 창업을 결정하게 되는 최종적인 분석인 만큼 어느 것 하나에도 소홀함이 없이 정밀하게 분석하되, 그 내용에는 사업 아이템 적합도, 사업입지 타당성, 시장성과 판매 전망, 수익성, 성장성과 투자의 위험성 및 경쟁업체, 자신이 선택하려는 업종이 과연 성장 가능성은 있는지, 시기적으로 신규 창업이 적합한지 등에 대한 비교분석을 실시한다.

이 모든 과정을 거쳐 작성된 사업타당성 분석 결과를 기반으로 하여 창업자는 자신에 맞는 업종 및 사업 아이템을 최종적으로 선택하게 되며, 이때에 한 번 더 컨설턴트의 최종 자문을 받는 것이 바람직하다.

(3) 사업유형 결정

창업자는 사업 아이템을 최종적으로 선정함과 동시에 사업의 유형, 즉 도·소매업의 형태를 결정하여야 한다. 그 형태는 당연히 도매인가, 소매인가를 비롯하여 대리점, 체인점, 편의점, 독립점, 전문점 등 각종 형태의 점포들이 종합적으로 검토대상이 된다. 이 경우에도 자금확보 능력을 함께 고려하여야 한다.

(4) 사업규모 결정

사업규모는 사업 아이템 및 사업유형에 따라 결정하되, 그 내용이 자기 자금조달 능력의 범위 내에서 소요자금의 용도 및 필요시기 등을 고려하여야 한다. 창업 초기의 소요자금은 주로 점포구입비(또는 임대보증금), 점포 권리금, 시설비(필요시), 내·외 장식 및 레이아웃, 상품구입비, 상품 또는 대리점 보증금 등에 차질 없이 지출되어야 하고 직원 임금, 점포 유지비, 물류비, 각종 공과 세금, 조달자금 이자 등 6개월 내지 1년까지의 운영자금을 확보하고 있어야 한다.

(5) 사업계획서 작성

사업계획서는 창업자의 창업계획을 체계적으로 정리한 것으로서 소규모의 소매업이라도 창업자 및 업종의 특성에 맞는 창업계획서를 작성하여 실행해 나가야 한다. 사업타당성 분석을 바탕으로 작성하는 사업계획서는 사업전략과 사업수익목표를 구체적으로 제시하는 창업자 자신의 사업에 대한 청사진으로서 창업과정을 계획성 있고 차질 없이 추진할 수 있게 하며, 창업기간을 단축시키고 경비를 줄여주며, 창업 성취율을 높여줄 수 있는 가장 중요한 교과서이다.

사업계획서는 창업자 자신이 가지고 있는 목표 아이템을 제 3자에게 설득력 있게 납득시킬 수 있도록 보편타당하게 작성되어야 하며, 시장조사기관 등의 증빙자료를 근거로 시장 수요조사와 점포입지에 대한 분석을 실시하고, 예상되는 매출액과 수익성도 합리적인 방법으로 객관성 있게 추정하여야 한다.

자금조달 운용계획은 구체적으로 실현 가능성이 명확하여야 한다. 창업자 자신이 조달 가능한 현금과 예금 및 담보 등에 의한 조달금액이 구체화되어 공급자 또는 조력자 등의 제 3자에게 자금조달 능력의 신뢰성을 인식시킨다.

2) 점포입지 선정절차

(1) 상권분석

상권에 따라 성별, 연령별 유동인구의 특징이 따르기 때문에 어느 상권에 어떤 아이템이 좋을지를 철저하게 분석해야 한다.

창업 업종에 맞는 적절한 상권을 선택하기 위해서는 주요 수요층, 유동인구, 도로 상황, 경쟁점포 유무 등을 분석한다. 창업 업종의 매출 성장 가능성 및 지역개발 가능성 등 상권에 영향을 줄 수 있는 요인들을 파악하여 장기적인 안목을 가지고 상권을 선택한다. 이미 지역상권이 형성된 곳이나 동종업종이 모여있는 상권, 업종 특성에 적합하고 시장개척 가능성이 높은 상권을 선정한다.

(2) 점포 입지선정

도·소매업의 기본적인 특성은 소비자와의 직접적인 접촉, 즉 소비자가 점포에 직접 찾아오지 않으면 상품을 팔 수 없으므로 입지선정이 사업성공의 70~80%를 점유한다고 할 수 있다. 점포의 입지는 상권 내에 소비 대상 인구가 많고 미래에도 인구가 증가할 것이 예상되며 소득 수준 및 소비성향이 높고 구매력이 왕성한 연령층의 거주자, 즉 계획 업종 및 업체에 적합한 소비자가 다수 존재하는 곳을 선택하여야 한다. 또한 도로, 지하철, 버스노선 등 교통체계를 비롯하여 다수의 소비자를 유인할 수 있는 시설이 주변에 존재하고 기존 상권이 형성되어 있는 곳이 경험이 적은 창업자에게는 유리하며, 도매업인 경우 유사업종 상권이 형성된 곳을 선정하여야 한다.

3) 개업 준비절차

(1) 직원 채용

판매업의 특성은 고용 정착성이 낮아서 직원들의 이직률이 높고, 시간제 근무가 가능하며, 성수기에는 임시직을 파트타임으로 활용할 수 있다는 점이다. 그러므로 창업점포는 가급적 직원의 수를 최소화하고 경우에 따라서는 가족경영 형태를 취하며, 시간제 파트타임 직원을 최대한 활용하도록 하고, 특별히 경험 있는 종업원이 필요하다고 판단될 때는 사전에 채용조건을 결정하여 확보하도록 한다.

도·소매업에서는 특히 종업원의 의식구조와 능력은 판매액에 직접적인 영향을 미치므로 신뢰를 바탕으로 인간적인 유대관계가 형성·유지되도록 하여야 한다. 특히 창업자는 직원의 능률을 높이기 위해서 적절한 목표를 수립하고, 직원의 능력에 확신을 가지며, 권한을 위임하고, 긍정적으로 생각하도록 애쓰며, 유머감각을 가지고 직원의 말을 경청하며, 인간 중심이 되도록 노력하여야 한다.

(2) 상품 수급계약

상품을 약정된 품질 수준으로 적정 가격에 안정적으로 공급받도록 문서로 계약하되 주문방법, 납품방법, 가격, 발주 후 입고까지의 시간, 하차 및 진열 유무, 선수금, 하자 반품조건, 결제방법, 재고품의 반품방법, 유사상품을 취급할 때의 계약조건, 계약기간, 수급 해약조건, 위약금 등을 계약서에 명시하여 책임소재를 명확히 하고, 자금조달범위 내에서 적정한 상품종류와 적정 구매량을 발주한다.

판매계획에 따라 투자액과 예상 목표 수익액을 비교하여 판매 목표액을 결정하고 판매액 달성을 위한 상품구색 또는 상품구성을 결정한다.

(3) 매장 시설공사 및 인테리어

개업에 앞서 매장 시설공사와 실내 내부장식은 투자계획에 따라 예상투자비가 초과하지 않는 범위 내에서 추진하되, 매장시설은 전문업체와 일괄계약이 유리(허가 관련 처리가 용이)하며, 체인점이나 대리점인 경우는 본사에 직접 의뢰하거나 본사에서 제공하는 설계에 따라야 한다.

점포외관 디자인은 고객이 노력하지 않고도 쉽게 발견할 수 있게 구성하고, 고객 흡인형 점포는 고객이 외부에서 점포 내의 분위기를 느낄 수 있도록 설계하여 고객 흡인 기능을 중시하여야 하고, 고객 선별형 점포는 목표고객만이 점포 내로 들어오도록 점포 성격을 알릴 수 있는 외관설계에 치중하여야 한다.

내부디자인은 고객의 구매욕구를 높이기 위해 점포 내의 분위기를 즐겁게, 상품을 보다 매력적으로 느낄 수 있도록 설계하며, 내부 면적의 배분은 매장 및 비매장면적의 비율과 매장면적을 상품구색별로 구분하여 가장 효율적인 비율로 구성하는 것에 신경써야 한다.

점포 외부 조명은 고객을 흡인하고 인도하며, 영업시간 외에도 점포의 존재를 기억시키는 역할을 할 수 있도록 하고, 점포 안의 조명은 고객으로 하여금 상품에 시선을 끌게 하여 품질과 가격 검토에 도움을 주어 구매의욕을 일으키게 설계하는 등 상품을 돋보이게 하는 색채 배합과 상품의 분위기에 맞는 상품 색채를 선정하여 고객의 구매심리를 적극적으로 유발시키는 것이 중요하다.

(4) 상품 매입과 진열

상품 매입은 고객을 만족시킬 수 있는 상품을 구매하는 것으로 찾아온 고객이 원하는 상품위주로 하는 상품구색과 재고 수량을 감안하여 상품 매입을 결정하고, 관련 품목을 중점 취급하는 상품 매입처를 다수 확보하되, 상품 매입처는 상품과 판매자세 및 기업 자체의 경영적 배경을 검토하여 평가한다.

상품진열은 고객의 눈에 구매하고자 하는 상품이 가장 잘 보이도록 진열하는 것이 원칙이다. 그러므로 상품진열의 구성요소인 상품(무엇을), 진열량과 수(얼마만큼), 진열면, 진열의 위치, 진열의 형태를 신중히 검토하여 선택하여야 한다. 상품 판매량에 정비례하는 진열 방식은 상품 회전율을 높이고 많이 팔리는 상품의 품절 방지와 비인기 상품의 재고감소 효과를 주게 되며, 또한 고객이 즐겁게 가격 수준을 비교하여 구매할 수 있게 동일 상품당 가격라인의 수는 3~5개로 제한하여 진열하는 것이 좋다.

고객이 원하는 상품구색을 충분히 갖추고 적정 수준의 재고를 유지하기 위해서는 재고관리를 계획하여야 한다. 특히 기초재고, 상품구색 제고, 신규 재고를 적정선에서 유지하려면 매장과 창고가 있는 상품수량, 상품별 판매빈도, 주문상품의 유형과 수량에 관한 정확한 데이터가 확보되어야 하고, 재고 부족의 원인이 되는 부정확한 판매 예측, 매입처로부터의 상품공급 지연, 매입자금의 부족, 예상치 못한 고객 수요 등에 대한 대응책도 아울러 마련되어야 한다. 그러므로 적정 재고관리를 위해서는 1일 매출과 매입 및 재고 수준을 기록하고 주간, 월간 실적을 대비시켜 과학적인 통계에 의한 재고조정방안을 체계화할 필요가 있다.

(5) 촉진활동 수행

점포 개업을 전후하여 광고, 홍보, 인적판매, 판매촉진 활동 등 다양한 형태의 촉진활동을 적극적으로 전개하여야 한다.

(6) 사업자등록 신청

창업자는 창업 업종이 인·허가를 필요로 하는 업종인지 아닌지를 확인하여야 한다. 인·허가를 받아야 하는 업종은 개별법에 의하여 인·허가 처리기관 및 처리절차, 소요기간 및 경비, 시설기준 및 자격요건과 구비서류를 정확히 파악하여 소정의 절차에 따라 관할 세무서에 사업자등록을 신청하여 인·허가를 취득하여야 하며, 인·허가가 필요 없는 업종은 사업개시일로부터 20일 이내에 사업자등록을 마침으로써 영업활동을 시작할 수 있다.

제4절 프랜차이즈업 창업절차

4.1 프랜차이즈의 개념

프랜차이즈(franchise)라는 말은 프랑스어의 franc와 fracher로 '자유를 준다'는 의미이다. 이것은 중세 가톨릭 교회가 세금을 징수하는 관리로 하여금 교황에게 납부하는 세금 중 일정한 몫을 갖도록 허용한 데서 비롯되었다.

프랜차이즈란 어떤 상인이 타인의 상호, 상표 등 영업권을 이용하여 상품 또는 서비스를 판매하거나 기타 영업을 할 수 있는 권리를 부여받으며, 그러한 영업권의 소유자로부터 영업에 관하여 일정한 통제 및 지원을 받고, 이러한 포괄적인 관계에 대하여 일정한 대가를 지급하는 지속적 채권관계가 있는 것을 말한다. 여기에서 비롯된 프랜차이즈 사업(franchise business)은 체인본사(franchisor)가 가맹점(franchisee)에게 비즈니스 구조 및 조직형태, 교육훈련을 통한 인력개발, 영업관리, 점포 개설, 브랜드 사용권한 등의 경영 노하우를 제공하며 사업을 영위해나가는 형태를 말한다.

체인본사는 가맹점에게 해당 지역 내에서의 독점적 영업권을 부여하는 대신, 본사가 취급하는 상품의 종류, 광고, 점포 인테리어, 서비스 등을 직접 구성하고 관리하는 것은 물론 가맹점에 교육지원, 경영지도, 판촉지원 등 각종 경영 노하우를 제공한다. 이에 반하여, 가맹점은 체인본사에 가맹비, 로열티 등의 일정한 대가를 지불하고 가맹점 사업에 필요한 자금을 직접 투자해서 체인본사의 지도와 협조 하에 독립된 사업을 영위한다. 이와 같은 체인본사와 가맹점 간의 지속적인 관계를 프랜차이즈라고 할 수 있으며, 결국 프랜차이즈란 체인본사와 가맹점 간의 협력사업 시스템이라 할 수 있다. 이러한 프랜차이즈 시스템은 창업과 경영에 이르기까지 본사에서 책임을 지고 지원 및 보조를 해주므로, 예비 창업자 또는 초보 사업자들이 누구나 쉽게 창업을 할 수 있는 특징을 가지고 있다.

4.2 우수 체인본사 선택기준

다음과 같은 사항을 철저하게 검토하여 선택해야 한다.

1) 사업의 장래성과 타당성 고려

업종의 수명이 짧으면 튼튼한 본사라도 문을 닫을 수밖에 없다. 이색업종의 경우 추이를 살핀 후 창업해야 한다. 유행업종인지 유망업종인지도 파악해야 하고, 경쟁력이 충분하다고 판단될 때 시작하는 것이 좋다.

2) 체인본사의 재정·운영상태 및 최고 임원진의 전직 확인

과거 몇 년간의 재무제표를 수집하고, 주거래은행을 통해 재정이 건실한지를 파악해야 한다. 또한 임직원에 대한 경력을 확인하고, 과거 부실 체인본사에 관련이 되었는지 여부를 파악한 뒤, 확실한 경력과 이력을 살펴봐야 한다. 가능한 전직과 연결된 오랜 경험을 가진 경영진이 운영하는 체인본사를 선택해야 그 노하우를 활용하여 성공률을 높일 수 있다.

3) 제조 및 물류시스템 운영상태 점검

체인본사는 가맹점과 지속적으로 접촉하므로 상품의 공급이나 서비스 제공에 필요한 용품을 얼마나 원활하게 공급하는지 확인해야 한다. 판매물품의 경우, 체인본사에 제공공장이 있다면 안정적인 공급을 받을 수 있을 뿐만 아니라, 가격경쟁에도 우위에 있을 수 있다.

4) 가맹점 지원 항목 파악

물품공급 외 직원 및 점주 교육, 판촉활동에 대한 지원사항과 관련하여 얼마나 다양한 지원책을 마련하고 있는지, 판촉 프로그램을 보유했는지 등을 기존 가맹점 점주들을 통해서 파악한다.

5) 관련 법규가 없는 신업종 선택 자제

뉴비즈니스의 경우, 업종이 먼저 생긴 후 그에 맞춰 법규가 만들어지게 된다. 경우에 따라 도덕적, 사회적으로 무리가 가는 업종들도 많으므로 현재 법규가 제정되어 있지 않는 업종의 경우 입법 후 제재를 받아 피해를 보는 경우가 많다.

6) 무분별한 신규 브랜드 확장 체인본사 배제

기존 브랜드 관리보다 신규 브랜드를 늘리는 체인본사의 경우, 가맹점 개점을 통한 이익을 얻기에 급급해서 피해를 보는 사례가 많기 때문에 그러한 체인본사와 계약해서는 안 된다.

7) 가맹비 확인

프랜차이즈 본사의 주 수입원은 로열티와 가맹비이다. 지원해주는 것도 없이 가맹비를 높게 책정한 체인본사도 문제가 되지만, 가맹비를 받지 않는 체인본사의 경우 인테리어나 설비, 초도상품, 도매 마진 등에서 회수할 가능성이 크므로 진정한 후견인으로서의 역할이 어려울 것이다.

8) 독점 영업권(상권 보호) 보장

신규 점포를 마구 허가해주는 경우 경쟁이 치열해질 수 있다. 계약자는 상권을 정확히 요구하고 영업권을 보장해주는지도 확인해야 한다.

9) 기존 점주들을 통한 정보수집

실제 가맹하여 현재 운영 중인 가맹점 점주들을 만나 조사해보면 체인본사를 좀 더 정확히 파악할 수 있을 것이다.

4.3 프랜차이즈 결정 시 검토사항

프랜차이즈 결정을 할 때는 자기 자신뿐만 아니라 체인본사에 대해서 다음과 같은 사항에 대하여 검토해야 한다.

1) 자기 자신에 관한 검토사항

① 자신의 성격이 판매업종에 적당한 성격이며, 리더십은 있는가?
② 자신이 경영자의 소질을 갖고 있는지? 없다면 체인본사의 방침과 경영방법에 따라 경영할 수 있는가?
③ 프랜차이즈 시스템의 장점과 단점을 잘 이해하고 있는가?
④ 사업을 시작하는데 필요한 자기자금 조달가능 금액은 얼마인가?
⑤ 자신이 해당 아이템에 대해 잘 알고 있는가?
⑥ 종업원을 스스로 채용할 수 있는 결정을 할 수 있는가?
⑦ 어떻게 프랜차이즈를 운영하는지 이해하는가?
⑧ 아내 또는 남편, 혹은 가족들이 전폭적으로 지지하고 있는가?

2) 체인본사에 관한 검토사항

① 체인본사에 대한 철저한 사전조사
② 계약조건에 대한 상세한 점검
③ 가맹점 수의 적정성 여부
④ 가맹점의 직접 방문 확인
⑤ 영업권 보장 확인
⑥ 물류시스템 확인
⑦ 마진율 조사
⑧ 체인본사 자체의 특별 노하우 보유여부 점검
⑨ 물품공급, 재고처리, 배달체계, 보증, 분쟁해결방법, 공증 여부 등 점검

4.4 프랜차이즈업 창업절차

사업을 성공적으로 운영하기 위해서는 먼저 본인 사업을 하겠다는 창업자의

강한 의지에서부터 업종 선택, 입지선정 및 상권분석, 투자계획에 이르는 창업 준비과정과 창업 후의 마케팅 능력, 운영능력, 고객 서비스, 점포 운영과정에 이르기까지 전체의 과정에 조화가 이루어져야 한다. 즉 사업의 구상과 준비, 창업과정, 영업활동이 유기적으로 진행되어야 하는 것이다.

① 자신의 적성, 연령, 경력 검토
② 구체적인 업종 선택
③ 점포 운영형태 결정(체인점)
④ 점포 입지선정 및 상권분석
⑤ 자금 및 영업계획
⑥ 점포개설

4.5 프랜차이즈업 창업 시 주의사항

1) 충분한 준비과정

프랜차이즈 창업은 절대 서둘러서는 안 된다. 특히 업종을 선택할 때는 신중을 기할 필요가 있다. 신문이나 잡지 등을 통해서 창업정보를 수집하고 현장조사를 통해 장사가 어느 정도 되는지도 확인해야 한다. 또 창업전문가의 컨설팅을 받는 것도 좋은 방법이다.

2) 여유 있는 자금운용

창업을 할 때 가장 신경을 써야 할 부분이 바로 자금운용이다. 가능하다면 최소한의 자금으로 최대의 효과를 올릴 방법을 모색해야 한다. 특히 준비한 자금 가운데 30% 정도는 은행에 예치해 둘 필요가 있다. 창업자금을 모두 사용해버리면 나중에 필요할 때 자금이 없어 사업을 제대로 운영할 수 없는 경우도 있다.

3) 적정규모의 체인 수

프랜차이즈 방식으로 체인사업을 시작한지 꽤 오랜 시간이 흘렀는데도 체인점 모집이 지지부진한 곳은 사업이 안된다는 것을 입증하는 것이다. 반대로, 체인 수가 너무 많은 곳은 본사의 관리능력에 문제가 있을 수 있으므로 이를 반드시 확인해야 한다. 적정 체인 수를 초과한 업체에 가맹하면 이미 기존의 체인점들이 좋은 입지를 모두 차지하고 있다는 점도 간과해서는 안 된다.

4) 과잉광고

대부분의 프랜차이즈 업체 광고는 최고, 최대, 최첨단, 제일, 고소득 보장 등 절대적인 표현을 사용해서 창업 희망자를 유혹한다. 그러나 실상은 전혀 다른 경우가 많다. 노력과 투자 없이 돈을 벌 수 있는 아이템은 없다는 점을 명심해야 한다.

5) 본사에 대한 사전조사

본사에 재무구조, 연간 매출액, 영업 개시일, 직영점 보유 여부, 임원 경력 및 직원 수, 가맹점 현황 등에 대한 정보를 요구하고 제출된 정보가 사실인지 여부를 하나씩 확인해야 한다.

공정거래위원회 가맹사업거래 사이트에서 정보공개서를 열람하여 확인하는 방법도 있다.

6) 계약서 작성

상당수 체인본사들은 계약서를 본사에 유리하게 작성해 놓는다. 따라서 창업자 입장에서는 보증금 환불조건, 계약해지, 독점 영업권 보장, 반품 및 애프터서비스 관련 사항, 수수료 및 로열티, 가맹점주의 거래계정, 상품공급 등과 관련된 조항이 자신에게 불리한지 여부를 검토한 후, 만일 불리한 내용이 포함되어 있을 때는 본사에 계약서 내용을 바꿔줄 것을 요청해야 한다.

7) 인테리어 비용

인테리어나 설비는 체인점의 이미지를 손상시키지 않는 범위 내에서 하면 된다. 그런데 만일 프랜차이즈 본사가 지나친 인테리어나 설비를 요구하면 일단 피하는 것이 좋다. 인테리어 공사 등을 통해서 수입을 얻으려는 업체들이 의외로 많기 때문이다.

제5절 인터넷 비즈니스 창업절차

5.1 인터넷 비즈니스 개념

인터넷 비즈니스는 독립된 거래 주체들이 인터넷을 이용하여 수행하는 여러 가지의 사업활동을 말한다. 인터넷상에서 이루어지는 포괄적인 거래인 전자상거래보다는 하위 개념으로서 인터넷을 통해서 소비자와 기업 간에 일어나는 거래에 한해 인터넷 비즈니스라고 한다.

오늘날에는 인터넷을 이용한 상품이나 서비스의 구입과 판매에 한정되지 않고 다양한 통신매체를 이용하여 마케팅 활동·정보제공·인력제공·기업홍보 등의 모든 유형의 기업활동을 포괄하는 개념으로 확대되고 있다.

Web 환경의 발달과 함께 전자상거래(electronic commerce), 인터넷 비즈니스(i-business), e-비즈니스(e-business) 등의 용어들이 사용되고 있다.

5.2 인터넷 비즈니스 창업절차

1) 사업 아이디어 선정

어떤 창업을 하는 경우든 창업을 위한 사업 아이디어의 선정이 중요하듯이, 인터넷 비즈니스 창업도 인터넷을 이용한 사업환경에 적합한 사업 아이디어의 선정이 성공의 중요한 조건이 된다. 오프라인 창업과는 달리, 자본과 시설투자보다는 수요를 창출할 수 있는 아이디어와 기업가정신이 성패를 좌우할 수 있다.

2) 사업성 분석

사업성 분석은 목표고객에 관한 분석과 시장규모 및 가능성을 진단함으로써 구체적인 사업계획서 작성을 위한 사전분석이라고 볼 수 있다. 즉 인터넷 비즈니스 창업을 위한 사업성 분석의 주요 내용은 누가 주요 고객이고, 현재 시장규모는 얼마이며, 판매 가능성 및 잠재 수익성은 있는지를 분석하는 것이다.

3) 경쟁력 분석

창업하고자 하는 사업 아이템과 관련하여 경쟁관계에 있는 사이버몰이 있는지를 검토해야 한다. 경쟁 사이버몰이 있을 경우 SWOT 분석을 통해 강점과 약점, 기회와 위협요인을 고려하여 적절한 경쟁우위 전략을 도출할 수 있을 것이다.

4) 사업계획서 작성

사업계획서에는 인터넷 비즈니스 창업을 구체적으로 추진하기 위한 의지를 체계적으로 기술해야 한다. 사업 아이디어에 따라 다소 차이는 있으나 창업팀, 아이템 소개, 마케팅 전략, 추정 재무제표, 향후 발전계획 등이 포함되어야 한다.

5.3 인터넷 비즈니스 창업 시 고려사항

인터넷 비즈니스 사업의 성패는 적절한 업종선택, 정확한 시장 예측과 창의성, 상품성과 협력자, 자신의 사업과 같은 마음으로 일해 줄 인적 구성원 확보 등에 달려 있다. 또한, 인터넷 비즈니스 분야에서 창업에 성공하려면 다음 사항에 대해 주의 깊게 고려해야 한다.

1) 고객 위주의 웹사이트 구축

인터넷 비즈니스는 그 특성상 웹사이트를 방문한 고객이 마음에 들지 않으면 바로 다른 사이트로 쉽게 이동할 수 있는 특징이 있다. 그러므로 인터넷 비즈니스를 성공적으로 수행하기 위해서는 고객에게 최적의 경험과 최고의 가치를 제공할 수 있도록 고객 위주의 웹사이트를 구축해야 한다.

2) 프로세스 중심의 웹사이트 구축

고객에게 최적의 만족을 제공하기 위해서는 웹사이트를 프로세스 중심으로 설계해야 한다. 인터넷 비즈니스가 가진 무한한 가능성과 성장성으로 인해 많은 사람들이 인터넷으로 사업을 시작하나, 현재의 인터넷 시장은 단기 수익을 얻을 수 있는 시장이 아니다. 그러므로 사업에 대한 장기적인 전략을 수립하고 시장에 능동적으로 대처할 수 있도록 장기적인 관점에서 시장을 판단해야 한다.

3) 콘셉트(Concept) 재확인

인터넷 비즈니스에서 중요한 것은 자신이 취급하는 상품과 서비스의 콘셉트를 명확히 분석하고 사업에 필요한 철저한 준비과정과 장기적인 안목으로 시장에 대처하는 것이다.

4) 명확한 시장 포지셔닝과 수익모델 설정

인터넷 업계의 경우, 매출과 순이익이 적기 때문에 한 분야에 집중적으로 투자하기보다는 다양한 분야로 사업을 확장하여 수익을 극대화하는 모델을 가진 업체들이 많다. 인터넷 비즈니스 시장은 각 분야의 전문화된 상품과 서비스를 요구하는 방향으로 전개될 가능성이 많으므로, 해당 분야의 전문업체로서 명확한 시장 포지셔닝과 함께, 이를 바탕으로 한 비즈니스 수익모델 설정이 필요하다.

5) 시장경제의 원리 파악

인터넷 시장 또한 엄연히 시장경제의 원리가 작용한다. 많은 인터넷 비즈니스 창업기업들이 기술과 아이디어로 인터넷 시장에서 승부하려고 하지만, 대부분이 시장경제의 원리인 '이익창출'에 관한 구체적인 대안을 가지고 있지 않다. 많은 인터넷 기업들이 실패하는 이유는 단발적인 기술과 아이디어로 단기적인 이익창출에만 몰두하기 때문이기도 하다.

Chapter 09 창업기업의 설립

제1절 창업기업 유형

1.1 법률 형태별 기업유형

회사의 설립은 개인이 할 수도 있고 공동으로 함께 할 수도 있는데, 개인이 기업을 설립할 경우 그 개인은 기업의 경영에 관한 절대적인 권한을 가지게 된다. 공동으로 설립한 경우는 어떤 방식으로 서로 협력하느냐에 따라서 그 기업의 경영권한과 책임은 크게 달라진다. 기업은 출자형태에 따라서 개인기업과 공동기업으로 구분된다. 그리고 법률적 형태에 따라서 개인기업과 법인기업으로 구분하고, 법인기업을 다시 합명회사, 합자회사, 유한책임회사, 유한회사와 주식회사로 구분하는데, 산업 분류법 등에서는 법률적 형태에 따른 구분이 일반적으로 쓰이고 있다.

1) 개인기업과 법인기업 특성

(1) 개인기업

기업의 자본을 한 개인이 출자하고, 위험부담과 운영상의 모든 책임을 그 개인이 무한하게 부담하는 기업형태를 개인기업이라고 하는데, 「상법」 상의 상인이 이에 해당한다. 따라서 개인기업에서는 이익이 발생하면 그 이익의 전부가한 사람의 소유가 되어 자본금이 증가되고, 손실이 발생하면 그만큼 자본금이 감소된다.

기업형태 중에서 개인기업은 가장 단순하고 원시적인 형태로서 생산경제가 소비경제로부터 분리되어 독립적인 활동을 하였을 때 처음 나타나는데, 사업을 시작하려는 사람은 누구나 별다른 제한 없이 손쉽게 개인기업을 설립할 수 있다.

(2) 법인기업

「상법」 상 법인기업의 유형은 회사의 채무에 대한 사원의 책임을 기준으로 합명회사, 합자회사, 유한책임회사, 유한회사, 주식회사 등으로 구분된다[상법 제107조]. 사원이 회사 채무에 대해 부담하게 되는 변제책임에는 유한책임과 무한책임이 있다.

① 합명회사

두 사람 이상의 무한책임사원이 공동으로 정관을 작성하여 조직되는 회사가 합명회사이다. 합명회사의 사원은 그 책임이 무한연대하기 때문에 각 사원은 출자를 함과 동시에 원칙적으로 사원 전부가 경영을 담당하게 된다. 출자는 현금이나 현물 등 재산뿐만 아니라, 노무도 출자할 수 있으나 각 사원의 지분은 다른 사원의 승인을 받지 않고는 그것의 전부 또는 일부를 자유로이 다른 사람에게 양도할 수 없다.

합명회사의 경우에는 자본과 경영이 일치되고 각 사원은 무한 연대 책임을 지게 되므로, 개인의 공동적 경영과 같은 외관을 가지며, 부자나 형제, 기타의 친척 사이에 성행될 수 있는 가장 전형적인 인적회사라고 할 수 있다.

② 합자회사

합자회사는 「상법」 상 무한책임사원과 유한책임사원으로 조직되는 이원적 인적회사이다. 무한책임사원은 출자를 함과 동시에 경영을 담당하며, 유한책임사원은 단지 출자만 하고 경영의 지휘·관리에는 참가하지 않는다. 무한책임사원은 합명회사의 사원과 동일하게 금전, 기타의 재산뿐만 아니라 노무도 출자할 수 있으나, 유한책임사원은 금전 및 현물에 한하여 출자를 할 수 있다.

무한책임사원의 자본은 합명회사의 경우와 같이 사원 전체의 동의가 있어야 양도할 수 있으며, 유한책임사원의 지분은 무한책임사원 전원의 동의만 있으면 다른 사람에게 양도할 수 있다.

③ 유한책임회사

유한책임회사는 공동기업으로서, 회사의 형태를 취하면서도 내부적으로는 사적 자치가 폭넓게 인정되는 조합의 성격을 갖으며, 외부적으로는 사원의 유한책임이 확보되는 기업 형태에 대한 수요를 충족하기 위해 2012년 개정된 「상법」에서 도입된 회사형태이다. 유한책임회사는 주식회사의 경직된 지배구조보다 신속하고 유연하며 탄력적인 지배구조를 가지고, 출자자가 직접 경영에 참여할 수 있으며, 각 사원이 출자금액만을 한도로 책임을 지므로, 고도의 기술을 보유하고 있으나 초기 상용화에 어려움을 겪는 청년 벤처 창업에 적합한 새로운 기업유형이다.

이러한 유한책임회사는 1인 이상의 유한책임사원으로 구성되는데, 유한책임사원은 회사 채권자에 대하여 출자금액을 한도로 간접·유한의 책임을 진다. 즉 내부적인 법률관계에서는 합명회사나 합자회사와 마찬가지로 민법상 조합의 법리에 따라 운영되지만, 외부적으로는 사업실패 시에 그 사원이 주식회사나 유한회사의 사원과 같이 출자액의 범위 내에서만 책임을 지게 되는 것이다. 유한책임회사에서는 업무 집행자가 유한책임회사를 대표하므로, 정관에 사원 또는 사원이 아닌 자를 업무집행자로 정해 놓아야 하며, 정관 또는 총사원의 동의로 둘 이상의 업무 집행자가 공동으로 회사를 대표할 것을 정할 수도 있다.

④ 유한회사

유한회사는 1인 이상의 사원으로 구성되는데, 유한회사의 사원은 주식회사와 마찬가지로 회사 채권자에게 직접적인 책임을 부담하지 않고 자신이 출자한 금액의 한도에서 간접·유한의 책임을 진다. 유한회사의 조직형태는 주식회사와 유사하지만, 주식회사와 달리 이사회가 없고, 사원총회에서 업무집행 및 회사대표를 위한 이사를 선임해야 한다. 선임된 이사는 정관 또는 사원총회의 결의로 특별한 정함이 없으면 각각 회사의 업무를 집행하고 회사를 대표하는 권한을 가진다. 특히 유한회사의 조직형태는 주식회사와 달리 폐쇄적이고 비공개적인 형태의 조직을 갖는다. 또한 주식회사보다 설립절차가 비교적 간단하고 사원총회 소집절차도 간소하다.

이러한 유한회사는 중소규모의 사업경영에 적합하도록 인적 공동기업의 장점과 주식회사의 유한 책임제도 등의 장점을 모방하여 제정한 기업형태로, 각 사원은 출자 1구좌마다 1개의 의결권을 가진다. 그리고 사원의 출자지분은 원칙적으로 양도할 수 없다.

⑤ 주식회사

주식회사는 1인 이상의 사원(주주)으로 구성되는 회사로서, 주식의 발행을 통해 여러 사람으로부터 자본금을 조달받고 설립된 기업을 말한다. 주식회사의 주주는 회사 채권자에게 아무런 직접적인 책임을 부담하지 않고 자신이 가진 주식의 인수가액 한도 내에서 간접·유한의 책임을 진다.

이러한 주식회사는 주주라는 다수의 이해당사자가 존재하므로, 의사결정기관으로 주주총회를 두어 정기적으로 이를 소집해야 하고, 업무집행기관으로 이사회 및 대표이사를 두어 회사의 업무를 집행하도록 해야 한다. 또한 이사의 직무집행을 감사하고, 회사의 업무와 재산 상태를 조사하기 위해 감사와 같은 감사기관을 두어야 한다.

주식회사는 주식을 단위로 자본이 구성되므로 자본 집중이 쉽고, 주주가 유한책임을 부담하므로 사업실패에 대한 위험이 적어 공동기업의 형태로 자주 이용되는데, 국세청의 통계에 의하면 우리나라의 회사형태 중 주식회사가 차지하는 비율은 약 94%에 달한다고 한다.

이러한 주식회사의 특징은 다음과 같다.

㉠ **자본의 증권화 제도이다.** 이는 회사가 필요로 하는 자본을 매매 양도가 자유로운 주식인 유가증권으로 균일하게 분할하여 일반 대중으로부터 기업자본을 조달하는 제도이다. 그러므로 주식회사의 자본금은 균일한 주식으로 분할되어 증권이 발행된다는 점이 그 첫째의 특징이다. 주주는 이 주식을 통하여 회사에 대하여 출자의무를 지니게 되는 것이다.

㉡ **유한책임제도이다.** 이는 출자자인 주주의 책임이 출자금의 한도 내에서 채무의 지급 책임이 있다는 것이다. 주주는 주식금액의 한도 내에서 채무의 지급책임이 있다는 것이다. 그러므로 회사 채무에 대하여 주주들의 개인재산에까지 채무지급의 의무를 지지는 않게 된다. 이와 같이 주식의 소유자인 주주는 모두 유한책임이기 때문에 출자자들은 안심하고 출자할 수 있

으며, 회사는 널리 일반 대중으로부터 소요자본을 용이하게 조달할 수 있게 된다.

㉢ **소유와 경영의 분리이다.** 주식회사의 규모가 커짐에 따라 주식소유가 대중화되고 주주의 수가 많아지고 주식분산이 확대되면, 주주들이 직접 기업경영에 참여하기는 현실적으로 불가능해진다. 뿐만 아니라 기업경영이 복잡해지고 이해자 집단의 이해조정 등의 문제로 인해 회사의 경영권은 전문경영자에 의해 수행되며, 소유권자인 주주들은 사업경영에 관여하기보다는 이익배당으로 자신들의 이익을 도모하거나 주식시세의 상승에 따른 차익을 노리게 된다. 이에 따라 소유와 경영이 분리되는 것이다. 때로는 소수의 대주주가 경영권을 장악할 수도 있으나, 회사의 장기적 존속과 발전을 위해서는 전문경영자로서의 자질과 능력을 갖춘 인물에 의해서 책임경영이 이루어져야 할 것이다.

[표 9-1] 법인기업의 유형별 특징

구분	개념	설립행위	기관구성
합명회사	무한책임사원으로 구성되며 각 사원이 회사의 채무에 대하여 연대하여 무한의 책임을 지는 회사 (「상법」 제212조)	2명 이상의 사원이 공동으로 정관을 작성하고, 설립등기를 함으로써 성립(「상법」 제178조 및 제180조)	무한책임사원은 업무집행권리와 회사를 대표할 권리를 가짐(「상법」 제200조 및 제207조)
합자회사	무한·유한책임사원으로 구성되며, 무한책임사원은 회사의 채무에 대하여 연대하여 무한의 책임을 지고, 유한책임사원은 출자금액의 한도 내에서 책임을 지는 회사(「상법」 제268조)	무한책임사원이 될 사람과 유한책임사원이 될 사람이 각각 1명 이상으로 하여 정관을 작성한 후 설립등기를 함으로써 성립(「상법」 제268조 및 제271조)	무한책임사원은 회사의 업무를 집행할 권리와 의무가 있으며(「상법」 제273조), 유한책임사원은 업무감시권이 있음(「상법」 제277조 및 제278조)
유한책임회사	유한책임사원으로 구성되며, 각 사원이 출자금액의 한도에서 책임을 지는 회사(「상법」 제287조의7).	사원이 정관을 작성하고 설립등기를 함으로써 성립(「상법」 제278조의2 및 제278조의5).	정관으로 사원 또는 사원이 아닌 자를 업무집행자로 정해야 하며, 정관 또는 총사원의 동의로 둘 이상의 업무집행자가 공동으로 회사를 대표할 수 있음(「상법」 제287조의19, 287조의19).

유한회사	각 사원이 출자금액 한도 내에서 책임을 지는 회사(「상법」 제553조)	정관을 작성하고 출자금액의 납입 또는 현물출자의 이행이 있은 후 설립등기를 함으로써 성립(「상법」 제548조 및 제549조)	의사결정기관은 사원총회이며, 사원총회는 회사의 업무집행을 포함한 모든 사항에 대하여 의사결정을 할 수 있음
주식회사	회사는 주식을 발행하며 주주는 인수한 주식의 인수가액을 한도로 책임을 지는 회사(「상법」 제331조)	발기인이 정관을 작성하여 공증인의 인증을 받은 후 각 주식에 대한 인수가액의 전액과 현물출자의 이행을 완료한 후 설립등기를 함으로써 성립(「상법」 제172조)	의사결정기관으로 주주총회, 업무집행기관으로 이사회 및 대표이사, 감사기관으로 감사가 존재함

2) 개인기업과 법인기업 비교

(1) 개인기업과 법인기업의 차이 및 장·단점

개인기업과 법인기업의 차이 및 장、단점을 비교하면 다음과 같다.

[표 9-2] 개인기업과 주식회사의 차이

구 분	개인 기업	주식회사
적정 규모	소·중규모	중·대규모
법적 근거	업종별 관련법(인·허가)	상법 및 업종별 관련법
사원(대표) 책임	무한책임	출자범위 내 유한책임
출자금액	제한 없음	제한 없음(최저자본금제도 폐지)
기 관	• 대표자 개인	• 최고의결기관 : 주주총회 • 대표기관 : 대표이사 • 집행기관 : 이사회
성립요건	사업자등록으로 성립 (인·허가를 필요로 하는 경우에는 관계법에 의한 승인을 필요로 함)	• 정관인증 및 창립총회 • 법인설립 등기 • 법인설립 신고 및 사업자등록
조직변경	주식회사로 전환 가능	-

[표 9-3] 개인기업과 법인기업의 장·단점

구분	개인 기업	법인 기업
장점	• 설립등기가 필요 없고 사업자등록만으로 사업개시 가능 • 기업이윤 전부를 기업주가 독점 가능 • 창업비용과 자금이 비교적 적게 소요되므로, 소자본을 가진 창업자도 창업 가능 • 기업활동이 자유롭고 신속한 계획 수립 및 변경 용이	• 대표자는 회사운영에 대해 일정한 책임을 지며, 주주는 주금납입을 한도로 채무자에 대해 유한책임만 짐 • 주식양도에 의해 사업의 양도가 가능하므로 기업주는 바뀌어도 기업의 계속성은 유지 • 사업양도시에는 주식을 양도하면 되므로 주식양도에 대해 원칙적으로 낮은 세율의 양도소득세가 부과되며, 주식을 상장 후 양도하면 세금 없음 • 주식회사는 신주발행 및 회사채 발행 등을 통해 다수인으로부터 자본조달 용이
단점	• 대표자는 채무에 대한 무한책임 • 대표자가 바뀌는 경우에는 폐업을 하고, 신규로 사업자등록을 하여야 하므로 기업의 계속성 단절 • 사업양도 시에는 양도된 영업권과 부동산에 대하여 높은 양도소득세 부과.	• 설립절차가 상대적으로 복잡하고, 자본금 10억 원 이상의 법인설립 시는 이사 3인 이상과 감사 1인 이상 총 4인 이상의 임원 필요 • 대표자가 기업자금을 개인용도로 사용하면, 회사는 대표자로부터 이자를 받아야 하는 등 세제상의 불이익 발생

(2) 회계처리상의 특징

① 세제상의 특징 비교

개인기업은 소득세법의 적용을 받으므로 과세기간은 매년 1월 1일부터 12월 31일까지이고, 과세소득은 총수입에서 필요경비를 공제한 금액이 되며, 재무상태표 공고의무가 없다.

법인은 법인세법의 적용을 받고, 그 과세기간은 정관과 규칙에서 정하는 회계기간에 따라 달라지며, 과세소득은 수익금 총액에서 손금 총액을 공제한 금액이다.

재무상태표의 공고의무가 있으나, 세부담은 여러 가지 상황에 따라 차이가 있을 수 있다. 세율 측면에 있어서는 개인기업(6 ~ 45%로 누진)보다 법인기업(10% ~ 25%)이 유리하다. 세무사의 의견을 들어 종합해보면, 세부담 측면에서 기업을 설립한 후 연간 매출총액이 5억 원 이상으로 예상되면 법인기업으로 하는 것이 유리하다. 단, 세율은 정책과 기업규모에 따라 변화가 있으므로, 전문가의 도움을 받아 결정을 하는 것이 바람직하다.

② **회계처리상의 특징 비교**

- 대표자의 인건비 : 법인의 대표이사는 고용관계에 의하여 근로를 제공하므로 그 대가인 임원 보수와 상여금을 손금에 산입 한다. 이에 반해, 개인기업의 대표는 사업의 경영주체로서 고용관계에 있지 아니하므로 급여를 지급받을 수 없다. 급여를 지급받아도 그것은 출자금의 인출에 불과하므로 필요경비에 산입하지 아니한다.
- 퇴직급여 충당금 설정 : 법인세법은 1년 이상 근속한 모든 임직원에 대해 퇴직급여 충당금을 설정할 수 있다. 따라서 대표이사도 퇴직급여 충당금의 대상이 될 수 있으나 개인기업의 대표는 소득세법상 퇴직급여 충당금 설정 대상이 아니다.
- 이연자산의 종류 : 법인세법은 법인의 이연자산을 창업비, 개업비, 신주발행비, 연구개발비, 사용수익 기부 자산가액 등 6가지로 인정하고 있으나, 개인사업자는 설립등기가 필요없고, 신주를 발행하지 못하므로 소득세법은 개인기업의 이연자산을 개업비, 연구개발비, 사용수익 기부자산가액 등 3가지만 인정하고 있다.
- 대손충당금 설정대상 : 법인세법은 대손충당금 설정 대상 채권을 소비대차계약에 의한 대여금과 미수금을 포함하고 있으나, 소득세법은 사업과 관련된 채권만 대손충당금 설정 대상으로 규정하고 있으므로 소비대차계약에 의한 대여금과 정상적인 사업 거래에서 발생하지 않는 투자자산, 유형자산 처분 미수금은 대손충당금을 설정할 수 없다.
- 기타의 차이 : 출자금의 자금인출에 대한 인정이자 익금산입, 시설개체 기술 낙후로 인한 생산설비의 폐기손실 손금산입, 양도자산 상각 부인액 손금산입, 이자비용 손금불산입 부인규정, 일시상각 충당금 설정 등에 있어서 회계처리상에 상당한 차이가 있다.

[표 9-4] 개인기업과 법인기업의 세제상의 특징

내 용	개인 기업	법인 기업
과세근거법	소득세법	법인세법
과세기간	매월 1월 1일부터 12월 31일까지	정관에 정하는 회계기간
과세소득	총수입금액 - 필요경비	익금총액 - 손금총액
과세범위	특정소득에 대해서는 종합과세를 하지 않고 원천징수만으로 분리과세	분리과세가 인정되지 않음
이중과세 여부	하나의 원천소득에 대해 이중과세가 되지 않음	법인에게 법인세 과세 후 주주의 배당에 대해 소득세 과세
세율구조	• 세율: 6~45%로 누진 적용 • 주민세: 소득세의 10%	• 세율: 10~25% • 주민세: 법인세의 10%
납세지	개인기업의 주소지	법인등기부등본상의 본점/주사무소
기장의 의무	수입금액에 따라 일기장 의무자, 간이장부 의무자, 복식부기의무자로 구분	수입금액에 관계없이 복식부기의무자
외부감사제도	적용되지 않음	• 대상 : 주식회사, 유한회사 • 일정 규모 이하인 경우(3개 이상 해당 시) 제외 - 자산: 100억 원 미만 - 부채: 70억 원 미만 - 종업원: 100인 미만 - 사원수: 50인 미만(유한회사 한정)
재무상태표 공고	공고의무 없음	법인세 신고기간 내에 일간신문에 공고의무가 있음

* 세법은 매년 개정이 되고 있어 최신 세법 확인이 필요함

1.2 기타 기업유형

1) 벤처기업

(1) 벤처기업의 정의

일반적으로 벤처기업 또는 벤처 비즈니스의 범위와 한계를 명확히 설명하기는 현실적으로 어렵다. 이는 국가마다 제도적으로 다르게 정의되고 있으며, 이

용어를 사용하는 학자나 경영자 등 사람에 따라 다양한 의미와 해석이 가능하기 때문이다.

우리나라에서는 '다른 기업에 비해 기술성이나 성장성이 상대적으로 높아, 정부에서 지원할 필요가 있다고 인정하는 중소기업으로서, 「벤처기업 육성에 관한 특별조치법」 제2조에 따른 3가지 요건의 어느 하나에 해당하는 기업 (① 벤처투자기업, ② 연구개발기업, ③ 기술평가 보증·대출기업)'을 벤처기업으로 규정하고 있다.

[표 9-5] 벤처기업의 범위

구 분	기 준
벤처캐피털 투자기업	• 창업투자회사(조합)·신기술사업금융업자(조합) 또는 한국벤처투자조합, 다산벤처로부터 총주식의 10% 이상(주식-신주에 한함, 무담보 전환사채, 무담보 신주인수권부사채 포함 20% 이상) 투자받은 기업
연구개발투자기업	• 직전 4분기의 총매출 대비 연구개발비가 중소기업청장이 정한 비율 이상인 기업 - 직전 분기 중 창업된 기업은 직전 2분기 이상의 매출액 또는 연구개발비를 직전 사업연도의 매출액 또는 연구개발비로 산정
신기술개발기업	• 특허권·실용신안권(실시권은 제외) 및 신기술개발사업에 의한 매출액(수출액)이 총매출액의 50%(25%) 이상인 기업
기술평가기업	• 벤처기업평가기관에서 기술성 또는 사업화 능력이 우수하다고 평가받은 기업(창업 중인 기업, 자체 기술개발사업, 신기술개발사업의 기준에 미달하는 기업 또는 의장권 보유기업)

벤처기업은 고수익, 고위험을 내포하고, 그 제품 또는 사업방법이 기술혁신과 창조성에 바탕을 두고 경영의 독립성을 견지하며, 기업의 성장과 주식 공개를 지향한다는 관점에서, 벤처기업의 의미를 구체적으로 다음과 같이 네 가지의 내용으로 나누어 생각해 볼 수 있다.

① 벤처기업은 대개 새로운 기술과 아이디어에 바탕을 두고 있으므로 수요 및 기술 측면의 불확실성으로 인한 위험이 따른다. 기술과 아이디어에 바탕을 둔 벤처기업이 성공하면 기술 및 시장 우위를 획득하여 독점적 지위

를 향유한다.

시간이 흐름에 따라 신기술의 출현과 시장 특성의 변화로 인해 독점적 사업은 [그림 9-1]에서 보는 바와 같이, 저위험과 저수익의 경쟁적인 전통적 사업으로 변화한다. 전통적 사업의 제품 수요가 포화상태가 되고 대체재의 출현 등으로 시장이 축소되면서 사양사업으로 이전한다. 이렇게 벤처기업은 독점적 사업, 사양사업으로 변화하는 수명주기를 가진다.

② 고위험·고수익이 있는 사업이라고 해서 모두 벤처기업이라고 말할 수 없으며, 기술혁신과 아이디어를 기반으로 할 경우에만 벤처기업이라고 할 수 있다.

③ 벤처기업은 제품 기획, 구매, 생산 및 유통 등 의사결정에 있어서 독자적이다. 어느 한 기업에 절대적으로 의존하는 하청기업을 벤처기업이라고 할 수 없으며, 기술이나 자본관계에서 종속적인 경우도 진정한 의미에서의 벤처기업이라고 할 수 없다.

④ 벤처기업은 경영의 참여자, 기술 제공자, 자본투자가에게 가능한 위험부담에 대한 보상을 조기화 할 필요가 있으며, 향후 한 차원 높은 성장을 위해 추가 자본조달을 필요로 한다.

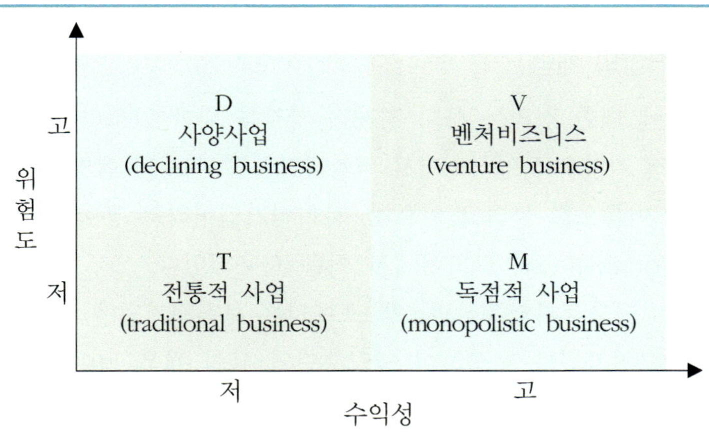

자료: 홍성도, 벤처기업창업경영론, 학문사, 1998, p.16.

[그림 9-1] 위험도와 수익성

(2) 벤처기업의 역할

벤처기업은 창조적 아이디어와 기술혁신을 추구하는 국가경제의 기술개발 기반을 강화하고 산업구조화를 고도화한다. 이러한 사실은 벤처기업의 대부분의 진출분야가 특히 전자 및 통신분야, 유전공학과 의료산업분야 등 첨단기술분야에 집중되고 있고 정보화 사회의 기반기술을 개발하는 데 중요한 역할을 하고 있음에서 알 수 있다. 또한 관련 산업의 생산성 향상을 높일 뿐만 아니라 새로운 시장에 진출함으로써 고용을 증대시키고 지역경제를 활성화시키는 결과를 낳고 있다. 실제 벤처기업이 매출 성장률이나 고용 성장률 측면에서 일반기업들보다 높게 나타나고 있어, 기업의 수익성이나 국민경제적 관점에서 벤처기업의 중요성을 확인할 수 있다.

① 기술기반 강화와 기술수준 향상
② 국민경제적 효과
③ 생산성 증대 효과
④ 중소기업의 활성화
⑤ 산업구조의 고도화

2) 사회적기업

(1) 사회적기업의 개념

사회적기업에 대한 정의는 사회·경제적 약자를 위한 일자리 창출 등의 사회적 목적을 가진 기업으로 인식되면서 비영리기업, 지역사회 벤처, 사회적 목적기업 등 다양한 이름으로 불리고 있으며, 사회적기업이라는 용어는 1994년 King Baudoudin Foundation의 보고서에서 처음 사용되었다.

우리나라의 「사회적기업육성법」 제2조에서는 사회적기업을 취약계층에게 사회서비스 또는 일자리를 제공하여 지역주민의 삶의 질을 높이는 등의 사회적 목적을 추구하면서, 재화 및 서비스의 생산·판매 등 영업활동을 하는 기업으로서 사회적기업으로 인증을 받은 기관으로 정의하고 있다. 여기서 '취약계층'이란 자신에게 필요한 사회서비스를 시장 가격으로 구매하는 데에 어려움이 있거나 노동시장의 통상적인 조건에서 취업이 특히 곤란한 계층을 말하며, '사회서비스'

란 교육, 보건, 사회복지, 환경 및 문화 분야의 서비스, 그 밖에 이에 준하는 서비스를 말한다.

이러한 다양한 개념 정의에도 불구하고, 사회적기업은 사회적 가치 창출, 지역사회에의 기여, 사회적 목적 실현이라는 공통적인 목적을 가지고 있으며, 사회적 목적인 공익과 경제적 목적인 이익을 동시에 추구하는 조직으로 이해되고 있다.

(2) 사회적기업의 인증기준 및 유형

① 사회적기업의 인증기준

우리나라는 사회적기업 정책의 올바른 운영을 위해 사회적기업 인증제도를 운영하고 있는데, 사회적기업으로 인증받기 위해서는 고용노동부의 「사회적기업육성법」제7조 및 「동법 시행규칙」 제12조에서 요구하는 인증요건을 갖추어야 한다.

- **조직형태** : 민법상 법인·조합, 상법상 회사, 공익법인의 설립·운영에 관한 법상 공익법인, 비영리 민간단체 지원법상 비영리 민간단체, 사회복지법상 사회복지법인, 소비자생활협동조합법상 생활협동조합, 사회적기업육성법상 사회적기업, 기타 법률에 따른 비영리단체이어야 한다.
- **유급근로자** : 1인 이상의 유급근로자를 고용하여 재화와 서비스를 생산·판매 등 영업활동을 수행해야 한다.
- **사회적 목적 실현** : 사회적기업의 주된 목적이 취약계층에게 일자리나 사회서비스를 제공하여 지역주민의 삶의 질을 높이는 등 사회적 목적을 실현해야 한다.
- **의사결정구조** : 서비스 수혜자, 근로자 등 이해관계자가 참여하는 의사결정구조를 갖추어야 한다.
- **영업활동을 통한 수입** : 영업활동을 통해 얻은 수입이 있어야 하며, 사회적기업의 인증 신청일이 속한 달의 직전 6개월 동안에 해당하는 영업활동을 통한 총수입이 같은 기간에 그 조직에서 지출하는 총노무비의 100분의 30 이상이어야 한다.
- **정관이나 규약** : 정관이나 규약을 갖추어야 하며, 그 내용에는 「사회적기업육성법」이 요구하는 10가지 사항을 기재하여야 한다.

- **이윤의 사회적 목적 재투자** : 사회적기업의 조직형태가 상법상 회사·합자회사인 경우 회계연도별로 배분 가능한 이윤이 발생한 경우에는 이윤의 3분의 2 이상을 사회적 목적을 위하여 사용하여야 한다.

② 사회적기업의 유형

사회적기업의 유형은 다음과 같이 다섯 가지로 구분된다.

- **일자리 제공형** : 조직의 주된 목적이 취약계층에게 일자리를 제공하는 유형이다.
- **사회서비스 제공형** : 조직의 주된 목적이 취약계층에게 사회서비스를 제공하는 유형이다.
- **혼합형** : 일자리 제공형과 사회서비스 제공형을 혼합한 유형이다.
- **지역사회 공헌형** : 지역사회 주민의 삶의 질 향상에 기여하는 것을 주된 목적으로 하는 유형이다.
- **기타형** : 사회적 목적의 실현 여부를 고용비율과 사회서비스 제공비율 등으로 판단하기 곤란한 유형의 사회적기업을 지칭한다.

(3) 사회적기업의 특징

사회적기업은 사회적 목적을 위해 상업적 활동을 하는 기업으로 사회적 목적이 가장 중요하다는 점에서는 전통적 비영리조직과 공통점이 있다. 그러나 비영리조직이 정부의 보조금이나 기부금에 의존하는 것과는 달리, 사회적기업은 기업 업적 활동을 통해 수익을 창출한다는 주요한 차이점을 가지고 있다. 또한 비영리조직은 서비스를 무료로 제공하나, 사회적기업은 주로 지불능력에 따라 요금을 차등화한다. 다시 말해, 비영리기관은 사회적 가치를 창출하나, 사회적기업은 사회적 가치와 경제적 가치를 동시에 추구한다는 점에서 다른 특성을 가지고 있다 할 수 있다.

3) 협동조합

경제적으로 약소한 처지에 있는 농민이나 중·소상공업자, 일반 소비 대중이 상부상조의 정신으로 경제적 이익을 추구하기 위하여 물자 등의 구매·생산·판매·소비 등의 일부 또는 전부를 협동으로 영위하는 조직단체이다. 우리나라의 경우 2012년 12월에 제정된 「협동조합 기본법」에 따르면, 협동조합은 재화 또는 용역의 구매·생산·판매·제공 등을 협동으로 영위함으로써 조합원의 권익을 향상하고 지역사회에 공헌하고자 하는 사업조직을 말하며, 금융업을 제외한 모든 업종에서 5인 이상이면 협동조합 설립이 가능할 정도로 제도적 제한이 없어졌기 때문이다.

협동조합은 조합원들이 자발적으로 참여하고 민주적 운영을 충실히 지킬 때만 협동조합 모델이 지속 가능하다. 협동조합이 경쟁력을 갖추기 위해서는 조합원들이 서로에 대한 신뢰를 구심력으로 작용해야 한다.

이러한 협동조합의 7대 원칙은 ① 자발적이고 개방적인 조합원제도이고, ② 조합원에 의한 민주적 관리이며, ③ 조합원의 경제적 참여가 보장되며, ④ 자율과 독립을 기본으로 한다. ⑤ 교육, 훈련 및 정보제공의 기회를 균등히 가지며, ⑥ 협동조합 간의 협동을 도모하며, ⑦ 지역사회에 대한 기여를 한다.

협동조합은 소수 자본가가 설립하는 1주 1표의 주식회사와 달리, 투자규모에 관계없이 1인 1표의 민주적 운영 때문에 여성이나 소상공인 같은 경제적 취약계층이 참여할 수 있다. 또한 운영에 있어 자본가의 이익 극대화보다는 조합원의 편익이 우선되는 특징이 있다. 뿐만 아니라 협동조합은 지역기반의 맞춤형 복지·교육·안전을 책임지는 사회 서비스 기관이 될 수도 있다.

그러나 협동조합은 영리를 추구하기 때문에 자선단체나 학교 등과 같은 사단법인과는 성격이 다르며, 1인 1표의 의사결정구조, 사원(조합원)의 유한책임 등에서 유한회사는 협동조합과 공통점을 가지나 사업목적, 조직규모, 내부구조, 설립방법 등에 있어서 차이가 있다.

4) 1인 창조기업

(1) 1인 창조기업의 개념

지식서비스업 및 제조업(전통식품 제조, 공예품 등) 분야에서 창의적인 아이디어, 전문기술 및 지식, 지식재산권을 사업화하는 프리랜서와 개인사업자 또는 법인으로서 대표자를 포함한 종사자가 1명인 기업을 말한다. 단, 가족기업과 도제 기업은 대표자를 포함한 종사자가 4명까지 가능하다. 2011년 10월부터는 공동창업도 1인 창조기업의 범주에 포함되는 것은 물론, 개인 상시 근로자를 고용하더라도 3년간 각종 지원 혜택이 유지된다. 이에 따라 1인 창조기업 창업 시지원되었던 조세특례와 각종 자문, 교육서비스 및 사무실 이용 혜택이 있는 창업과 기업 운영이 가능해졌다. 이러한 1인 창조기업의 설립도 기존 기업들의 설립절차와 동일하다.

(2) 1인 창조기업의 특성

창의적 아이디어로 승부함으로써 성장성이 높은 블루오션(blue ocean) 분야로 진출을 시도하기 때문에 차별화 능력 없이 치열한 생존경쟁에 내맡겨진 1인 자영업자나 소상공인들과 달리, 지속 가능한 생존력을 가질 확률이 높다. 또한 벤처기업과 같이 자본을 모으고 조직을 구성하여 회사를 구성하는 위험을 지지 않아도 된다. 1인 창조기업은 국민 개개인 누구나 창의적인 아이디어를 최대한 발굴해서 이를 사업에 접목시켜 현실화함으로써 경제 활성화를 도모하자는 의미를 담고 있다. 그러므로 1인 창조기업은 정부기관에 사업자등록을 하지 않아도 창업이 가능하다. 어떤 법적인 형태를 갖는 조직체가 아니어도 단지 우리나라 국민이 갖는 주민등록번호만으로 1인 창조기업이 될 수 있다.

최근에 1인 창조기업과 유사한 용어들 중 1인 지식기업 또는 1인 지식서비스 기업이 있다. 1인 지식서비스 기업은 정부가 분류한 통신, 금융 및 보험, 사업서비스, 보건 및 복지, 오락 및 문화 관련 분야에서 1인이 하는 사업장을 말한다. 이에 비해, 1인 창조기업은 어떤 업종에서라도 가능하다. 즉 사업영역이나 형태의 제약이 없어 매우 개방적인 개념이라 할 수 있다. 1인 지식서비스 기업이 창의적인 사업이나 활동이 아니더라도 전문 서비스 분야의 사업을 대상으로 한다면, 1인 창조기업에게는 개인적인 창의성이 사업으로 될 수 있느냐 하는 기준만이 중요하다.

[표 9-6] 1인 창조기업의 특성

	1인 창조기업	1인 지식서비스 기업	프리랜서
기본목표	창의적인 아이디어의 사업화	서비스시장 활성화	자유 독립적
조직특성	개인간 인적 네트워크	생계형 자영업	일시적 계약에 의한 하청
활동영역	개인의 창의성에 경쟁력이 있는 업종	지식서비스 업종	디자인, 기술 등 아웃소싱 특성이 강한 업종

자료 : 이장우 외 2인, 창조경제에서의 기업가정신과 창업, 법문사, 2014, p.30.

(3) 1인 창조기업의 성공조건

1인 창조기업으로 성공하기 위해서는 '3E'가 필요하다. 3E란 Expertise(전문지식, 기술), Execution(실행), Enterpreneurship(기업가정신)을 의미한다. 먼저 1인 창조기업에 가장 필요한 자격조건은 창업 관련 전문 지식의 함양이다. 기업들의 아웃소싱 기회를 활용하여 자신이 가진 전문 지식의 부가가치를 높여야 한다. 또한 혼자서도 사업을 실행할 수 있는 능력이 필요하다. 특히, 기업가정신은 혼자서 새로운 일을 창출하는 능력과 실패에 대한 심리적 공포를 줄이는 역할이 중요하기 때문에 더욱 필요한 부분이다.

제2절 창업기업의 설립

일반적으로 기업의 창업과정은 업종 선정 및 사업계획 수립, 사업인·허가 및 회사 설립, 필요시에 공장입지 선정 및 공장설립 승인, 공장건축 및 공장설립 완료보고를 거쳐 사업개시 및 기타 행정신고의 단계를 거치게 된다.

창업을 하려면 먼저 업종 및 사업 아이템을 선정한 후, 이에 대한 타당성 분석을 실시하고 사업규모, 기업형태, 창업 멤버와 조직 구성 등을 포함한 사업계획을 수립하여야 한다.

회사형태의 결정은 창업에 있어서 매우 중요하다. 창업자는 여러 가지 기업환경과 경영능력, 그리고 개인기업과 법인기업의 장·단점을 비교·평가하여 자기 실정에 맞는 기업형태를 선택하여야 한다.

회사형태를 개인기업으로 할 것이냐, 법인기업으로 할 것이냐의 선택은 생각보다 그렇게 어려운 일은 아니다. 그것은 단지 창업자 개인의 취향 문제일 뿐이다. 현실적으로 외형이 커지면 소득세 부담 때문에 법인으로 전환하는 경우가 많다.

창업기업을 설립할 경우에 세금, 자금조달, 향후 연속성 등 측면을 종합적으로 고려하여 개인기업 또는 법인기업 형태를 선택하여야 한다. 일반적으로 벤처기업을 창업할 생각이면 주식회사 형태로 하는 것이 보다 유리하다.

2.1 개인기업의 설립

개인기업은 개인이 독자적으로 출자하여 출자자인 동시에, 경영자로서 직접 회사를 운영하는 형태의 기업을 말한다. 그러므로 사업활동에 대한 모든 권리와 의무의 법률효과는 대표자 개인에게 모두 귀속된다. 개인기업은 소유와 경영이 일치하는 단독기업으로서, 기업 내에 법률상의 기관이 분화되어 있지 않고 회사의 규칙이라 할 수 있는 정관도 없다. 자연인으로서 개인은 권리능력에 아무런 제한이 없기 때문에 연령·성별·행위능력 등과 관계없이 누구나 개인기업을 설립할 수 있다.

개인기업을 설립하는 데는 「상법」에 따른 별도의 회사 설립절차가 필요하지 않아서, 법인사업자와 달리 그 설립 절차가 간편하고, 휴·폐업이 비교적 쉽다. 사업장을 갖추고 사업장 소재지 관할 세무서에 사업자등록 신청을 하여 영업을 개시하면 된다. 다만, 영위하고자 하는 업종이 법령에 의한 허가사업일 경우는 사업자등록 신청 전에 관계법령에 따라 행정관청으로부터 사업허가증을 발급받아야만 한다.

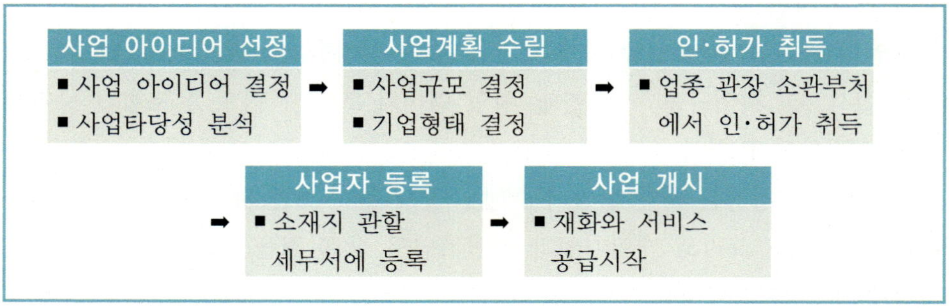

[그림 9-2] 개인기업 설립절차도

1) 인·허가 취득(개별법에 의한 인·허가 업종인 경우에 한함)

법령에 의하여 인·허가, 등록 및 신고를 획득하여야만 사업을 개시할 수 있는 업종은 미리 해당 업종을 주관하는 주무관청 또는 지방자치단체에서 인·허가를 취득하여야 한다. 이처럼 창업하는 업종에 대한 사업허가·등록·신고사항의 점검은 업종 선정과정과 함께 창업절차에 있어서 우선적으로 검토해야 할 사항이다. 왜냐하면, 인·허가 업종으로서 사업허가나 등록·신고 등을 하지 않고 사업을 하게 되면 불법이 되어 행정관청으로부터 사업장 폐쇄, 과태료, 벌금 등의 불이익 처분을 받게 될 뿐만 아니라, 세무서에 사업자등록을 신청할 때도 사업허가증이나 사업등록증 또는 신고필증을 첨부하지 않으면 사업자등록증을 받을 수 없기 때문이다.

2) 사업자등록

신규로 사업을 개시하는 자는 사업장마다 사업개시일로부터 20일 이내에 사업장 소재지 관할 세무서에 신고하여 사업자등록을 신청하면 된다. 신규로 사업을 개시하는 경우에는 사업개시일 전이라도 등록이 가능하다. 이처럼 사업인·허가 전에 등록을 하는 경우에는 사업인·허가증 사본 대신에 사업허가신청서 사본이나 사업계획서를 제출하면 된다.

사업자등록 신청 시의 구비서류로는 사업자등록신청서 1부, 사업인·허가증 사본, 주민등록등본 1부 등이다. 사업등록신청서에 기재할 사항으로는 인적사항과 사업의 종류, 개업일, 종업원수 등과 같은 사업장 명세(자가, 타가 및 임대인 명세, 임차료 지급 사항), 부가세 과세유형(일반과세자, 간이과세자, 과세특례자, 면세사업자) 등을 기재한다. 부가세 과세유형은 사업의 종류 및 형태 등을 고려하여 선택하는 것이 중요하다.

사업자등록 신청을 받은 세무서장은 사업자의 인적사항과 그밖에 필요한 사항을 기재한 사업자등록증을 신청일부터 3일(토요일, 공휴일 또는 근로자의 날은 제외함) 이내에 신청자에게 발급해야 한다. 다만, 사업장 시설이나 사업현황을 확인하기 위하여 국세청장이 필요하다고 인정하는 경우에는 발급기한을 5일 이내에서 연장하고 조사한 사실에 따라 사업자등록증을 발급할 수 있다.

3) 사업개시 및 기타 신고사항

사업자등록이 끝나면 법적으로 사업을 시작할 수 있는 절차가 완료되지만, 기타 행정절차를 필요로 하는 경우에는 근로자명부와 임금대장 작성, 취업규칙 작성신고, 국민연금·건강보험·산업재해보험 및 고용보험 등의 신고를 하여야 한다.

2.2 법인기업의 설립

법인기업은 영리를 목적으로 영업을 수행하므로 「상법」상의 회사에 해당된다. 이러한 법인기업은 합명회사, 합자회사, 유한책임회사, 유한회사, 주식회사 등 5가지로 분류할 수 있다[상법 제170조].

법인설립 절차는 전문가의 도움을 받아야 하며, 개략적인 내용만 설명을 한다.

1) 주식회사

주식회사는 자기가 인수한 주식의 금액을 한도로 회사에 대하여 출자의무를 부담할 뿐 회사 채권자에 대해서는 전혀 책임을 지지 않는 사원(유한책임사원), 즉 주주로만 구성되는 회사를 말한다. 주식회사의 자본금은 주주가 출자하여 회사성립의 기초가 된 자금을 말하는데, 주식회사의 최저자본금은 이전에는 5,000만 원 이상이었으나, 「상법」 개정으로 최저자본금 제도가 폐지되어 누구라도 손쉽게 저렴한 비용으로 회사를 설립할 수 있도록 하였다.

주식회사를 설립하려면 우선 ① 발기인을 구성하여, ② 회사의 상호와 사업목적을 정한 다음, ③ 발기인이 정관을 작성한다. ④ 주식발행 사항을 결정하고 ⑤ 발기설립 또는 모집 설립의 과정을 거쳐 ⑥ 법인 설립등기, 법인 설립신고 및 사업자등록을 하면 모든 설립행위가 완료된다.

이러한 주식회사의 설립 방식에는 발기설립과 모집 설립이 있는데, 발기설립은 발기인이 발행주식 총수를 인수하는 방식으로 회사를 설립하는 방법으로서, 설립절차가 간단한 편이다. 반면에, 모집 설립은 발기인이 주식의 일부를 인수하고, 나머지 주식은 발기인 외의 자인 주주(응모 주주)를 모집하여 인수하게 하는 방식으로 회사를 설립하는 방법으로서, 모집 설립에는 연고모집과 공개모집이 있다. 공개모집은 불특정 다수인을 대상으로 주주를 모집하는 방법이며, 연고모집은 발기인조합에 가까운 소수의 지인을 주주로 모집하는 방법이다.

[표 9-7] 발기설립과 모집설립의 차이

구분	발기설립	모집설립
기능	소규모 회사설립에 용이	대규모 자본 조달에 유리
주식의 인수	주식의 총수를 발기인이 인수	발기인과 모집주주가 함께 주식 인수
인수 방식	단순한 서면주의	법정기재사항이 있는 주식청약서에 의함
주식의 납입	발기인이 지정한 은행 그 밖의 금융기관에 납입	주식청약서에 기재한 은행 그 밖의 금융기관에 납입
납입의 해태	민법의 일반원칙에 따름	실권절차(「상법」 제307조)가 있음
창립총회	불필요	필요
기관구성	발기인의 의결권의 과반수로 선임	창립총회에 출석한 주식인수인의 의결권의 3분의 2 이상이고, 인수된 주식의 총수의 과반수에 해당하는 다수로 선임
설립경과 조사	이사와 감사가 조사하여 발기인에게 보고	이사와 감사가 조사하여 창립총회에 보고
변태설립 사항	이사가 법원에 검사인 선임 청구, 검사인은 조사하여 법원에 보고	발기인은 법원에 검사인 선임 청구, 검사인은 조사하여 창립총회에 보고

자료 : 법무부 중소기업법률지원단, 주식회사 설립절차, 2020, p.2.

(1) 발기인의 구성

발기인이란 정관을 작성하고 기명날인 또는 서명한 자로서, 실질적으로 주식회사의 설립을 기획하고, 그 설립사무를 집행하는 사람을 말한다. 발기인은 내·외국인 및 법인 또는 자연인에 관계가 없으며, 미성년자도 법정대리인(친권자 또는 미성년후견인)의 동의가 있으면 발기인이 될 수 있으며, 발기인은 정관에 반드시 기명날인하여야 한다. 주식회사의 설립에 관여하는 정도에 관계없이 정관에 기명날인 또는 서명한 자는 발기인이고, 정관에 서명 등을 하지 않는 자는 발기인이 아니다. 「상법」에서 발기인은 1주 이상의 주식을 인수할 것을 요구하고 있는 것이다. 주식회사 설립 시 필요한 발기인의 인원수에는 제한이 없으므로, 발기인의 구성은 1인만으로도 가능하다.

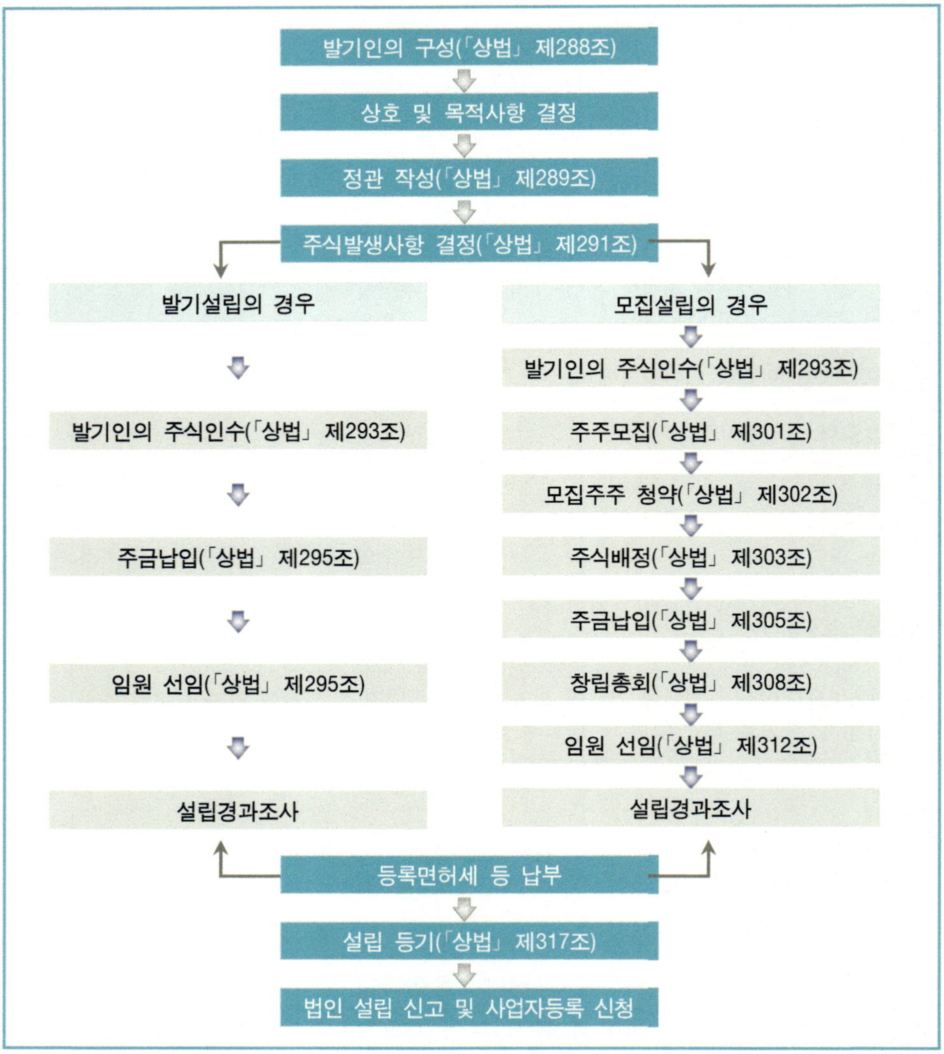

[그림 9-3] 주식회사의 설립절차

발기인조합은 발기인 2인 이상으로 구성되어야 하며, 이들은 주식회사 설립을 위한 업무를 추진한다는 합의를 하고, 발기인조합계약을 체결하여야 발기인조합이 형성된다. 이 발기인조합은 민법상의 조합으로서 민법 규정을 적용받으며, 발기인조합의 의사결정은 발기인의 과반수로 한다. 다만, 「상법」에서 발기인 전원의 동의가 필요한 것으로 규정하고 있는 정관 작성이나 주식 발행사항을 결정할 때(정관에 달리 정함이 없는 경우)에는 발기인 전원의 동의가 있어야 한다. 이러한 발기인조합은 회사가 성립하면 자동으로 소멸한다.

(2) 상호 및 목적사항 결정

회사의 설립목적은 회사의 존재이유 또는 수행하려는 사업에 관한 것이므로, 발기인은 정관을 작성할 때 회사의 목적을 정해야 한다. 또한 회사는 영리를 목적으로 하므로, 주식회사의 목적사업은 영리를 추구하는 사업이어야 한다.

주식회사의 이름을 상호라고 하는데, 원칙적으로 자유롭게 정할 수 있으나, 주식회사의 상호에는 반드시 '주식회사'라는 문자를 사용해야 한다.

상호를 결정할 때 동일한 영업에는 단일한 상호를 사용해야 하며, 설립하려는 주식회사에 지점이 있는 경우 지점의 상호에는 본점과의 종속관계를 표시해야 한다. 누구든지 부정한 목적으로 다른 사람의 영업으로 오인할 수 있는 상호를 사용해서는 안 된다.

한편, 「부정경쟁 방지 및 영업비밀보호에 관한 법률」에서는 국내에 널리 인식된 타인의 상호 등과 동일하거나, 유사한 것을 사용하여 타인의 영업상의 시설 또는 활동과 혼동하게 하는 행위를 부정경쟁행위로 보아, 이를 금지하고 있다.

회사의 상호는 설립등기 사항이므로 설립등기를 하면 자동으로 상호가 등기되며, 별도로 상호등기를 할 필요는 없다. 또한 타인이 등기한 상호는 동일한 특별시·광역시·시·군에서 동종영업의 상호로 등기하지 못한다.

(3) 정관 작성

정관이란 실질적으로는 회사의 조직과 활동에 관한 근본규칙 또는 이를 기재한 서면을 말한다. 발기인은 회사의 근본규칙을 확정하고, 이를 서면에 기재한 후 발기인 전원이 정관에 기명날인 또는 서명을 하여야 한다.

정관의 기재사항에는 ① 정관에 반드시 기재해야 하고, 만일 누락될 경우 정관이 무효가 되어 결과적으로 회사설립 자체가 무효로 되는 절대적 기재사항, ② 정관에 기재가 누락되더라도 정관의 효력에는 영향이 없지만, 해당 내용이 구속력을 가지기 위해서는 정관에 기재되어야 하는 상대적 기재사항, ③ 정관에 기재되어야만 효력이 생기는 것은 아니지만, 그 내용을 기재하면 그 기재대로 효력이 발생하는 임의적 기재사항이 있다.

정관은 곧 회사의 준칙이기 때문에 설립자는 물론이고, 그 후의 신입사원도 구속하는 자치적 법규의 성질을 가지므로 공증인의 인증이 있어야만 효력이 발생한다. 다만, 자본금 총액이 10억 원 미만인 회사를 발기설립하는 경우에는 공증인의 공증을 받을 필요 없이 각 발기인이 정관에 기명날인 또는 서명함으로써 효력이 발생한다.

(4) 주식발행사항의 결정

주식발행사항이란 정관의 절대적 기재사항(① 회사 설립 시에 발행하는 주식의 총수와 ② 1주의 금액) 외에 자본금에 관한 구체적인 사항을 결정하는 것으로서, 회사설립 시에 발행하는 주식에 관한 다음의 사항에 대해 정관에 다른 규정이 없는 경우 발기인 전원의 동의로 결정하는 사항을 말한다.

발기인의 전원동의를 필요로 하는 사항에는 ① 우선주, 보통주, 무의결권주와 같은 주식의 종류와 수, ② 액면 이상의 주식을 발행할 때에는 그 수와 금액, ③ 무액면 주식을 발행하는 경우에는 주식의 발행가액과 주식의 발행가액 중 자본금으로 계상하는 금액 등이다.

(5) 이후 절차

발기설립 또는 모집설립, 등록면허세 등 납부, 법인 설립등기, 법인 설립신고 및 사업자등록 신청의 절차로 진행한다.

2) 합명회사 및 합자회사

합명회사는 2인 이상의 무한책임을 지는 사원으로 구성된 회사로서 각 사원이 회사의 채무에 대해 연대해 무한책임을 지는 회사를 말하며, 합자회사는 무한책임사원과 유한책임사원으로 구성된 회사로서 무한책임사원은 회사의 채무에 대하여 무한연대 책임을 지고, 유한책임사원은 출자금액의 한도 내에서 책임을 지는 회사를 말한다. 이러한 합명회사와 합자회사의 설립절차는 다음과 같다.

(1) 회사설립 준비단계

회사의 설립목적 및 명칭을 정하고 정관을 작성하게 된다.

(2) 회사 설립등기 및 신고 단계

출자금을 납입한 후 회사 본점 소재지를 관할하는 법원등기소에 합명회사 또는 합자회사 설립등기를 한다. 그리고 설립등기 후 납세지 관할 세무서장에게 법인 설립신고 및 사업자등록을 해야 한다.

3) 유한책임회사

유한책임회사는 출자자인 사원이 직접 경영에 참여할 수 있는 반면, 각 사원은 자신이 출자한 투자액을 한도로 법적인 책임을 부담하는 형태의 회사를 말하는데, 이러한 유한책임회사의 설립절차는 다음과 같다.

(1) 회사설립 준비단계

회사의 설립목적 및 명칭을 정하고 정관을 작성한다. 유한책임회사의 사원은 정관을 작성할 때 반드시 회사의 목적을 기재해야 하므로, 정관작성 전에 미리 회사의 설립목적을 정해야 한다.

(2) 출자의 이행단계

유한책임회사의 사원은 정관 작성 후 설립등기를 하는 때까지 금전이나 그 밖의 재산의 출자를 전부 이행해야 한다.

(3) 회사 설립등기 및 설립신고 단계

출자금을 납입한 후 회사 본점 소재지를 관할하는 법원등기소에 유한책임회사의 목적, 상호, 존립기간, 자본금의 액, 업무집행자의 성명 등에 관한 사항을 설립등기해야 한다. 그리고 설립등기 후 납세지 관할 세무서장에게 법인 설립신고 및 사업자등록을 해야 한다.

4) 유한회사

유한회사는 사원의 지위가 지분의 형식을 취하고, 모든 사원이 출자금액을 한도로 유한의 출자의무를 부담할 뿐, 회사채권자에 대하여 어떠한 직접 책임도 부담하지 않는 회사형태를 말하는데, 이러한 유한회사의 설립절차는 다음과 같다.

(1) 회사설립 준비단계

회사의 설립목적 및 명칭을 정하고 정관을 작성한다. 유한회사의 사원은 정관을 작성할 때 반드시 회사의 목적을 기재해야 하므로, 정관 작성 전에 미리 회사의 설립목적을 정해야 한다.

(2) 출자의 이행단계

사원총회를 개최하여 초대 이사를 선임한 후, 출자금 전액 또는 현물출자의 목적인 재산 전부를 납입해야 한다.

(3) 회사 설립등기 및 설립신고 단계

출자금을 납입한 후 유한회사의 대표자가 회사 본점 소재지를 관할하는 법원 등기소에 유한회사의 설립등기를 신청해야 한다. 설립등기 후 납세지 관할 세무서장에게 법인 설립신고 및 사업자등록을 해야 한다.

Chapter 10 창업자금의 조달과 창업지원제도

제1절 창업자금의 조달

1.1 창업자금 조달의 성격

1) 창업자금 조달의 중요성

창업자금의 확보는 현실적인 창업추진의 출발점이라 할 수 있다. 창업하는 사업의 종류에 따라서 자금수요의 규모나 패턴이 달라지고 창업이 실제로 어떠한 과정을 거치면서 수행되는가에 따라서도 자금의 수요는 상이하다.

그러므로 자금조달은 창업 초기단계뿐만 아니라 성장단계에서도 매우 중요하다. 이는 기업이 창업을 할 때는 물론이고, 경영활동과정에서의 자금조달이 기업의 성공과 실패를 결정하는 가장 중요한 요소 중의 하나이기 때문이다.

창업자가 창업에 실패하는 주요한 요인으로는 경영관리의 미숙과 시장확보의 실패 또는 급변하는 사업환경에 능동적으로 대처하지 못하는 경우 등의 여러 가지 이유가 있겠지만, 결정적인 사업실패의 원인은 창업자금의 부족에 있는 경우가 대부분이다.

창업을 할 때 자금이 얼마나 필요할지, 언제 필요할지, 그리고 이러한 의사결정이 경영활동에 어떠한 영향을 미칠지를 알 수 있다면 그 창업은 보다 성공적으로 이루어질 수 있을 것이다.

창업자들의 주요 관심 중 하나는 필요한 자금을 어디서, 어떻게 마련하는가의 문제이다. 초기에 지분투자방식 중심으로 자금을 조달하는 경우, 창업자의 지분비율은 빠르게 줄어든다. 증자과정에서 어떠한 비율로 자금을 조달하는가에 따라 창업자에게 돌아올 수 있는 미래의 수익에 커다란 차이를 나타내게 된다.

부채비율이 증가하면 도산의 위험이 높아지게 되며, 사업실패의 경우 창업자의 개인적 채무가 되거나 신용불량상태에 빠지게 된다.

2) 창업자금의 종류

창업에 필요한 자금은 시설자금과 운전자금으로 구분이 된다. 시설자금은 사업장을 확보하는 비용과 필요한 비품의 구입비, 그리고 제조업일 경우 제품 생산에 필요한 생산설비의 구입비 등이며, 운전자금은 사업을 개시한 후 물건을 팔아서 회사에 현금이 들어올 때까지 회사 운영에 필요한 재료비, 인건비, 경비 등이다.

일반적으로 사람들은 시설자금에 대해서는 어느 정도 근접하게 예상금액을 산출해낸다. 여기저기 가격도 알아보고 견적서도 받아서 비교해보고 적정한 가격으로 시설 리스트를 산출한다. 그러나 중요한 것은 운전자금에 있다.

사업을 시작한다고 해서 곧바로 회사에 돈이 들어오는 것은 아니다. 제조업의 경우 제품을 만들어서 납품을 해야 하고 결제되는 자금은 3개월 후에야 돈으로 만져볼 수 있는 어음일 수도 있다.

이렇듯 영업활동으로 인하여 정상적인 자금 유입이 이루어지기까지의 시간, 즉 1회전 운전자금의 기간을 일반적으로 제조업은 3개월, 기타 유통·서비스업 등은 1~2개월로 보고 있으나 여러 가지 원인으로 인하여 그 기간이 더 길어질 수 있다. 그럼에도 불구하고 대부분의 창업자들은 운전자금 소요기간을 짧게 잡거나 아니면 대충 얼마 정도 필요할 것이라는 주먹구구식 자금계획을 잡는 경우가 많다.

창업 소요자금에는 사업의 종류에 따라 그 형태나 비용항목들이 모두 다르나, 일반적으로 자금의 성격(용도)을 기준으로 하여 자산을 구입하는 자금으로 시설자금, 경비로 지출되는 자금으로 운전자금, 그 외 예비자금으로 구분된다.

3) 창업자금 조달의 원천

일반적인 창업의 경우 초기에는 대개 창업자 본인의 자금으로 시작한다. 그 후 사업이 진전됨에 따라, 자본이 더 필요해지면 외부로부터의 조달을 증가시키게 된다. 그러나 벤처창업의 경우에는 창업 시점에서 적절한 외부자원의 동원을 염두에 두고 시작하여야 한다. 위험이 높은 자금동원은 여러 가지 면에서 적절치 않으며, 또한 자금조달의 적시성이 기업 경쟁력의 확보와 유지에 결정적인 요소이기 때문이다. 기업의 성장단계에 따라 위험과 보상을 고려한 다양한 방법의 자금조달이 필요하다.

창업자금을 조달할 때 고려해야 할 사항으로는 ① 자금조달비용 ② 자금조달의 안정성 ③ 자금조달의 난이성 등이다.

(1) 자금조달비용

자금조달비용을 구성하는 가장 큰 요소는 자금조달에 수반하는 차입금리 또는 주식의 배당률이나 회사채 등의 발행금리이다. 이외에 자금조달을 할 때 수반되는 인지대, 감정수수료, 등기비용, 지급보증료 등의 부대비용과 함께, 차입을 전제로 요구되는 구속성 예금 가입이 있는 경우에는 차입금리와 예금금리의 격차 또한 금융비용으로 고려되어야 한다.

(2) 자금조달의 안정성

자금조달의 안정성은 상환기간의 장·단기와 관계된다. 예를 들어 공장을 짓거나 생산시설 투자자금을 단기 차입금으로 조달하는 경우 고정자산에 투하된 투자자본의 회수 이전에 차입금 상환기일이 도래하게 되면, 기업은 자금 상환이 곤란하게 되어 자금조달의 안정성은 떨어지게 된다. 그러므로 재료비, 인건비, 경비 등의 유동자금은 단기차입금으로 조달하고, 시설투자 등의 고정자산은 장기차입금으로 조달하는 것이 좋다.

(3) 자금조달의 난이도

자금조달시 융자절차 등 여러 과정을 거쳐야 경우 자금조달에 제약이 따를 수 있으므로 각 자금별로 조달상의 난이도를 감안하여 자금조달원을 정해야 한다. 예를 들면 사채 발행의 경우 발행회사의 재무면을 고려하여 발행한도에 제한을 하며, 일반 금융기관에서의 차입금 대출 시에도 기업의 신용도, 담보제공 능력을 평가하여 대출한도를 정하게 된다.

1.2 창업자금의 조달방법

창업자의 필요자금은 크게 두 가지 방법을 통하여 조달할 수 있다. 하나는 창업자, 그리고 동업자가 있다면 그들이 보유한 자금으로 충당하는 것이고, 또 하나는 대외적인 신용을 바탕으로 외부로부터 자금을 조달하는 방법이다.

[표 10-1] **창업자금의 조달원천**

구분		내용
본인투자자금		• 가장 기본적인 원천 • 기업주가 조달 가능한 자금이 어느 정도인가에 따라 결정
외부 영업자본	동업자금	• 자금동원 용이 • 경영상의 시너지효과
	엔 젤	• 창업 후 자금이 곤란한 시기에 투자 • 벤처캐피털보다 High-risk High-return • 자본뿐만 아니라 경험이나 판매 등에서도 역할 수행
정부재정자금		• 주로 기간이 장기이며, 융자금리가 낮음.
벤처캐피털		• 벤처기업의 창업과 성장에 있어 가장 중요한 창업자금 조달원천
공공기관에 의한 직접투자		• 중소기업진흥공단, 한국산업단지공단 등 • 기업은행, 산업은행 등 국책은행
금융기관 일반차입금		• 대출업무 외에도 투자업무의 취급을 확대

자료: 한정화, 벤처창업과 경영전략, 홍문사, 2003, p.211.

1) 자기자금의 조달

창업 준비금을 일반적으로 종잣돈이라고 부르는데 종잣돈의 출처로는 창업자 자신이 보유하고 있는 현금이 가장 대표적이라고 할 수 있다. 일단 본인의 자금으로 사업을 시작하게 되면 다른 원천으로부터 자금을 끌어 쓰는 경우에 비해 몇 가지 이점이 있다. 가장 큰 이점은 자신의 돈이기에 지출에 있어 보다 신중을 기하게 된다. 또 다른 이점은 사업이 진행되면서 만나는 다른 투자자들에게 신뢰를 줄 수 있다.

[표 10-2] 창업자금 조달방법

자기자금	창업자자금	예·적금, 퇴직금, 유가증권, 부동산 매각자금
	현물출자금	창업자·투자자가 보유한 현물(사업장, 차량, PC 등)
	투자자자금	후원금, 주주출자금, 동업자자금, 기관투자가 자금
타인자본	정책금융	창업지원자금
	일반금융	은행, 저축은행, 보험회사, 리스
	사채	친·인척, 동료, 사금융

2) 벤처캐피털을 통한 자금조달

(1) 벤처캐피털의 개념

창업단계의 벤처기업은 고도의 기술력과 장래성은 있으나, 아직 경영기반이 취약해 일반 금융기관으로부터 간접금융을 받기 어렵다. 이 단계의 벤처기업은 높은 위험성이 있지만 성공하면 높은 수익성이 보장되기 때문에, 이들 기업에 대해 주식 취득 등의 형식으로 투자를 제공하는 자본투자기관, 또는 이를 수행하는 기관의 자본 그 자체를 벤처캐피털(VC : venture capital)이라고 한다.

기업에 자금을 지원한다는 측면만을 고려할 때, 벤처캐피털은 은행을 비롯한 일반 금융기관과 유사한 성격을 가진다고 볼 수 있으나, 융자를 위주로 하는 금융기관과 자금의 지원방식, 투자자금의 회수방법, 성과보수 등에서 현격한 차이가 있다.

[표 10-3] 벤처캐피털과 일반금융기관의 비교

구 분	지원형태	담보	투자금 회수방법	성 과 보 수	리스크
벤처캐피털	투자	없음	상장 후 매각	투자기업의 경영성과에 따른 큰 차이	많음
일반 금융기관	융자	있음	일정기간 후 원금회수	일정금리	없음

자료: 김철교·조준희, 벤처경영과 경영, 삼영사, 2001, p.225.

자금지원 내용면에서 볼 때는 기존 금융기관과 확실히 구분된다. 일반적인 금융기관의 자금지원 형태가 충분한 담보를 확보한 후 융자의 형태로 자금지원을 해주고 일정한 금리를 받는 방식이라면, 벤처캐피털은 기술력은 있으나 담보력이 취약한 벤처기업에 무담보 주식투자의 형태로 자금을 지원한 후 투자기업이 성장·발전하면 보유주식을 매각하여 투자금을 회수하는 방식이다.

이러한 차이는 투자위험과 투자 수익성 측면에서도 구분될 수 있다. 일반적인 금융기관이 충분한 담보력으로 투자기업의 성패에 따라 큰 투자위험을 부담하지 않는 반면에, 벤처캐피털은 벤처기업의 경영성과에 따라 크게는 수배 또는 수십 배의 성공보수를 얻은 수도 있고, 반대로 투자금을 전혀 회수할 수 없는 경우도 발생할 수 있다. 투자기업과 위험부담을 함께 하기 때문에 수동적인 기능을 수행하는 금융기관의 융자와는 성격이 다르다.

이러한 벤처캐피털은 벤처기업에 자본을 투자하며 경영관리상의 협력관계를 유지하고, 창업기업이 주식을 상장하면 주식 공개 등을 통하여 투자한 주식의 매각으로 높은 자본이득을 얻는 것을 목적으로 한다.

(2) 벤처캐피털의 역할

① 유망 벤처기업의 선정과 육성

기술력은 뛰어나지만 경영기반과 신용이 아직 취약한 초기의 벤처기업에 자금을 공급하고 경영을 지원하는 기능을 한다. 이와 같은 특성을 활용하여 성장 가능성이 있는 초기단계의 벤처기업을 선정하여 육성하는 역할을 수행한다.

② 국민경제의 활성화

생산성 하락과 대기업의 국제경쟁력 약화 등 여러 가지 문제를 안고 있는 경제에 활력을 불어넣는 역할을 수행하고 있다.

③ 미상장기업의 자기자본 확충

벤처기업에 증자 등을 통한 자금조달을 가능하게 함으로써 미상장 창업기업들이 자기 자본을 확충하는데 기여하며, 이들 기업의 재무구조를 개선시키는 역할을 한다.

④ 산업조직의 활성화

벤처기업의 성장과 발전은 중소기업과 대기업 간의 제반 거래에 있어서 보다

대등한 입장에서 수행되도록 촉진하며, 나아가 기업간 경쟁을 촉진함으로써 산업조직의 활성화에 기여한다.

(3) 벤처캐피털의 투자 방법

일반적으로 사업성 기회, 경쟁관계, 경영진, 기술적 타당성, 재무계획 타당성, 투자회수 가능성 및 투자수익률 등이 평가기준이다. 벤처캐피털이 가장 이상적인 투자대상으로 보는 것은 고수익의 산업 주도기업의 설립에 투자하여 4~7년 내에 상장 또는 매각하여 높은 투자수익률을 실현하는 것이다.

① **주식투자** : 벤처캐피털이 벤처기업에 먼저 자금을 지원하고, 그 벤처기업의 주식을 인수하여 추후 주식 매각을 통해 시세차익을 얻거나 배당금을 지급받아 투자자금을 회수하는 방식이다.

② **전환사채** : 회사채로 발행되지만 일정한 기간이 지나면 사채권자의 청구가 있을 때 미리 결정된 조건대로 발행회사의 주식으로 전환할 수 있는 특약이 있는 사채이다. 전환사채(convertible bond)는 주식과 같이 가격이 변동하므로, 사채권자는 이자 외에 가격 상승의 이익을 얻을 수 있다. 전환사채를 발행하려면 정관 또는 정관변경에 관한 특별결의로서 전환의 조건, 전환으로 인하여 발행할 주식의 내용, 전환을 청구할 수 있는 기간 등을 정하여야 한다.

③ **약정투자** : 벤처캐피털과 벤처기업 간에 투자기업의 매출액과 투자원금 또는 순이익 등의 경영성과에 대하여 일정 비율의 투자금 사용료 지불 등 투자조건을 미리 약정하고 자금을 지원하는 방법이다. 일정기간 경과 후 사업이 성공하면 주식전환 등의 방식으로 투자하고, 실패하면 투자원금의 일부만을 상환하는 방법이 있다. 약정투자는 지분투자에 비해 최고 상환금을 투자조건으로 설정할 수 있기 때문에 투자위험을 줄일 수 있으며, 절차도 비교적 간단하다.

④ **자금대여** : 투자기업의 성장단계별 일시적인 운용자금을 은행의 융자와 유사한 형태로 일정 금리를 받고 자금을 지원하는 방법이다.

⑤ **프로젝트 투자** : 영상 및 음반물의 제작, 기술개발 등과 같이 특정 사업의 수행을 위하여 계약을 통해 소요자금을 지원하고 수익을 배분하는 방법이다.

3) 엔젤을 통한 자금조달

(1) 엔젤의 개념과 성격

엔젤(angel)은 기업화 초기단계(early stage)에 천사처럼 나타나 필요한 자금을 공급해주고 경영지도를 해주는 개인투자가를 말한다. 엔젤은 주로 사업구상에서 초기 성장단계에 걸쳐 창업기업의 후견인 역할도 한다. 그리고 창업 직후 자금조달이 어려운 기업에 대해 필요한 자금지원과 경영자문을 수행하기도 한다.

우리나라에서는 엔젤을 벤처기업 육성에 관한 특별조치법상에 창업 후 3년 이내인 벤처기업 또는 벤처기업 전환 후 3년 이내인 기업에 투자(주식, 전환사채, 신주인수권부사채 인수 등)하는 것으로 정의하고, 조세감면 등을 지원하고 있다.

[표 10-4] 엔젤과 벤처캐피털 비교

	엔 젤	벤 처 캐 피 탈
투자단계	사업구상에서 발아 또는 성장 초기단계	창업 후 주식공개까지의 후기 성장단계
투자동기	고수익성·친분·인연 중시	고수익성
지원내용	자금지원 및 다양한 전문 노하우 제공	자금지원 중심
투자재원	개인재산	투자가를 모집하여 펀드 조성
자격요건	자격요건 없음	일정한 법적 자격요건 존재
위험수용도	상대적으로 큼	상대적으로 작음
투자수익성	상대적으로 큼	상대적으로 작음
피투자가의 위치	근거리 선호(160㎞ 이내)	거리제한 없음
신분노출의 여부	익명 선호	공개적
투자가와 피투자가의 만남	우연성이 큼	사전적으로 공지
투자관리	불관여, 자문	경영참여, 감시
찾는 방법	개인적 채널	찾기 쉬움
형태	클럽	회사 또는 조합

즉 벤처기업에 5년 이상 투자하는 엔젤(개인투자자) 및 엔젤투자조합에 대하여 투자소득세를 감면해 주는데, 이 경우 엔젤과 투자기업간에 특수관계가 없어야 한다. 특수관계란 친척, 본인이 대표이사이거나 그 주식의 50% 이상을 보유한 법인 또는 그 법인이 그 주식의 30% 이상을 출자한 법인 등이다.

엔젤의 특징은 매우 유망한 사업만을 골라서 투자하려 하고 공식적으로 알려지는 것을 좋아하지 않는다. 또한 언제라도 좋은 기회만 오면 다른 투자자들과 연대하려 하고, 창업자가 찾아오길 기다리는 것보다 그들이 스스로 창업자를 찾아 나서는 경향이 있다. 엔젤과의 만남이 창업자의 자본조달에 있어 행운이 되는 반면, 위험을 가져올 수 있다는 점도 간과하여서는 안 된다.

엔젤과 벤처캐피털은 벤처기업에 대해 자금공급과 경영지원을 한다는 공통점을 가지고 있으나, [표 10-4]에서 보는 것처럼 투자 단계, 동기, 지원내용, 위험도 등 여러 면에서 차이가 있다.

(2) 엔젤의 유형

① 리드엔젤

기업가로 성공하여 큰 자금을 번 자산가나 창업경험이 있는 50세 전후의 성공한 은퇴 경영자로서 벤처기업 지원에 주도적인 역할을 하고 있으며, 풍부한 자금과 경영 경험 및 기술평가능력 등을 보유하고 있어 비상근 임원으로 참여하기도 한다.

② 서포트 엔젤

전문지식을 가지고 창업자를 지원하는 변호사, 회계사, 컨설턴트 등의 전문직 종사자 또는 벤처기업의 지인을 말한다. 간접적인 지원을 주로 하지만 자기 자금을 투자하기도 한다.

(3) 엔젤의 필요성

설립 직후의 벤처기업은 생산설비가 없고, 재고부담이 없어 많은 자금을 필요로 하지 않으나, 대부분의 연구개발단계에서는 그 연구가 획기적인 제품으로 이어져 성공할지 여부가 불확실하기 때문에 자금조달이 어려운 시기이다. 벤처캐피털은 사업화가 이미 이루어진 기업에 집중을 한다. 더욱이 경기침체로 인한 자금 회수가 어려운 경우 신생 벤처기업 투자에 소극적이다. 따라서 신생 벤처기업의 경우 투자규모가 작기 때문에 엔젤투자가 필요한 실정이다.

따라서 엔젤은 다음과 같은 이유 때문에 더욱 그 필요성이 증대된다.

① 신생 벤처기업의 장기적인 자금조달의 어려움을 해결하기 위해서이다.
② 신생 벤처기업은 주식시장을 통해 자금조달이 불가능하기 때문이다.
③ 금융기관의 차입에 의존하면 부채비율 상승으로 도산의 원인이 되기도 한다.
④ 창업 유치 단계에서 투자유치를 위한 환경이 열악하기 때문이다.

4) 인터넷을 통한 직접 공모

최근에는 벤처기업들이 투자자들로부터 자금을 조달하기 위하여 인터넷을 통한 주식공모를 실시하고 있다. 이 방법은 증권회사의 도움 없이 일반투자가를 대상으로 인터넷을 통하여 주식을 공모하는 것으로, 즉 증권회사에 신주발행절차와 주식대금에 관한 업무를 의뢰하지 않고, 자기 회사의 홈페이지나 매스컴을 통해 투자자를 모집한다는 광고를 한 후 투자자들로부터 직접 입금을 받고 주권을 교부하는 것이다. 인터넷 공모는 벤처기업의 창의성을 존중하고 투자자가 자기 책임 아래 모든 위험을 감수한다는 것을 전제로 하며 법적 용어가 아닌 일반적으로 통용되는 용어이다.

벤처기업의 측면에서 보면, 증권회사를 통하지 않고 직접 자금을 조달하고, 소액 투자자들을 모집하여 주식을 분산한다는 측면에서는 긍정적이다. 그러나 투자자 측면에서 보면 인터넷으로 주식을 공모하였으나, 코스닥시장에 상장을 못하거나 연기될 경우에는 투자자들이 손해 볼 가능성도 있다.

인터넷을 이용한 주식공모 절차는 비교적 간단하다. 신주발행에 대한 이사회의 결의→공모계획서 제출 및 공모주식평가→홈페이지 등을 이용한 청약안내→청약→청약 결과 집계 및 배정 공고→주금 납입→주권 교부이다. 특히 인터넷을 통한 10억 원 미만을 유상증자 할 때는 유가증권신고서와 예비사업설명서 등의 절차가 대폭 간소화된다.

5) 은행을 통한 자금조달

간접금융의 대표적인 형태인 은행을 통한 자금조달은 창업기업에게 그렇게 쉬운 원천은 아니다. 일반적으로 은행은 대출규정상 담보를 원칙으로 하기 때문에 창업기업에게 진정으로 필요한 신용대출은 우리나라의 현실에서는 상당히 어렵게 보이지만, 기술력 있는 벤처기업의 기술을 담보로 신용보증을 하여 주는 기술신용보증기금이 운용되고 있다. 이와 같이 은행을 이용할 때 고려사항은 우선 거래은행이나 금융기관 상품의 혜택을 알아보고 창업자의 신용대출 여부나 담보제공능력을 고려하여야 한다. 담보제공능력이 부족할 때는 보증인 여부와 신용보증기금 등 보증기관 활용 여부를 알아보는 것이 필요하다.

6) 자산담보대출을 통한 자금조달

기업은 보유하고 있는 대부분의 자산을 차입금에 대한 담보로 사용할 수 있다. 무담보 대출을 받으려면 사업이 상당기간 동안 이익을 내어야 하므로, 창업기업의 경우 거의 대부분 불가능에 가깝다고 볼 수 있다. 따라서 이들 기업은 보다 손쉬운 자산담보대출을 받을 수밖에 없다. 자산담보대출이란 회사가 채권자에게 회사 보유재산에 대한 일차 저당권을 부여하는 것이다. 따라서 만약의 경우 약정대로 원리금 상환이 불가능할 때 채권자는 자산을 대신 소유하게 된다.

1.3 창업자금의 운용계획

창업자는 성공적인 창업자금의 조달과 효율적인 자금운용을 위해서 필요자금의 예측과 자금조달 전략 수립에 역점을 두어야 한다.

1) 창업자금 조달 시 고려요인

창업 준비단계에서는 창업자 자신의 저축이나 친분 있는 사람들로부터 빌린 자금으로 시작하는 경우가 많다. 그러나 점차 기업이 성장하면서 그 필요자금의 규모도 커지게 됨에 따라 외부의 자금 원천을 갖게 되며, 그 조달 시기 역시 중요한 문제가 된다.

성장단계별로 필요한 자금조달의 원천과 시기를 파악하기 위해서 시간의 경과에 따라 사용 가능한 자금의 원천을 예시하는 재무수명주기(financial life cycle)가 사용된다. 고도의 잠재력을 가진 기업의 경우 다양한 자금 원천을 가지고 있으며, 기업공개에 이르게 될 가능성이 큰 기업인 반면, 저성장 기업은 자신의 개인자금으로만 유지하는 전통적인 형태라고 할 수 있다.

창업을 하고 기업을 운영하는데 적정한 자금 규모는 어느 정도인가를 결정하는 것은 쉬운 일이 아니므로, 자금조달 시 창업자는 우선 자금조달에 대한 고려요인 및 영향요인에 대한 평가를 한 후 자금을 조달할 필요가 있다.

먼저 자금조달 시는 기본적으로 ① 소요자금의 액수는 얼마인가? ② 자금의 용도는? ③ 조달된 자금에 의하여 어떻게 경영성과를 향상시킬 수 있는가? ④ 채무상환능력과 계획은? ⑤ 사업이 순조롭지 못한 경우 추가적 자금조달에 관한 대안은? 등을 고려하여야 한다.

또한 영향요인으로 ① 자금시장 동향, ② 자금조달기간, ③ 자금조달비용, ④ 사업의 매력, ⑤ 인간관계, ⑥ 경제 및 산업계 동향 등을 평가하여야 한다. 영향요인 중 사업의 매력은 유망하다고 판단되거나 뉴스거리가 될만한 사업이라면 그만큼 자금조달이 용이할 것이라는 것을 의미하며, 인간관계요인은 은행이나 개인투자자들과의 친밀성이나 신뢰를 의미하는 것으로 인간관계가 좋을수록 자금조달이 용이하다는 것을 나타낸다.

2) 창업자금의 조달과 운용계획 수립

자금조달과 운용계획은 중장기 및 단기로 나누어 수립하는 것이 합리적이다. 이러한 자본조달과 운용계획 수립 시의 고려사항은 다음과 같다.

(1) 총 소요자금 규모에 따른 조달 계획 수립

창업단계에서 총 소요자금 산정은 여러 측면에서 정확한 산정이 현실적으로 어려운 것이 사실이다. 공장 건설비 견적의 부정확, 기계설비내용 및 성능 차이에서 오는 소요자금 차이뿐만 아니라, 예측치 못한 여러 상황에 따라 추가로 자금이 소요되는 경우도 많다. 그러므로 자금조달계획을 수립할 때에는 총소요자금을 최대한 정확히 산정하되, 소요자금의 불확실성 및 소요자금 산출상의 누락분 등을 감안하여 총 소요자금의 1.5배 내지 2배를 미리 확보한 후 사업을 시작하는 것이 좋다.

이는 어느 정도 여유자금을 가지고 시작하여야 한다는 의미이다. 즉 공장 건설의 지연, 시운전 기간의 연장, 개업 준비 지연, 그리고 매출액 증가에 따른 추가 운전자금 소요 등을 충분히 감안함으로써 창업절차상 부족자금을 사전에 예방하자는 뜻에서이다.

(2) 자금조달 능력 검토

경영자 또는 창업 멤버들의 자금조달 능력은 인적자원, 금융기관 인맥, 담보력, 신용력 등의 총체적 개념이다. 자금조달 능력은 자금조달에 따른 위험 정도에 구분하여 볼 수 있는 바, 창업자 또는 창업 멤버들의 실정에 맞춰 그 조달범위를 결정하여야 한다.

(3) 사업규모의 적정성 평가

자금조달 능력이 자금조달액에 미치지 못하면 사업규모를 축소하지 않으면 안 된다. 사업규모는 보수적인 사고방식에 입각하여 자금조달의 2/3 내지 1/2 정도로 축소하여 결정하는 것이 현명하다. 사업을 하다 보면 추가로 소요되는 경우가 반드시 발생할 수밖에 없기 때문에, 안정적인 경영을 수행하기 위해서는 사업규모를 축소 조정함이 타당한 판단으로 여겨진다.

3) 창업자금 관리

조달된 자금을 어떻게 쓰고 관리하여야 하는가의 문제는 창업기업의 장·단기 재무전략 수립에 직결된다. 자금관리에 있어 중요한 사항은 조달된 자금으로 어떻게 기업의 가치를 창출할 수 있을 것인가, 창출된 가치를 어떻게 배분하며, 또한 어떻게 다시 활용할 것인가, 그리고 관리에 따른 위험을 어떻게 관리하여야 할 것인가의 문제를 고려하여야 한다.

(1) 현금흐름 예측

현금이 언제, 얼마만큼이나 필요하게 될 것인가의 문제는 여러 요인들이 복합적으로 작용하게 된다. ① 기업의 전략에 따라 달라진다. 창업자가 사업에 대해 어떠한 전략을 사용하느냐에 따라 자금의 양이나 필요시기는 달라지는 것이다. ② 기업이 속한 업종이나 산업에 따라 달라진다. 기업이 속한 산업의 창업자금이나 현금 회전기간을 고려하여야 하기 때문이다. 물론 전통적인 산업이라면 어느 정도의 예측이 가능하겠지만, 창업기업의 경우 새로운 시장에서의 게임이기 때문에 이러한 예측이 더욱 힘들다. ③ 현재 기업자금조달의 구성을 고려하여야 한다. 자금구성에서 부채의 비중이 많다면 이자지급이나 상환 등을 고려하여야 한다. ④ 기업이 생산하는 제품이나 서비스가 거래 고객에게 얼마나 영향을 주는가가 현금흐름에 영향을 미친다. 영향을 미치는 힘이 크다면 외상거래보다 현금거래를 가능하게 할 수 있으므로, 그만큼 현금 회전을 빠르게 할 수 있다.

(2) 재무전략 수립

재무전략을 수립하기 위해서는 현재까지의 경영실적과 성과, 투자자가 인식하고 있는 위험, 산업과 기술, 기업의 잠재력과 예상되는 퇴출시기, 기업의 연령과 발전단계, 예상 성장률, 투자자의 요구수익률과 내부수익률, 필요 자본금액과 기업의 자체 설정액, 성장·통제·유동성·회수 등에 관한 설립자의 목표, 상대적인 교섭 위치, 투자자의 요구조건 및 계약 등과 같은 요인들이 고려되어야 한다.

제2절 창업지원제도

2.1 창업지원제도의 체계

국가경제의 내실 있는 성장·발전과 지역 간 균형성장, 고용확대, 기술개발 촉진, 수입대체 및 수출촉진, 국가경쟁력 강화 등을 위해서는 중소기업이 탄탄한 저변을 형성할 수 있도록 창업을 촉진하여야 한다.

정부는 1986년 5월 12일 「중소기업창업지원법」을 제정하였으며, 중소기업의 창업을 지원하고, 창업 중소기업이 성장·발전할 수 있도록 절차를 간소화하고, 금융·세제지원 등 종합적인 창업 촉진 대책을 강구하는 등 정책적 노력을 집중하고 있다. 특히 1996년 2월 12일 중소기업청 개청을 계기로 규제완화 대상을 적극 발굴하여 보다 쉬운 창업이 될 수 있도록 노력하고 있다. 이밖에 중소기업진흥 및 제품구매촉진에 관한 법률(제41조 ~ 제46조)과 조세감면규제법(제6조, 제113조 ~ 제115조) 등의 관련 법령에 따라 창업지원이 행해지고 있다.

또한, 산업통상자원부(중소기업청)에서는 2000.1.21(법률 제6194호)에 중소기업창업지원법의 전문개정을 통하여 획기적으로 창업지원을 적극적으로 추진하고 있다.

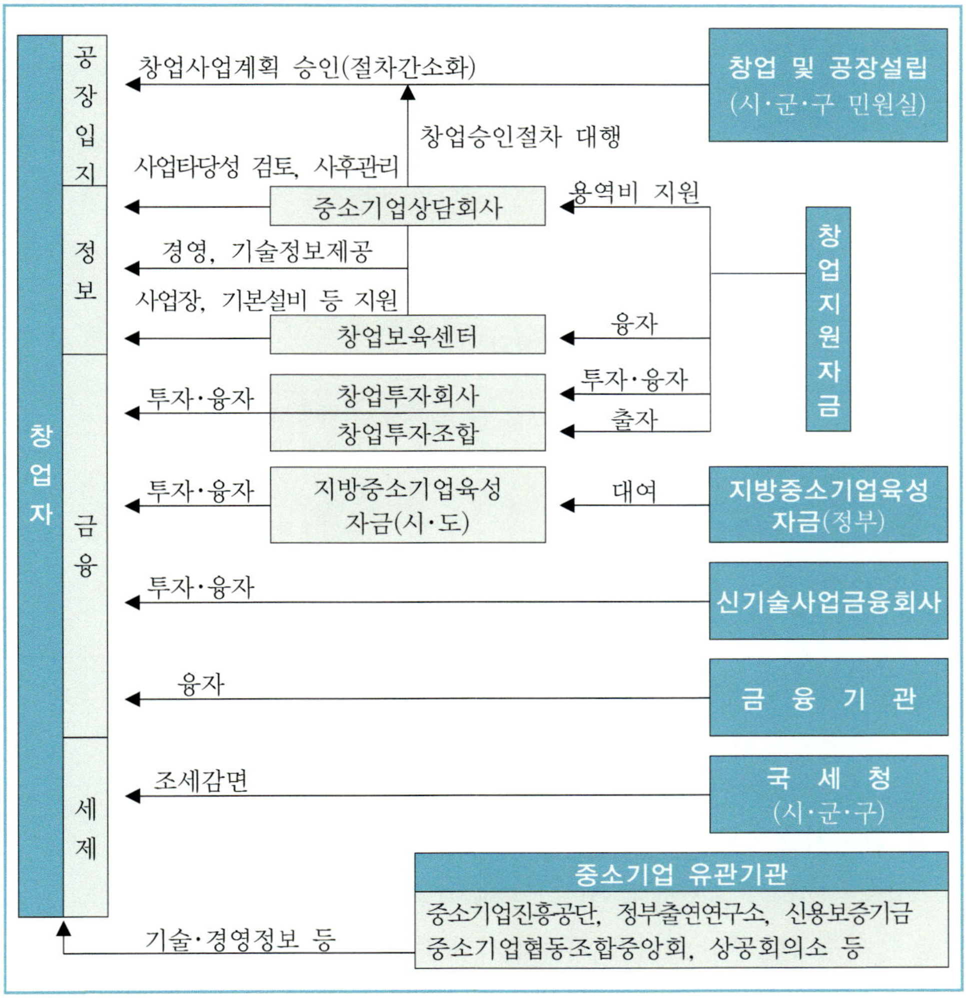

[그림 10-1] 창업지원 체계도

중소기업창업지원법 제1조(목적)에서는 "중소기업의 설립을 촉진하고 창업된 중소기업에 대한 투자를 촉진하여 중소기업의 건전한 발전을 통한 건실한 산업구조의 구축에 기여함을 목적으로 한다."라고 명시하고 있다.

2.2 창업지원의 목적과 효과

창업지원법을 제정·운영을 함으로써 현재의 대기업 중심의 국가산업기반 구축에서 탈피하여 중소기업이나 벤처기업 중심의 산업구조를 통하여 국가경쟁력 향상과 고용창출에 기여하고자 하고 있다.

이처럼 창업을 적극적으로 지원함으로써 발생하는 효과는 고용창출과 증대, 기술개발 촉진, 국내 연구개발 의욕 고취, 국제경쟁력 강화, 경제력 향상, 수입대체 및 수출촉진, 수입규제 회피, 실업극복 등이 있다.

[표 10-5] 중소기업 창업지원의 목적과 효과

구분		
목 적	• 건실한 산업구조의 구축 • 중소기업설립의 촉진 • 중소기업의 발전	• 지역간 균형성장 • 벤처기업의 육성
효 과	• 국제경쟁력 강화 • 고용촉진 및 향상 • 고용창출과 실업극복 • 수입규제 회피	• 수입대체 및 수출촉진 • 기술개발촉진 • 국내연구개발 의욕고취 • 경제력 향상

2.3 창업지원제도의 주요 내용

1) 입지지원제도

이는 국가에서 조성한 공업단지 등에 우선적으로 공장을 지을 수 있는 입지를 싸게 공급할 뿐만 아니라, 기술과 사업성을 가지고 있으나 자금력 등이 부족하여 공간과 시설을 확보할 수 없는 창업자 또는 예비 창업자에게 개인 또는 공동작업장을 저렴하게 제공하는 등의 지원제도를 말한다.

(1) 공장설립 지원

중소기업창업지원법과 창업사업계획 승인에 관한 통합처리 지침(통상산업자원부 고시)에 의거 중소기업 창업자가 제조업종을 영위하기 위해 계획입지(국가, 지방, 농공단지)가 아닌 개별입지에 공장을 설립하고자 하는 경우가 이에 해당한다.

이러한 창업사업계획 승인제도는 창업자가 제조업종을 영위하기 위하여 계획입지가 아닌 개별입지에 공장을 설립하고자 하는 경우 농지, 산림, 환경, 토지관련이용법(30개) 등에 의해 개별적으로 받아야 할 복잡한 인·허가사항을 일괄의제 처리함으로써 인·허가절차의 간소화로 공장설립을 지원하는 입지에 대한 승인제도를 말한다.

신청대상은 '창업일로부터 5년이 경과하지 않은 사업자로 자기 명의의 공장등록증이 없고, 제조업종을 영위하기 위해 공장을 설립하고자 하는 자'가 해당된다.

단, 신청대상에서 제외되는 경우로

① 창업일로부터 5년 이내인 창업자가 이미 자기 명의로 공장등록증을 보유하고 제 2공장을 설립하고자 하는 경우

② 타인의 공장을 전부 또는 일부를 임대하여 자기 명의로 공장등록을 필하여 사업을 영위한 창업자의 경우에 임대기간의 만료 또는 만료 전에 자기 소유의 공장을 설립하고자 하는 경우

③ 비록 창업자라 하더라도 창업지원법 시행령 제 2조 제1항의 규정에 의한 '창업'에 해당되지 아니하게 된 사업자로 규정하고 있다.

창업사업계획의 승인을 받으려면 시·군·구청마다 설치된 중소기업 창업 민원실에 비치되어 있는 창업사업계획 승인신청서에 관계서류를 첨부하여 시장·군수·구청장에게 제출하면 된다.

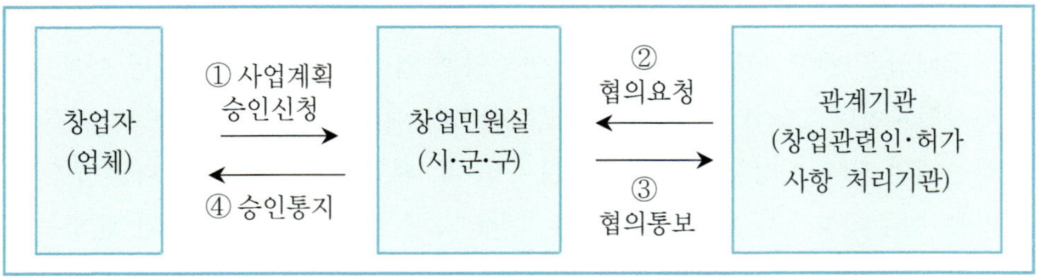

[그림 10-2] 창업사업승인계획 승인절차 흐름도

창업사업계획 승인 신청서류는 다음과 같다.

① 사업계획 승인신청서 1부
② 사업계획서
③ 공장 예정지 지적도
④ 부동산 권리자의 사용동의서

창업 중소기업으로부터 창업사업계획 승인신청서를 제출받은 시장, 군수, 구청장은 45일 이내에 그 결과를 신청인에게 통보하게 되어 있다.

변경 신청은 창업사업계획 승인일로부터 5년 이내 대표자, 주주, 회사명, 업종변경·추가, 부지 확대·축소 등에 대해 행해질 수 있으며, 관할기관으로는 기술집약형 중소기업(도시지역) 또는 농어촌지역 중소기업 창업자의 공장설립 예정지를 관할하는 시, 군, 구 창업 민원실이다.

(2) 창업보육센터

창업보육센터(BI : business incubator)란 창업의 성공 가능성을 높이기 위하여 창업기업 및 예비창업자를 대상으로 시설과 장소를 제공하고, 기술의 공동연구·개발 및 지도·자문, 자금의 지원·알선, 경영·회계·세무 및 법률에 관한 상담 등 창업 및 성장에 필요한 각종 지원을 수행하는 조직 또는 시설을 말한다.

이러한 창업보육센터는 대학, 공공연구기관, 지방정부, 민간기관 등이 중소기업의 창업을 촉진하기 위해 설립한 것으로서, 기술과 사업성은 있으나, 자금·장소 및 시설 확보에 어려움이 있는 창업자 또는 예비창업자에게 개인 또는 공동작업장 등의 시설을 저렴하게 제공함과 아울러 경영, 세무, 기술지도 등의 지원을 통해 창업에 따른 위험부담을 줄이고 원활한 성장을 유도함으로써 성공 가능성을 높이기 위하여 설치된 시설이다.

입주대상은 벤처 또는 기술집약형 업종의 창업자(창업일로부터 1년 이내) 및 예비창업자이다. 그러나 금융기관 거래 불량자, 대기업자가 발행주식 총수 또는 출자총액의 50% 이상을 소유하고 있는 자, 휴·폐업 중인 자, 공해 다발업종 영위자는 입주대상에서 제외된다. 입주기간은 2년 이내이며, 보육센터 운영주와 입주자 간 협의에 의하여 기간을 연장할 수 있다.

(3) 벤처기업 창업타운

우수한 기술과 전문인력이 풍부한 지역에 벤처기업과 창업투자회사, 은행, 신용보증기관을 동시에 입주하게 하는 새로운 모형의 벤처기업 전용 창업타운을 조성하여 우수한 연구결과와 아이디어를 쉽게 사업화할 수 있도록 각종 서비스를 일괄 제공하는 창업인프라를 구축하는 데 그 목적이 있다.

(4) 벤처기업 집적시설

교통, 정보·통신, 연구, 금융 등의 기능이 집중되어 기업경영여건이 우수한 도심에 벤처기업이 집단적으로 입주할 수 있는 공간을 사전에 확보하기 위하여 민간빌딩 등을 벤처기업 집적시설로 지정, 각종 지원을 실시함으로써 도심의 벤처 입지공간 확대를 도모하는 사업이다.

(5) 대학 연구소 내 공장설치

대학 연구소가 보유하고 있는 연구시설에 실험실 공장을 설치하고 공장등록을 허용한다. 교수 및 연구원은 소속기관장의 승인을 얻어 교육연구시설을 이용하여 실험실 공장을 설치할 수 있다. 박사급 고급인력의 70%가 근무하고 있는 대학 연구소의 벤처창업을 유도하여 장기적으로 1실험실 1창업과 연결시키기 위해서이다. 실험실 공장 설치승인서는 소속기관장의 확인을 받아 시장, 군수, 구청장에게 등록 신청하면 된다.

(6) 기타

이 외에도 지식산업센터(동일 건축물에 제조업, 지식산업 및 정보통신산업을 영위하는 자와 지원시설을 모두 갖춘 건축물을 말함), 벤처기업 육성 촉진기구 지정 추진, 중소기업 전용단지 조성 등이 있다.

2) 자금지원제도

창업에 소요되는 자금의 원활한 공급과 저리 융자를 통하여 부채 부담을 경감시켜 창업과 창업 후 기업경영기반을 안정시키고자 하는 제도를 말한다. 정부와 지방자치단체, 공공기관, 그리고 중소기업 창업투자회사, 중소기업 창업투자조합, 중소기업상담회사, 소상공인지원센터, 시중은행, 신용보증기금, 기술신용보증기금, 리스회사, 창업보육센터 등이 자금지원을 하고 있다.

(1) 정책자금의 개념

정부 또는 공공기관에서 정책적으로 지원이 필요한 사업, 또는 사업자를 선정하여 일반 금융보다 차별화된 조건, 즉 일반자금의 금리에 비해 낮은 금리로 기업에게 지원해 주는 것을 정책자금이라 한다. 정책자금이라 해서 모든 사업자가 받을 수 있는 것이 아니라 각 기관이나 특별법의 규정에 의해 대상자를 정해놓고 지원 대상 요건에 해당되어야 신청이 가능하다. 그러므로 자사가 정책자금의 지원 대상에 해당되는가를 먼저 파악한 후, 직접 관련 기관에 찾아가서 구체적인 지원요건 및 절차를 알아보아야 한다.

(2) 정책자금의 지원 절차

정책자금은 자금의 지원 공고에서부터 신청 및 대출에 이르기까지 일련의 절차를 통해서 지원이 이루어진다. 그 구체적인 절차는 다음과 같다.

① 자금지원 공고 및 신청서 접수

정책자금을 운영하는 기관에서는 관련 정부부처로부터 자금운영에 관한 구체적인 지침을 받으면 운영계획을 수립하고, 신문이나 인터넷 등을 통해서 자금지원 대상의 범위, 내용, 신청방법, 접수일정 등에 대한 세부사항을 공고한다. 그러면 기업은 일정에 맞춰 필요한 구비서류를 첨부하여 신청한다.

② 사업성 평가 및 심의

자금운용기관에서는 회사 선정을 위해서 사업 심의 및 평가에 착수한다. 필요한 경우에는 해당 기관의 담당자가 신청회사를 직접 방문하여 현장실사 과정을 거친 후에 신청회사의 사업성을 종합적으로 평가하여 선정하게 된다. 이처럼 대상 기업이 선정되고 나면 해당 기업에게 선정 결과를 통지하고 기업에서 대출받고자 하는 거래은행에도 해당기업에 대한 융자 추천을 통보한다.

③ 정책자금의 대출

정책자금 지원 대상 기업으로 선정되면 결정된 자금에 대해서 일정기간 내에 거래은행으로부터 자금을 대출받아야 한다. 만일 부동산 등의 담보가 요구될 경우에는 담보가 없거나 부족할 경우 신용보증기관을 통하여 신용보증서를 발급받는 절차를 추가로 거쳐야 한다.

(3) 정책자금의 종류

창업을 위해 지원되는 정책자금을 찾으면 의외로 보다 용이하게 자금 문제를 해결할 수 있게 된다. 정책자금은 출연 보조금과 융자지원금으로 구분된다. 출연 보조금은 무담보, 무보증, 무이자로 주로 신기술 연구개발 사업에 대한 지원으로 개발 성공 후에 지원금의 일부만 분할 상환하는 자금이다. 반면에 융자지원금은 담보나 보증이 있어야 하며, 시중금리보다 낮은 이율로 창업, 구조개선 등 다양한 사업에 지원받을 수 있다.

① 창업기업 지원자금

중소기업진흥공단에서 주관하는 창업 초기 기업 육성자금의 지원대상은 중소기업창업지원법 시행령 제 3조의 규정에 의한 사업개시일로부터 7년 미만(신청·접수일 기준)인 중소기업으로 창업을 준비 중인 자이다. 자금지원의 범위와 조건은 ㉠ 시설자금으로 생산설비 및 시험검사장비 도입 등에 소요되는 자금, 사업장 건축자금(토지구입비 제외), 사업장 확보자금(매입, 경·공매, 인수·합병)이며(단, 사업장 확보자금은 사업영위 필요에 따라 업체당 1회로 한정 지원), ㉡ 운전자금은 창업 소요비용, 제품 생산비용 및 기업경영에 소요되는 자금을 지원받을 수 있다.

② 소상공인 창업자금

소상공인지원센터 및 중소기업진흥공단을 통해서 지원받을 수 있는 소상공인 창업자금의 지원 대상은 ㉠ 제조업, 건설업, 운송업, 광업(상시종업원 10인 미만 업체), ㉡ 도·소매업 등 각종 서비스업(상시종업원 5인 미만 업체로 중소기업청장이 정한 교육과정 및 컨설팅 과정을 이수한 소상공인. 단, 금융·보험업, 사치향락적 소비나 투기를 조장하는 업종은 지원 대상이 될 수 없음)이며, 업체당 지원한도는 최고 5천만 원 이내이다.

③ 청년창업전용자금

우수 아이디어를 보유한 청년층의 창업을 촉진할 목적으로 창업자금과 교육, 컨설팅을 패키지 형태로 지원한다. 신청 대상은 신청일 현재 만 39세 이하인자로서 지식서비스업, 문화콘텐츠업, 제조업을 영위하려는 예비 창업자 및 창업 3년 미만인 기업이다. 자금 신청·접수와 함께 교육·컨설팅 실시 및 사업계획서 등에 대한 평가를 통해서 융자대상을 결정한 후 직접 대출하는데 중소기업진흥공단에서 직접 운영하는 융자상환금 조정형과 취급은행에서 운영하는 민간금융 매칭형이 있다. 다만, 창업 및 기업경영에 소요되는 운전자금에 한해서 1개 기관을 통해 지원받을 수 있다.

④ 신기술 창업보육사업

산업집적 활성화, 공장설립에 관한 법률 및 산업기술혁신촉진법률에 따라 광산업 및 신발산업의 신기술을 보유한 고급인력(신기술 사업자)에게 시제품 개발 등 신기술사업화에 필요한 자금을 지원하며, 지역산업 신기술 보육사업 지원으로 한국산업기술평가원에서 주관하고 있다. 자금지원은 시제품 개발 등 신기술 사업화에 소요되는 자금을 신기술사업자 1인당 1억 원 이내의 범위에서 무담보·무이자 지원(총 소요자금의 75% 이내)한다. 신기술사업화 결과 '성공'으로 평가될 경우 정부지원금의 20%를 정액기술료로 3년 이내 분할 납부해야 한다.

⑤ 우수발명 시작품 제작지원

특허청과 한국발명진흥회에서는 우수특허기술의 사업화에 앞서 시작품 제작을 지원함으로써 발명의욕을 촉진시켜 국가산업 발전에 기여하고자 우수발명 시작품 제작을 지원하고 있는데, 지원 자격은 개인 또는 중소기업법에 의한 중소기업자로서 발명·고안·디자인(특허법, 실용신안법 및 디자인보호법에 의해 등록된 발명), 시작품 제작지원 신청일 현재 권리의 존속기간(예정) 만료일이 3년 이상인 발명에 한하고 있다.

⑥ 지방자치단체의 창업 지원자금

지방 중소기업의 육성발전 및 창업의 활성화를 위하여 지역 내의 창업자에 대해서 창업 지원자금을 지원하고 있다. 시·도에서 지원하는 창업자금은 중앙정부와 지방정부가 matching fund(50 : 50)로 자금을 조성하여 대체로 창업 2년 이내의 기업을 대상으로 지원하고 있다.

⑦ 신기술사업금융회사의 투·융자 지원

신기술사업금융회사가 신기술을 개발하거나 이를 사업화하려는 중소기업자를 지원하는 방법으로, 우선 투자의 경우 발행주식의 50% 이내에서 주식 또는 전환사채를 인수하는 방법을 취하고, 투자액의 상환은 이익배당과 기업이 성공한 후 서로 협의하여 자본을 회수하고 있다.

⑧ 창업투자회사에 의한 지원

창업투자회사의 투·융자 지원은 상업성은 있으나 자금력과 담보력이 취약한 창업자에 대하여 창업투자회사가 납입자본금의 50% 이내의 범위에서 직접 투자하여 지원하는 제도이다. 이때 창업투자회사는 투자를 하더라도 창업자가 가지고 있는 경영권은 지배할 수 없다. 창업투자회사는 주로 무담보의 주식인수 또는 약정투자, 전환사채 인수 등의 방법으로 투자한다. 투자가 이루어진 후에는 투자자금 이외에 단기자금 융자, 경영 및 기술 지원 등 전문적인 후속지원을 계속함으로써 창업자의 조속한 성장을 지원하고, 창업이 성공하여 이윤이 발생할 때 이 제도는 투자한 지분에 따라 이윤을 배분받는다. 궁극적으로는 기업공개를 통한 자본수익 취득을 목적으로 하는 벤처캐피털 형식의 지원방식이다.

3) 조세지원제도

중소기업 창업자들에게 투자촉진이나 수출지원을 위한 자금부담을 덜어주기 위하여 각종 세금을 감면해주는 제도를 말한다.

창업기업이나 벤처기업에 투자한 금액에 대해서는 법인세, 소득세, 등록세, 재산세 및 개발이익부담금 등의 관련 세금을 100% 면제해주거나 일부를 감면하는 등의 조세지원을 해주고 있다.

(1) 세액 감면

창업 중소기업이 빠른 시일 내에 성장기반을 구축할 수 있도록 소득세·법인세 등의 국세와 등록세·취득세·재산세 등의 지방세 감면을 통한 세제지원도 매우 중요하다. 정부는 중소기업창업지원법에서 창업자뿐만 아니라 창업자를 지원하는 기관인 창업투자회사를 비롯하여 투자조합 등에 특별한 세제지원을 함으로써, 이들 지원기관을 육성하고 활성화되도록 뒷받침하고 있다. 개인기업이 현물을 출자하여 법인 전환 시에는 양도소득세 및 등록세, 취득세 등이 면제된다.

한편 중소기업의 기술개발을 촉진하고 신기술 기업화의 유도, 기업부설연구소 및 산업기술 연구조합의 설립 촉진, 기술용역·기술도입의 원활화 등을 위한 세제지원도 하고 있다.

① **소득세 및 법인세 감면**

2021년 12월 31일 이전에 수도권 과밀억제권역 외의 지역에서 창업한 중소기업과 창업보육센터사업자로 지정받은 내국인에 대해서는 해당 사업에서 최초로 소득이 발생한 과세연도(사업 개시일부터 5년이 되는 날이 속하는 과세연도까지 해당 사업에서 소득이 발생하지 않는 경우에는 5년이 되는 날이 속하는 과세연도를 말함)와 그다음 과세연도의 개시일부터 4년 이내에 끝나는 과세연도까지 해당 사업에서 발생한 소득에 대한 소득세 또는 법인세에 다음의 구분에 따른 비율을 곱한 금액에 상당하는 세액을 감면하고 있다.

㉠ 수도권과밀억제권역 외의 지역에서 창업한 「조세특례제한법 시행령」으로 정하는 청년창업중소기업의 경우: 100분의 100
㉡ 수도권 과밀억제권역에서 창업한 청년창업중소기업 및 수도권 과밀억제권역 외의 지역에서 창업한 창업중소기업의 경우: 100분의 50
㉢ 창업보육센터 사업자의 경우: 100분의 50

벤처기업 중 「조세특례제한법」 제 5조 제 4항에 따른 기업으로서, 창업 후 3년 이내에 2021년 12월 31일까지 벤처기업으로 확인받은 기업의 경우에는 그 확인받은 날 이후 최초로 소득이 발생한 과세연도(벤처기업으로 확인받은 날부터 5년이 되는 날이 속하는 과세연도까지 해당 사업에서 소득이 발생하지 않는 경우에는 5년이 되는 날이 속하는 과세연도)와 그다음 과세연도의 개시일부터 4년 이내에 끝나는 과세연도까지 해당 사업에서 발생한 소득에 대한 소득세 또는 법인세의 100분의 50에 상당하는 세액을 감면하고 있다.

② **농어촌특별세 면제**

「조세특례제한법」에 따라 창업중소기업에 대하여 소득세, 법인세를 감면하는 경우에는 농어촌특별세가 부과되지 아니한다.

③ **대체산림자원조성비 감면**

「중소기업기본법」 제2조에 따른 중소기업이 그 창업일부터 5년 이내에 「중소기업창업 지원법」 제33조에 따라 사업계획의 승인을 받아 설립하는 공장에 대해서는 대체산림자원 조성비가 감면될 수 있다.

(2) 각종 부담금 면제

「통계법」 제22조 제1항에 따라 통계청장이 작성·고시하는 「한국표준산업분류」상의 제조업을 영위하기 위하여 중소기업을 창업하는 자는 사업을 개시한 날부터 3년 동안 지방자치단체 공공 시설수익자 분담금, 농지보전부담금, 대체초지조성비, 전력산업 기반부담금, 대기배출 기본부과금, 수질오염물질배출 기본부과금, 폐기물부담금, 물이용부담금, 대체산림자원조성비 등의 부담금을 면제해주고 있다.

4) 인력지원제도

우리나라 고급인력의 77%는 대학, 연구소에 있으나 산·학·연 연계시스템의 부족으로 기술, 경영인력 활용도가 미흡하고, 특히 우수 기술인력의 대기업 선호 경향과 기술분야에 있어서 산·학·연 협력기반의 취약으로 우수 인력 유입에 소극적인 자세였다.

이러한 인력지원과 교류, 활용에서 적극적으로 대처하지 못한 결과, 산업 전반에서 보다 높은 결과를 창출하지 못하였다. 그러므로 교수, 연구원 등 고급기술인력의 원활한 수급을 통하여 고급 기술인력의 벤처기업 창업을 확대할 필요성이 대두되었다.

이러한 인력지원의 유형에는 다음과 같은 제도가 있다.

(1) 스톡옵션 제도

스톡옵션(stock option) 제도는 주식매입선택권이라 하며, 회사가 임직원에게 일정기간 내에 자기 회사의 주식을 일정한 가격으로 일정 수량만큼 매입할 수 있는 권리를 부여하는 것으로, 주가가 상승하여 옵션매수권을 행사하여 주식 상승폭만큼 임직원이 수익을 획득할 수 있다. 이러한 제도의 목적은 단기적 경영성과와 중·장기적인 성장 간의 균형을 도모하고, 경영자의 이해와 주주의 이해를 연계하여 기존의 종업원을 유지하고 격려하며, 능력있는 종업원을 유인하기 위한 것이다.

스톡옵션제도는 전문경영인이나 전문기술 보유자들을 기업이 고용하고자 하는 경우 많은 자금의 부담 없이도 기업과 당해 임직원의 이해관계를 일치시킴으로써 주인의식을 고취하여 성취의욕에 대한 동기를 부여하고자 하는 제도이다.

우수한 연구, 기술 및 경영인력의 공급을 원활히 지원하기 위하여 법인의 임직원에게만 부여하였지만, 부여대상을 회사 기술혁신에 공헌한 외부 전문가 및 대학, 연구기관에까지 확대함으로써 활성화할 수 있는 기틀을 마련하였다. 또한 스톡옵션에 대한 세제감면으로 벤처기업이 고급인력을 확보하고 경쟁력을 제고할 수 있도록 지원하고 있다.

(2) 교수·연구원 등의 휴직제도

우수한 국·공립대학의 교원과 연구기관의 연구원 등이 벤처기업을 창업하거나 벤처기업의 임원으로 근무할 수 있도록 휴직하는 제도이다. 휴직 대상은 ㉠ 국·공립대학(산업대학, 전문대학 포함), 사립대학의 교원, ㉡ 국·공립 연구기관의 연구원(한국과학기술원법, 광주과학기술연구원법의 규정에 의한 교원 및 연구원 포함)이며, 휴직기간은 3년 이내(휴직기간은 임용기간의 잔여기간을 초과할 수 없음)이다.

(3) 교수, 연구원 등의 겸임·겸직제도

벤처기업 육성에 관한 특별조치법 제 16조의 2에 의하면, 교육공무원 또는 대통령이 정하는 정부출연 연구기관의 연구원은 그 소속기관의 장의 허가를 받아 벤처기업의 대표자 또는 임직원을 겸임 또는 겸직이 할 수 있는 제도이다. 이러한 제도를 도입한 것은 대학 연구기능의 우수한 인력을 벤처기업 창업과 경영에 참여시켜 연구·개발에 기여하도록 함으로써 벤처기업 창업을 촉진하고자 하는 데 있다. 겸직 대상은 ㉠ 국·공립대학(산업대학, 전문대학 포함), 사립대학의 교원, ㉡ 국·공립 연구기관의 연구원(한국과학기술원법, 광주과학기술연구원법의 규정에 의한 교원 및 연구원 포함)이며, 겸직기간은 제한이 없다.

(4) 병역특례 전문연구원 제도

벤처기업의 기술개발 능력을 뒷받침할 우수 기술인력 수급의 원활을 기하기 위하여 벤처기업 부설 연구기관에 대하여 도입되었다. 병역특례 전문요원의 의무종사기간 이내에도 전문 연구요원이 새로이 병역특례지정업체로 선정된 벤처기업으로의 전직을 허용하였다. 이에 따라 병역특례지정업체가 벤처기업 창업 시 해당 기술에 참여한 전문 연구요원이 동 기업으로 쉽게 이직할 수 있게 되었다.

5) 행정지원제도

정부 및 중소기업 유관기관에서 창업자에 대하여 상담, 정보, 기술, 인력 등을 분야별로 전담기관을 두어 행정적으로 지원하고 있다.

(1) 창업절차의 간소화

제조중소기업 창업을 위한 공장을 설립하고자 할 때, 창업자는 인·허가절차 등으로 인하여 공장설립 착공이 지연되는 등 창업과정에 제약적 요소로 작용하는 사례가 있다. 이와 같은 애로사항을 해결하기 위하여 중소기업창업지원법 제21조에 근거하여 창업사업계획 승인제도를 시행함으로써 창업 중소기업이 공장설립 이전에 시장, 군수, 구청장으로부터 창업사업계획 승인을 받게 되면, 공장설립과 관련된 30개 법률, 60개에 이르는 인·허가사항이 일괄 의제처리됨으로써 공장설립절차가가 간소화되었다.

(2) 창업정보 제공

예비창업자 또는 창업자들에게 창업과 관련된 각종 정보를 제공하여 그들이 필요로 하는 가장 정확한 정보를 접하고, 취득한 정보를 통하여 지원을 제공하는 기관과 관련 기관, 단체들로부터 도움을 받기 위한 것이다.

창업과 관련된 정보제공기관으로는 중소기업청, 중소기업진흥공단, 중소기업창업투자회사, 중소기업창업투자조합, 중소기업상담회사, 소상공인지원센터, 상공회의소, 각 대학 및 연구기관, 사단법인 한국경영·기술컨설턴트협회, 사설 컨설턴트업체 등이다.

이 외에도 중소기업지원·유관기관으로 지방자치단체의 민원실, 신용보증재단, 신용보증기금, 기술신용보증기금, 중소기업협동조합중앙회, 한국수출보험공사, 중소기업기술지원센터 등이 있다.

PART

3

창업경영

Chapter 11 창업기업과 경영

제1절 사람과 조직

1.1 사람과 조직, 그리고 경영활동

사람은 역사 이전부터 개인적인 욕구와 사회적인 욕구를 충족시키기 위하여 부족한 자원을 획득하려는 노력을 부단히 기울여 왔다. 인간을 둘러싸고 있는 자연환경은 혼자서는 극복할 수 없는 위험스러운 것임에 비하여, 인간의 욕구는 다양하고 복잡하여 개인의 노력만으로는 이러한 것 모두를 충족시킬 수는 없었다.

사람은 외부환경의 위협으로부터 자신을 보호하고 나아가 경제적인 풍요와 정치적인 안정, 그리고 사회적인 욕구를 보다 효과적으로 충족시키기 위해서는 개인의 노력을 통합하여 운영하는 집단적인 노력이 필요함을 알게 되었다.

이러한 집단적인 노력의 필요성으로 사람은 조직을 만들게 되었으며, 그 결과 여러 가지 목적을 가진 조직, 예를 들면 정치조직, 경제조직, 그리고 사회조직들이 결성되게 되었다.

사람이 최초로 개발해 놓은 조직은 아마도 가정일 것이다. 그러나 사회가 점점 더 복잡해질수록 사람은 보다 다양하고 복잡한 조직을 필요로 하게 되었다. 우리는 우리가 필요로 하는 모든 유형·무형의 것을 조직을 통해 얻고 있다. 그뿐만 아니라 우리들 스스로가 그들 조직에 직접 참여하여 그에 영향을 주고 있는가 하면, 때로는 그들 조직의 지배를 받고 있다. 오늘날을 흔히 조직사회라고 부르는 이유도 여기에 있는 것이다.

더구나 이러한 여러 조직은 점차 대규모화되고 복잡화되고 있다. 이처럼 대규모화되고 복잡화되고 있는 조직들이 효율적이고 성공적으로 운영되기 위해서는 체계적이고 합리적인 조정과 운영 메커니즘이 요구된다. 또한 조직이 성장·발전해 감에 따라 조직 내에는 노동력 등 인적자원과 함께 자본과 정보, 그리고 원료와 재료 등의 물적 자원이 많이 축적된다. 이러한 자원의 축적은 노동의 분업과 분화를 촉진하게 되며, 분화된 노동은 전체 조직의 목표를 달성하기 위한 노동의 조직화와 체계적인 운영을 필요로 한다.

결국 경영활동은 조직의 효율적인 운영을 위한 활동으로서, 재화나 서비스를 창출·제공하는 소규모의 기업에서부터 대규모의 다국적기업, 그리고 공공서비스를 창출·제공하는 정부기관이나 학교를 비롯한 비영리조직에 이르기까지 모든 조직에 있어서 필요한 활동이다.

1.2 조직의 개념과 특성

사람들은 상호의존관계를 유지하고 있으며, 또 조직하고 협동하려는 본성을 지니고 있다. 즉 사람이란 목적 달성을 위해 서로 협동하여 각종 활동을 조직적으로 관리하려는 성향을 지닌 사회적 동물이다. 따라서 사람과 조직과는 불가분의 관계에 있고, 경영이란 것도 바로 그러한 조직의 내재적 현상이기 때문에 경영을 이해하기 위해서는 먼저 조직의 개념부터 이해해 두어야만 할 것이다.

우리가 살고 있는 사회는 다양한 형태의 조직들로 구성되어 있다. 재화나 서비스를 제공하는 영리 기업도 있고 사람다운 생활을 누리게 해주는 스포츠팀이나 예술단체도 있다. 병원이나 학교와 같은 비영리조직도 있다. 수천 명의 종업원을 거느리는 대기업체도 있고 두세 사람이 모여 봉사활동을 하는 조그마한 단체도 있다.

조직이란 '공동의 목표를 달성하기 위하여 일을 체계적으로 분담하면서 함께 노력하고 있는 사람들의 모임'을 말한다. 사람은 사회적 동물이라는 말이 있듯이 모여서 생활하는 데 익숙하다. 그렇다고 사람들이 모여 있다고 하여 모두 조직이라고

하지는 않는다. 토요일 오후 야구장에 모인 관중들, 버스나 지하철 등 대중교통수단을 기다리고 있는 사람들을 보고 조직이라 할 수는 없다. 조직이라 불릴 수 있으려면 다음과 같은 공동의 목표와 분업, 그리고 권한체계 등의 특성을 가지고 있어야 한다.

1) 공동목표

조직은 구성원들이 함께 추구하는 공동의 목표를 가지고 있다. 우리 사회에 다양한 조직이 있는 만큼 조직의 목표도 다양하다. 기업은 재화나 서비스를 생산하여 고객들의 욕구를 충족시켜 주고 그 대가로 자신의 이익을 증대시키는 것을 목표로 하고 있으며, 종교단체는 신도들의 영적 생활을 풍족하게 하고 바른 세상으로 이끄는 것을 목표로 하고 있다. 또 고등학교 동창회, 취미 서클이나 각종 동아리 등은 주로 친목이나 인격향상을 도모하려는 목표를 가지고 있다. 이처럼 조직은 구성원이 함께 그 가치를 느끼고 나눌 수 있는 활동 목표를 가지고 있다.

2) 분업

사람들은 옛날부터 서로 힘을 합하여 일하는 것이 혼자서 일을 하는 것보다 훨씬 능률적이라는 것을 알고 있었다. 또 일을 보다 합리적으로 나누는 지혜도 터득하였다. 조직은 목표를 보다 효율적으로 달성하기 위하여 구성원들의 능력과 소질에 맞도록 일을 나누고 구성원들이 자신이 맡은 일에 전념하게끔 한다.

근대 경제학의 시조로 추앙받고 있는 영국의 Adam Smith는 『국부론(Wealth of Nations)』이라는 자신의 저서에서 분업의 효과가 얼마나 큰가를 설명하였는데, 핀(pin)을 만드는 공장에서 노동자 개인이 하루 스무 개 이상의 완성품을 만들지 못하지만 열 명이 업무를 분담하여 전념할 경우에는 하루 생산량이 사천팔백 개까지 늘어난 예를 들고 있다.

3) 권한체계

조직이 원활하게 움직이려면 구성원들의 권한에 차이를 둘 필요가 있다. 높은 지위에 있는 사람이 아랫사람에게 지시하고 감독하고 보고를 받는 권한체계를 갖추어야 한다. 구성원들 간에 마찰이 있으면 누군가가 이를 조정 하여야 한다. 또 열심히 노력하는 구성원과 게으른 구성원들을 차별적으로 대우할 필요가 있다. 이처럼 권한체계는 조직의 능률을 증대시키기 위하여 반드시 필요한 것이다.

제2절 기업과 경영

2.1 경영의 개념

일반적으로 경영이란 '생산성 창출을 목적으로 여러 가지 생산요소를 합리적으로 결부시킨 유기적 조직활동'이라 할 수 있다. 이는 예컨대 '상점을 경영한다' 또는 '회사를 경영한다'와 같이 개인이 어떤 사업을 계획적 또는 체계적으로 관리·운영한다는 뜻의 행동 또는 활동을 의미한다.

이러한 경영의 개념은 좁은 의미로는 영리 조직인 기업의 경영만을 의미하지만 넓은 의미로는 기업을 포함하여 가계나 국가, 학교, 종교단체 등 비영리조직의 경영까지도 포함한다. 특히 글로벌화가 추진되면서 국가도 이제 국가 세입으로 정해진 세출 활동만을 하는 것에서 탈피하여 다른 국가와 경쟁하여 영리를 추구하여야 하는 성격을 가지므로 경영의 원리가 적용될 수 있을 것이다.

과거에는 국가행정, 도시행정, 학교운영, 병원운영이라 하던 것을 최근에 들어서는 각각 국가경영, 도시경영, 학교경영, 병원경영이라 하고 있다. 이는 지금까지의 협의의 개념에서가 아니라 광의의 개념에서 이해하고 활용하려는 목적에서이다. 그러므로 오늘날의 경영은 영리조직뿐만 아니라 비영리조직을 포함한 모든 조직을 운영하는 기본원리라고 할 수 있을 것이다.

1) 경영의 목적

경영의 목적은 생산성(productivity)의 창출에 있다. 여기서 말하는 생산성이란 조직생산성(organizational productivity)을 의미한다.

조직생산성의 평가기준은 단위조직이 가지고 있는 고유한 조직목표의 달성수준에 의하여 설정될 수 있다. 영리법인인 기업의 고유한 조직목표는 이윤의 실현이고, 비영리법인인 공공기관의 조직목표는 사회봉사의 실현에 있는 만큼, 나름대로의 목표이윤과 목표사업을 어떠한 수준으로 달성했는가에 따라 각각의 조직생산성은 평가될 수 있을 것이다. 예를 들어, 공공기관인 철도청 경영의 생산성은 철도수송사업을 통하여 어느 정도 이윤을 실현하였는가 하는 것보다 얼마나 정확하고 안락한 서비스를 철도이용자인 국민에게 제공하였는가로 평가된다.

조직 생산성의 평가방법은 효율적인 면과 효과적인 면을 동시에 고려하여야 한다. 여기서 효율(efficiency)이란 계량적이고도 관리적인 개념으로서, 투입량에 대한 실제 산출량(output/input)을 예상 최대 산출량과의 비율로 평가하는 방법으로 생산성의 절대적 평가기준이 된다. 예를 들면 기계가동률, 단위 시간 생산량, 결근율 등이 효율 차원의 평가방법이다. 반면에 효과(effectiveness)란 추상적이고도 전략적인 개념으로서, 현실적 기대수준에 대한 실질적 달성 수준(reality/ideal)과의 상관관계에서 나타나는 심리적 만족도로 평가하는 방법이다. 구체적으로는 조직의 성취도와 환경적 활동여건간의 조화가 어느 수준으로 이루어졌는가 하는 것을 의미하며, 생산성의 상대적 평가기준이 된다.

2) 경영의 대상

경영의 대상인 생산요소는 경제적 생산요소와 관리적 생산요소로 구별될 수 있다. 경제적 생산요소란 이미 상식적으로 널리 알려진 자연(nature), 자본(capital), 노동(labor)이 그 핵심 요소가 되며, 최근에 와서 크게 그 중요도가 인정되는 기술 및 정보(technology & information)가 여기에 추가되고 있다.

관리적 생산요소란 조직이 어떠한 조직규모 형태를 취하더라도 기본적으로 갖추어야 하는 기능적 요소들로서 생산, 재무, 인사 및 마케팅 관리부문 등을 의미한다.

3) 경영의 방법

경영의 실천방법은 경영의 대상인 생산요소들을 합리적으로 결부시키는 데 있다. 합리적 결부(rational combination)란 주어진 생산요소들을 결합하는 의사결정에 있어서, 과학적 논리성(scientific logics)과 상황적 적응성(contingency)을 동시에 고려하여야 한다는 말이다.

먼저 경영의 방법은 과학적 논리성을 가져야 한다. 즉 아무리 좋은 결과를 낳은 의사결정이라도 그 의사결정 단계에 있어 최소한의 논리적 근거를 갖고 있지 않고 주먹구구식(rule of thumb method)으로 행하여진 것이라면, 향후 유사한 상황 하에서의 의사결정에 대한 경험적 근거로서 활용될 수 없을 뿐만 아니라, 오히려 실패의 위험이 높아진다.

경영의 방법은 또한 상황적 적응성을 가져야 한다. 논리적으로 볼 때 아무런 하자가 없는 의사결정도 현실적인 상황 적응상에 많은 어려움을 가질 수 있다. 예를 들면 사람이 생명을 잃으면 건강과 부가 의미가 없듯이, 기업은 지속적 시스템(ongoing system)으로서의 체제를 유지하기 위해서, 이를 위협하는 어떠한 위협도 극복할 수 있어야 한다. 종합적으로 볼 때 과학적 논리로서 설명할 수 없는 부분이 오히려 현실적 의사결정에 더 큰 비중을 차지할 수 있기 때문에 이 두 가지 요소를 가급적이면 동시에 고려하는 것이 바람직하다.

4) 경영의 내용

경영의 구체적인 내용은 유기적 조직활동(organic activity)의 형성에 있다.

모든 조직은 경영을 통하여 보다 건강하게 살아있는 조직체가 되기를 추구하여야 한다. 특히 오늘날과 같이 다각적으로 급변하는 환경 하에서 우수한 경영체가 되기 위해서는 조직 간 혹은 조직 내의 정확하고도 신속한 상호 커뮤니케이션작용을 그 필수요건으로 하고 있다.

결과적으로 유기적 조직활동은 조직의 구성원인 개인을 변화하게 하고, 개인의 변화는 조직과 조직문화를 변화하게 하여 궁극적으로는 경영성과를 변화하게 하는 것이다. 지금까지 설명한 경영의 정의를 요약·정리해 보면 [그림 11-1]과 같다.

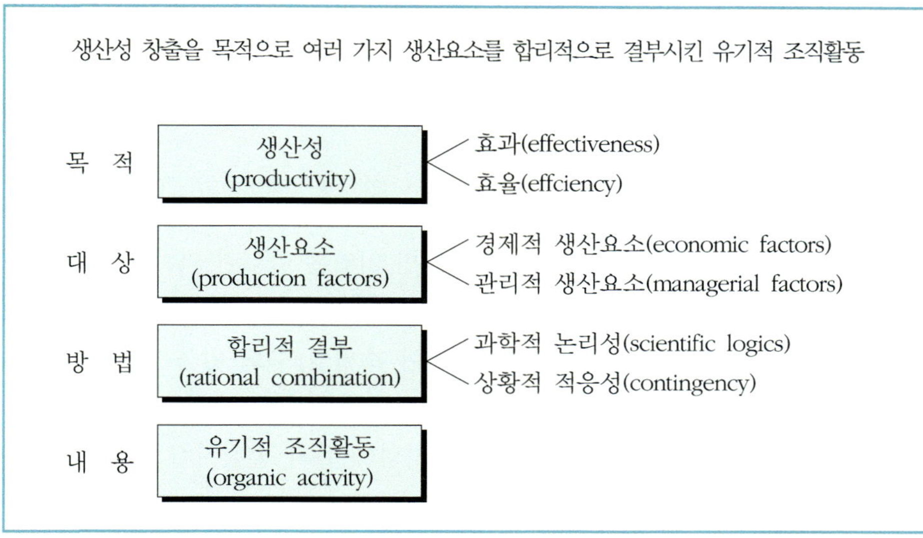

[그림 11-1] 경영의 정의

2.2 기업과 경영의 관계

일반적으로 경제주체는 가계, 기업, 정부 등으로 구분된다. 이 가운데 기업은 경영활동이 가장 두드러진 경제주체로서 현대 자본주의국가 경제의 근간이 되고 있다. 이러한 기업은 인간의 욕구를 만족시켜주는 제품이나 서비스를 생산하고 판매하여 이윤을 추구하는 경제주체를 말한다. 기업은 가계 및 정부와의 상호활동을 통하여 긴밀히 연결되어 있다.

따라서 사람의 생활은 어떤 형태로든지 기업이 제공하는 제품이나 서비스로 이루어지고 있다. 만일 기업이 제공하는 제품이나 서비스가 부족하거나 제공되지 않는다면 사람의 생활은 사실상 불가능하게 될 것이다.

기업은 이윤을 추구하기 위하여 모인 영리 조직이므로 이윤을 극대화하여 기업의 가치를 높여야 한다. 이처럼 기업이 이윤을 극대화하려는 활동을 경영활동이라 한다.

기업은 외형적으로 보이는 기업 그 자체로는 아무런 의미를 갖지 못한다. 단순히 건물과 기계를 갖추고 종업원들을 채용한다고 해서 기업이 유지·발전되는 것은 아니다. 이러한 자원들을 일정한 계획 하에서 전략적으로 활용하여야 기업이 제대로 목표를 달성하며 경영성과를 달성할 수 있는 것이다. 이와 같이 경영은 기업이 정상적으로 운영될 수 있도록 여러 자원들을 효과적으로 활용하여 계획·조직화·지휘·통제하는 활동이다.

아무리 많은 인적자원과 자본, 정보 등을 가지고 있는 기업이라고 하더라도 그것을 운영하고 활용하는 경영활동이 없다면 기업은 아무런 의미가 없는 것이다. 기업은 경영활동의 성공 여부에 따라서 성공적인 기업이 되어 계속적으로 유지·발전될 수도 있고, 실패한 기업이 되어 소멸될 수도 있을 것이다.

결국 기업과 경영의 관계를 살펴보면 기업은 외형적으로 나타나는 조직체로서 하드웨어(hardwear)임에 비해, 경영은 기업을 유지·발전시킬 수 있는 방안을 제시하는 소프트웨어(softwear)라고 할 수 있다.

2.3 경영관리의 기능

경영관리란 조직 속에서 함께 일하는 사람들이 정해진 목표를 효율적으로 달성할 수 있도록 환경을 조성하고 유지해 나가는 활동이다. 요컨대, 경영관리란 조직의 제 자원을 활용하는 계획, 조직화, 지휘 및 통제 등의 관리 기능을 수행함으로써 조직의 목표를 달성하는 과정으로 정의할 수 있다.

이러한 경영활동을 프로세스별로 보면 우선 계획을 세우고, 그 계획을 달성할 조직을 구성하여 목표에 따라 계획이 잘 실행되도록 종업원들을 지휘하고, 그 계획에 따라 실행이 이루어졌는지를 평가하는 통제활동으로 나누어진다.

1) 계획

경영에 있어서 모든 활동 과정을 통하여 목표를 향해 가장 유효하게 도달될 수 있도록 사전에 결정하는 활동이다. 계획은 우리의 현재위치와 미래에 도달하고자 하는 지점을 연결하는 역할을 수행한다고 할 수 있다. 이러한 계획은 조직의 사명과 목표, 그리고 이들을 달성하기 위한 행동방안을 선택하는 것을 포함한다. 이러한 계획은 여러 대안들로부터 장래의 행동과정을 선택하는 의사결정을 필요로 한다. 계획 활동은 전반적인 목적과 목표를 세우는 활동으로부터 기업활동 중 기계에 사용된 특수한 스테인리스 나사못을 주문하거나 조립라인에 필요한 노동자를 고용하고 훈련을 시키는 것과 같이 극히 세부적인 활동에 이르기까지 매우 다양하다. 인적·물적 자원과 관련된 의사결정이 이루어질 때까지는 진정한 의미에서의 계획이 존재한다고 볼 수 없다. 하나의 의사결정이 이루어지기 전에 우리가 하고 있는 일은 계획에 대한 연구·분석 혹은 제안 등이지 결코 실질적인 계획 수립은 아니기 때문이다.

2) 조직화

사람과 사람, 일과 일, 사람과 일을 결합하여 능률적으로 목표가 달성되도록 하는 경영관리의 한 분야이며, 수립된 계획을 성공적으로 달성하기 위하여 어떤 형태로 조직을 구성할 것인지를 결정하고 인적·물적 자원, 자본, 정보, 지식 등을 배분하고 조정하는 활동이다. 이것은 목표를 달성하기 위하여 필요한 모든 과업이 설정되고, 그러한 과업을 수행할 수 있는 사람에게 할당되도록 한다는 의미에서 계획적이라고 할 수 있다.

조직구조를 설정하는 목적은 조직 구성원들이 성과를 발휘할 수 있는 환경을 조성하는 데 있다. 그러므로 조직화는 경영관리의 한 도구이지 그 자체가 목적이 될 수는 없다. 구조에는 수행하여야 할 직무를 규정하여야 하겠지만, 그렇게 설정된 역할은 활용할 수 있는 인적자원의 능력과 동기에 기초하여 설계되어야 한다.

효과적인 조직구조를 설계하는 것은 결코 쉬운 일이 아니다. 조직의 상황에 적합한 조직구조를 설계하기 위해서는 먼저 수행하여야 할 과업의 종류를 규정하고, 그 과업을 수행할 사람을 충원하는 일 등을 포함하여 여러 가지 문제에 직면하게 된다.

3) 지휘

사람들로 하여금 조직의 목표를 달성하는 데 공헌할 수 있도록 그들의 업무수행 활동을 자극하고 동기유발을 하며, 그들에게 영향을 미치는 활동이다. 즉 이것은 경영관리의 대인관계적 측면(interpersonal aspects)과 밀접한 관계가 있다. 이는 강제적인 명령에 의해 일을 시키는 것이 아니라 부하들에게 설명과 해설을 통하여 납득시키는 것으로 지도적인 입장에서 의사 전달하는 방법이다.

사람들은 자신의 욕구나 소망을 충족시켜 줄 수단을 제공하는 사람을 따르는 경향이 있기 때문에 지휘는 동기부여, 리더십, 코칭, 그리고 커뮤니케이션 등의 활동을 포함한다.

4) 통제

제반 활동이 계획대로 잘 추진되고 있는지의 여부를 검토하고, 그것을 시정하는 활동, 즉 실제 성과가 계획에 일치되도록 하기 위하여 부하의 활동을 측정하고 수정하는 활동이다. 통제는 목표와 계획에 대한 성과를 측정하고 편차가 있는 부분을 발견하여, 그 편차를 수정하기 위한 행동조치를 취함으로써 계획 달성을 보장하는 것이다. 그러므로 계획은 통제의 기준이 되는 것이므로, 계획과 통제는 밀접한 연관관계를 가지고 있다.

실제 성과가 계획에 따르도록 한다는 것은 계획된 행동과 다른 결과를 낳은 데 대하여 책임이 있는 사람을 규명하고 성과를 개선하는 데 필요한 조치를 강구한다는 것을 의미하는 것이다.

제3절 경영자

3.1 경영자의 개념과 역할

1) 경영자의 개념

경영자는 제품을 생산하든 스포츠 경기를 연출하든 어떤 조직을 이끌고 그 결과에 책임을 지는 사람이다. 따라서 대기업 회장, 사장, 영업부장, 공장장도 경영자이고 대학총장, 노동조합장, 교회 목사, 동창회 회장, 슈퍼마켓 주인뿐만 아니라 가정을 꾸려나가는 주부도 경영자라고 할 수 있다. 그 이유는 이들이 어떠한 목적으로 일을 하든 간에 조직의 활동을 계획하고 조직화하고, 지휘하고 통제하는 기본적인 기능을 수행하고 있는 만큼은 의심의 여지가 없기 때문이다.

그러나 일반적으로 경영자라고 하면 기업의 경영목표를 달성하기 위해 생산, 마케팅, 인사, 재무 등과 관련된 활동을 계획·조직화·지휘·통제를 통해 기업을 경영하는 경영주체를 의미한다. 외부환경과 상호 교환 관계에 있는 개방 시스템으로서의 기업을 경영하는 이러한 경영자는 실제상 관리직능 이상의 어떤 직무를 수행하여야 한다.

2) 경영자의 역할

Henry Mintzberg는 경영자들이 어떻게 시간을 소비하고, 어떠한 일을 수행하고 있는지를 실증적으로 조사한 결과, 모든 수준의 경영자 행동간에는 높은 유사성을 보이고 있음을 발견하여 이들을 세 가지의 유형으로 분류하였다. 이러한 경영자의 인간관계적(interpersonal), 정보적(informational), 의사결정적(decisional) 역할을 '경영자의 역할믹스(role mix)'라고 할 수 있다.

(1) 인간관계 역할

이는 경영자가 조직을 원만하게 운영해 나가는데 도움을 주고 있는 대인적 역할로서, 다시 3가지로 분류할 수 있다. 경영자는 우선 이러한 인간관계 역할을 담당함으로써 그 조직이 마찰 없이 돌아갈 수 있게 한다. 이와 관련되는 구체적인 일들로서는 우선 조직의 대표자로서의 역할을 들 수 있다. 행사가 있을 때 대표로서의 역할을 하고 외부 인사들을 접대하고 부하들의 관혼상제에 참석하는 것과 같은 것이다. 또 부하들을 선발하고 훈련시키며 성취감을 불어넣어 주는 것과 같은 지휘자로서의 역할과 외부와 조직 내부를 연결해 주는 연락자로서의 역할도 인간관계의 역할에 포함된다.

(2) 정보관련 역할

정보를 전달받고 또 전달하는 일인 커뮤니케이션 활동은 경영자의 역할 중 가장 중요한 것이다. 경영자가 의사결정을 내리는 데 정보가 필요하다. 경영자는 이를 위하여 항상 부하들이나 외부로부터 정보를 입수하려고 노력하며, 그 결과 조직 내에서 가장 많은 정보를 갖게 된다. 또한 조직 내의 구성원들과 조직 외부에 정보를 전파하는 역할을 담당한다. 즉 이러한 경영자의 정보적 역할은 모니터로서의 역할, 전파자로서의 역할, 대변인으로서의 역할로 분류될 수 있다.

(3) 의사결정 역할

경영자는 조직의 성과에 큰 영향을 미치는 의사결정을 내린다. 조직에 변화를 초래하는 결정, 위기상황을 타개하기 위한 결정, 조직 내에 자원을 배분하기 위한 결정, 외부 조직과의 계약에 관한 결정 등 다양한 문제에 대해 최적의 해결책을 제시하여야 한다. 즉 경영자는 기업가로서의 역할, 교란 처리자로서의 역할, 자원 배분자로서의 역할, 그리고 협상자로서의 역할 등을 수행한다고 할 수 있다.

3.2 경영자의 과업

오늘날의 경영자는 소유와 경영이 분리됨에 따라 대부분 전문경영자의 성격을 지니고 있다. 전문경영자는 결코 대주주의 대표가 아니라, 경영자로서의 전문적인 지식·경험·능력을 갖고 경영자로서의 지위에 선발된 경영의 전문적인 주체인 것이다. 때문에 오늘날의 전문경영자는 자신의 영역을 구축하고 그 지위를 유지하기 위해서 어디까지나 경영자로서의 역할을 다하는 바탕 위에서 경영의 주체가 되어야 한다.

기업 경영자로서 전문경영자가 수행하여야 할 과업에 대해서는 학자들마다 조금씩 다른 견해를 보이고 있는데, 이를 종합하여 정리해보면 사회적 책임의 수행, 경영혁신기능의 수행, 그리고 경영관리 기능의 수행 등 세 가지로 요약할 수 있다.

1) 사회적 책임의 수행

현대기업이 직면하고 있는 제반 환경요인들이 복잡하고 빠른 속도로 변화함에 따라 경영자의 사회적 영향력은 점차 증가하게 되었다. 그러므로 경영의 실권을 장악한 경영자가 투자자와 종업원 또는 기타 다수의 이해관계자 사이에서 이해관계를 어떻게 조정해 나감으로써 더욱 유효한 경영을 실행하느냐 하는 것은 그들이 경영에서 당면하게 되는 주요한 과제가 된다.

경영자의 사회적 책임이란 경영자가 그의 의사결정 과정에서 이해관계자 집단에 미치게 될 의사결정의 영향력을 고려하고, 그 이해관계자 집단들에게 최선의 결과가 주어질 수 있는 의사결정을 내릴 수 있도록 하기 위한 노력이라 할 수 있다.

(1) 이해관계자 집단에 대한 책임

이해관계자 집단(interest group)이란 기업환경을 구성하는 직접적인 주요 환경요인을 말한다. 즉 경영자는 주주에 대한 배당금 지급, 채권자에 대한 이자와 원금 지급, 노동자에 대한 적절한 노동조건 확보, 소비자에게 적정한 가격과 품질의 제품과 서비스 제공, 지역사회에 대한 협력 등을 통하여 이들의 제반 요구에 충실하게 보답해 나가는 것이 바로 사회적 책임의 핵심이 되고 있다.

그러나 이들 이해관계자 집단의 이해는 이율배반적인 성격이 많으며, 이들의 이해가 충돌될 때는 매우 복잡하고 곤란한 문제가 야기된다. 그러므로 경영자는 경영혁신을 통해서 이익을 확대하여 기업을 성장·발전시키고, 주주에게는 충분한 배당을, 종업원에게는 그들의 욕구를 실현할 수 있는 대우를, 그리고 고객에게는 우수한 제품을 적정 가격으로 공급해줌으로써 이들의 이해를 조화시키고, 이들과 원만한 관계를 형성함으로써 기업의 발전을 실현시켜야 할 것이다.

(2) 지역사회에 대한 책임

오늘날 경영자의 사회적 책임의 또 하나의 두드러진 현상은 지역사회에 대한 책임이다. 종업원의 고용이나 복지의 향상을 통해서 지역사회의 발전에 기여함은 물론이고, 산업입지상 지역사회에 미치는 여러 가지 산업공해, 예컨대 소음이나 대기오염, 농작물 피해, 하천오염, 지반침하 등과 같은 피해가 생길 경우 이에 대한 보상과 더불어 이를 방지하기 위하여 적극적인 노력을 하지 않으면 안 된다.

기업의 지역사회에 대한 책임은 지역경제의 공동개발에 더욱 적극적으로 참여함으로써 지역주민의 고용을 증대시키고 소득 수준을 향상시키며, 기업에서 얻게 된 성과를 지역에 재투자함으로써 지역의 발전을 도모해야 한다. 뿐만 아니라 지역의 문화시설에 대한 더욱 적극적인 투자를 통해서 그것이 소속하고 있는 지역사회의 문화 수준을 향상시킬 수 있어야 한다.

(3) 종업원에 대한 책임

기업이 보유하고 있는 최대의 자산은 인적자산이다. 우수한 인적자원을 확보하고, 또 이들에게 적절한 리더십을 통해서 모티베이션을 부여할 때, 이들의 기업에 대한 협동적 노력은 더욱 커지게 된다.

이들 종업원들에게 경영참가제도나 복지향상 제도를 도입·활용함으로써 회사와의 일체감을 형성하고, 이를 통해서 그들의 인간적인 만족을 실현시켜 줄 때 그들의 생산성은 자동적으로 높아지게 될 것이다.

(4) 정부에 대한 책임

기업은 국가의 법규나 규제의 영역을 벗어나지 않는 범위 내에서 경영활동을 수행하여야 한다. 거래관계와 연계된 일체의 법규나 환경관련법규, 즉 기업법을 잘 준수하고 정부가 행하는 일에 더욱 적극적으로 협력할 수 있을 때 기업의 국민적 도리를 다하는 것이 된다.

(5) 소비자에 대한 책임

기업이 존재하는 가장 큰 이유는 사회에 제품과 서비스를 제공하는 데 있다. 더욱 우수한 제품과 서비스를 생산하여 고객만족을 실현시켜 주고, 이를 통해서 삶의 질을 높여 줄 수 있을 때 기업이 가지는 소비자 집단에 대한 책임을 다하는 것이 된다.

(6) 채권자 및 기타 원재료 공급자에 대한 책임

채권자에게 채무를 불이행한다거나 계약을 준수하지 않는 행위, 원재료 공급자에게 대금지급을 실행하지 않는 불법행위를 자행할 때 기업이 갖는 법률적·윤리적 책임은 땅에 떨어지게 되고, 따라서 신용을 상실하게 되어 계속기업으로 존속하기 어렵게 된다.

(7) 기업의 유지·발전에 대한 책임

기업은 어느 한 개인의 것이 아니고 사회의 것이며, 그것이 사회적이고 공익적인 차원에서 유지되고 성장되어야 할 필요성이 가중되고 있다. 만일 이러한 공공성을 갖는 기업이 계속기업으로서 유지·존속될 수 없을 때, 즉 그 기업이 파산될 때 국민경제 전체에 막대한 손실을 초래할 것이라는 것은 말할 것도 없다. 그러므로 기업은 반드시 유지되고 존속되어야 하며, 더 적극적으로는 성장·발전됨으로써 국민경제의 발전에 크게 기여해야 할 것이다.

2) 경영혁신기능의 수행

혁신(innovation)이란 기존의 사고·물체·전통·일상적인 것에서 벗어나 새롭고 창조적인 것을 발견하고 조직하고 체계화하는 일을 말한다.

전문경영자는 계층 간의 상호 기능을 주도하면서 전략적 의사결정의 주체가 되어야 함은 물론이고, 미래 지향적인 혁신적 사고가 필수적인 만큼 그 역할이 지대하다 하겠다.

기업에 있어서 혁신의 개념은 제품 혁신, 공정혁신, 마케팅 혁신, 경영혁신 등으로 집약할 수 있으며, 혁신적 기능의 내용은 경영자의 역할 가운데서 대표적인 것이라 할 수 있다.

제품 혁신이라 함은 새롭고 유용한 제품의 생산, 기존 제품의 품질이나 용도의 향상, 새로운 원료의 품질향상 등을 의미하며, 공정혁신은 새로운 설비, 새로운 기술, 새로운 작업방식, 절차 등에 의한 생산성 향상·품질개선 또는 원가절감을 포함한다. 마케팅 혁신은 새로운 시장, 새로운 소비계층, 새로운 유통·판매비용의 절감을 포함한다.

경영혁신(management innovation)이란 기업의 목표를 달성하기 위해 새로운 생각이나 방법으로 기존 업무를 다시 계획하고 조직화하여 지휘하고 통제하는 것이다. 즉 새로운 제품이나 서비스, 새로운 생산공정기술, 새로운 구조나 관리시스템, 종업원을 변화시키는 새로운 계획이나 프로그램을 의도적으로 실행함으로써 기업의 중요한 부분을 본질적으로 변화시키는 것을 말한다.

경영자의 혁신 노력을 통하여 기업은 수익성과 생산성 향상을 실현하고, 경쟁력을 제고함으로써 지속적인 성장과 발전이 가능한 것이다.

3) 경영관리기능의 수행

경영의 수탁자로서 경영자는 기업의 인적·물적 자원을 효율적으로 배합하여 최대의 경영성과를 실현하고, 이를 사회계층에 적절하게 배분함으로써 그에게 부여된 경영자로서의 책무와 사회적 책임을 다하여야 한다. 앞에서 말한 이해조정의 과정이나 경영혁신기능도 이러한 책무를 수행하기 위한 대상 또는 수단으로써 의미가 있다.

기업의 경영환경이 급변하고 조직이 방대해짐에 따라 경영의 효율을 높이고 기업을 유지·발전시키기 위해서는 직관이나 감정에 의해서가 아니라 과학적이고 합리적으로 경영활동을 전개해 나가지 않으면 안 된다. 그러기 위해서 경영자는 경영목표를 명확히 설정하고, 이를 실현하기 위해서 경영활동을 체계성 있게 계획하고 조직하며, 조직 구성원을 지휘하고 부문별 업무와 개인별 활동을 조정·통제하여야 한다. 특히 경영활동에 대한 계획·조직화·지휘·통제는 기업 경영자의 경영관리 기능 또는 경영관리의 순환과정으로 일컬어지고 있다.

경영자는 조직 또는 기업 내의 모든 인적·물적 자원을 활용하는 한편, 경영목표를 향하여 조직의 총력을 효율적으로 집약시키고, 그 목표를 실현함으로써 그에게 부과된 직무를 완수하는 것으로 본다.

많은 경영자들이 경영관리 기능을 다하는 것만으로 자신의 역할을 한정하려는 경향이 있다. 그러나 기업의 성장과 발전이라는 사명감을 갖고 경영자의 역할을 수행하려 한다면 경영관리적 기능보다는 오히려 적극적이고 능동적인 혁신적 기능을 수행하는 것이 기업에 공헌하고, 국가경제발전에 기여하게 된다. 따라서 경영자는 경영관리적 기능의 수행에 만족할 것이 아니라, 과학적이고 계획적인 평가와 계획 및 통제를 통해서 과감한 혁신적 기능을 수행하여야 한다.

3.3 경영자의 유형과 자질

1) 경영자의 유형

경영자의 유형은 크게 소유와 경영관계에 따른 분류와 경영 계층에 따른 분류의 두 가지로 나누어 살펴볼 수 있다.

(1) 소유와 경영관계에 따른 경영자의 유형

기업 조직은 시간의 경과에 따라 점차 그 규모가 확대되어 가려는 속성을 가지고 있는데, 그에 따라 소유경영자 → 고용경영자 → 전문경영자로 각각 변모되었다. 이처럼 기업 조직에 있어서 소유와 경영의 분리 상황에 따라 경영자의 유형을 분류해 보면 소유경영자, 고용경영자, 전문경영자로 구분할 수 있다.

① 소유경영자

소유경영자(owner manager)란 자기 자신의 이익이나 목적을 추구하기 위해 기업을 설립하여 그 기업에 자본을 출자하고 직접 기업을 경영하며, 손익에 대한 책임과 의무를 직접 수행하는 경영자를 말한다. 그러므로 이는 출자자 기능과 경영관리 기능이 출자자인 1인에게 귀속되는 경우이다. 소유경영자는 소유권과 경영권을 모두 보유하고 있기 때문에 기업가(entrepreneur)라고 하기도 한다.

② 고용경영자

고용경영자(hired or employed manager)란 기업가의 대리인으로서 경영기능의 일부를 위양 받아 기업을 경영하는 사람을 말한다. 고용경영자는 출자자인 기업가의 이익과 경영방침을 충실하게 대변하는 고용된 중역이며, 기업가의 대리인으로서 경영업무를 담당하게 된다. 고용경영자는 주로 개인기업과 가족 운영형태의 기업에서 흔히 찾아볼 수 있다.

③ 전문경영자

기업이 대규모화되고 경영활동이 고도로 복잡해지며, 주주의 무기능화가 촉진되면 소유경영자나 고용경영자가 아닌 전문경영자에 의한 과학적이고 합리적인 경영활동이 필요하게 된다. 전문경영자(professional manager)란 기업경영 전반에 걸쳐 전문적 식견과 기업관리능력, 그리고 전문자적 자질을 보유하고 있는 사람으로서 소유권자(주주)로부터 경영권을 위탁받아 실질적으로 기업을 경영하는 사람을 말한다. 고도의 전문적 지식과 의사결정능력을 가진 전문경영자는 소유와 경영 또는 소유와 지배의 분리를 전제로 하여 소유와 출자에 관계없이 경영활동상의 모든 기능을 독립적으로 수행함과 동시에 책임경영을 하게 된다.

이러한 전문경영자는 ① 소유와 경영의 분리, ② 기업규모의 확대, ③ 기업활동의 복잡화·전문화, ④ 주식 소유의 대중 분산과 무기능 주주의 탄생 등의 요인들을 그 출현 배경으로 하고 있다.

(2) 경영 계층에 따른 경영자의 유형

경영자는 기업 내의 위치에 따라 각각 서로 다른 업무와 책임을 갖으며, 경영계층을 형성하고 있다. 그러므로 경영자를 계층별 위계질서에 따라 최고경영자, 중간경영자, 하위경영자로 분류할 수 있다.

① **최고경영자**

최고경영자(top manager)는 기업의 전반적인 경영을 책임지는 경영자로서 계층상 최상층에 속하는 경영자를 말한다. 일반적으로 최고경영자는 기업의 활동 방침을 설정하거나 기업 외부의 환경과 상호작용을 하는 업무를 주로 맡는다. 이러한 최고경영자는 ⓐ 주주총회로부터 경영에 대하여 일체의 권한을 위양받는 수탁경영자, ⓑ 전반적인 경영기능을 수행하는 전반경영자, ⓒ 해당 부문에 대한 업무를 집행하는 부문경영자로 구분되기도 한다. 최고경영자는 기업별로 각각 다른 명칭을 갖고 있다. 우리나라에서는 회장, 대표이사, 사장, 부회장, 이사 등의 임원이 여기에 해당한다. 미국에서는 전문경영자의 성격을 갖고 있는 최고 의사결정 책임자(chief executive officer : CEO)가 이 범주에 속한다.

② **중간경영자**

중간경영자(middle manager)는 현장경영자를 지휘하는 데 주요 책임이 있으며, 때에 따라서는 작업자를 직접 지휘하는 역할도 한다. 중간경영자는 최고경영자가 설정한 기업의 방침과 계획을 실행하며, 최고경영자와 같은 상위자의 요구와 자신의 하위자인 일선경영자나 작업자의 능력을 조화시키는 역할도 한다. 중간경영자는 과장, 부장, 공장장, 생산부문 담당책임자 등이다.

③ **하위경영자**

하위경영자(low manager)는 일선경영자(first-line manager) 또는 현장경영자(supervisory manager)라고도 불린다. 이는 중간경영자의 지시를 받고, 보고할 의무를 지며, 작업자의 활동을 감독하고 조정하는 경영자로서 기업 내에서 가장 낮은 단계의 경영자를 말한다. 상급 경영자들이 제시한 목표를 달성하기 위하여 매일매일의 활동에 대한 세부계획을 세우고, 자신들의 부하들을 지휘 감독하여 업무가 차질 없이 수행되도록 한다. 따라서 일선경영자는 자신이 담당하고 있는 어떤 작업을 직접 실행하는 작업자만을 감독하고 다른 경영자의 활동은 감독하지 않는다. 하위경영자로는 제조공장의 생산감독자, 기술감독자 또는 관리부서의 사무감독자 등을 들 수 있다.

2) 경영자의 자질

경영자가 계획을 수립하여 조직을 구성하고 지휘하고 통제하는 등의 경영관리 활동을 얼마나 효과적으로 수행하는가는 각 경영자가 갖고 있는 경영기능 또는 자질(management skills), 즉 특정 단계의 관리업무를 수행할 수 있는 기술과 능력에 의해 좌우된다고 할 수 있다. 모든 계층의 경영자가 공통적으로 갖추어야 하는 기능 또는 자질은 크게 개념·인간·기술 등 세 분야에 관한 것으로, 일명 경영자의 기능 믹스(skill mix)라고도 한다.

(1) 개념적 기능

관리적 기능(conceptual skill)이라고도 하는데, 모든 경영 계층에서 필수적으로 지녀야 할 경영자의 기능을 기능적인 측면에서 표현한 것이다. 다시 말하면, 관리적 기술은 경영자의 계획·조직화·지휘·통제의 관리적 기능을 효과적으로 발휘할 수 있는 그 숙련도를 의미하고 있다. 이는 조직 전체의 경영을 총체적으로 파악하고, 각 부문 조직을 상호 관련시켜 볼 수 있는 능력을 의미하며 기업의 목적이나 정책을 설정하는 일체의 관리적인 자질을 총괄한다. 이 기능이 특히 경영자에게 요구되는 이유는 주어진 상황에서 어느 한 요인에 변화를 가할 경우 다른 요인 및 조직 전체에는 어떤 영향을 미치게 되는지를 그의 의사결정 과정에서 고려하지 않으면 안 되기 때문이다.

(2) 인간적 기능

조직 내에 있어서의 모든 인간관계 기능(human skill)을 말하며, 원활한 커뮤니케이션을 토대로 한 인간관계의 유지를 뜻한다. 인간적 기능은 공식 조직이건 비공식 조직이건 간에 조직의 모든 구성원으로 하여금 공통 목적을 향해 자발적으로 협동하게 하는 능력을 뜻하며, 주로 경영자계층간의 인간관계유지를 위한 능력이 그 주된 대상이 된다. 이에 관한 능력은 어느 정도의 교육과 훈련을 요구하지만, 근본적으로는 정서적인 요인을 배경으로 하기 때문에 실천적인 소질과 재능에 크게 좌우되고 있다. 경영자에게 이 기능이 특히 중요시되는 이유는 그가 다른 조직의 사람들과의 대인관계를 유지할 필요성이 빈번히 발생함은 물론, 자신이 속한 조직의 부하직원들을 통솔하여야만 하기 때문이다.

(3) 전문적 기능

이는 기술적 기능(technical skill)이라고도 말하며, 전문적인 지식과 다양한 경험을 토대로 직무수행과정에서의 기술적인 이해도와 숙련도 및 처리능력을 의미한다. 선박회사의 경영자는 조선기술에 관한 여러 가지 기술적인 이해를 갖추고 있어야 한다는 것과 같다. 기술자의 작업기술, 재무담당자의 회계처리능력 등이 전문적 기술에 속한다.

이상의 3가지 기능 요소는 모든 경영 계층이 필요로 하는 공통적인 기능 및 자질이다. 그러나 경영 계층에 따라서 요소별로 중요성과 비중에는 차이가 있다.

3.4 경영자의 능력개발

경영자가 기본적 직무수행을 효율적으로 수행하기 위해서는 미래에 관한 통찰력이 필요하고, 이를 기초로 한 경영방침의 발상력과 종합판단에 따른 의사결정력, 그리고 전 종업원의 협력체제 형성력 및 후계자 양성의 능력 등이 필요하다.

경영자 교육의 내용은 합리적인 의사결정을 할 수 있는 기반으로서의 광범위한 시야를 배양하는 정치, 경제, 경영, 사회, 문화, 과학 등에 관한 기초이론, 현상파악, 근대적인 경영관리기술 이론 등이다.

경영자의 능력을 발전시키기 위해 일반적으로 활용되는 훈련 방식으로는 사례연구(case study), 모의연습(business simulation), 브레인스토밍(brain storming), 집단 토의법(group discussion), 직무순환제(job rotation system), 대학경영교육제도(university management program system) 등이 있다.

Chapter 12 창업기업 경영전략

제1절 경영전략의 성격

1.1 경영전략의 개념

'전략'(strategy)의 어원은 고대 희랍의 Strategos라는 말에서 유래되었으며, 원래 '군략'(the art of the general)이라는 뜻을 가지고 있었다. 일반적으로 '전쟁에 있어서의 종합적이고 전국면에 걸친 병력 운용의 방책' 혹은 '목표 또는 목적을 효과적으로 달성하기 위한 대규모적이고 장기적인 방법이며 전쟁의 종합적인 준비, 계획, 운용의 방법을 말하는 것'으로 정의되고 있다. 또한 전략과 대비하여 '전술(tactics)'이란 '일반적으로 전략에 종속되는 하위 개념으로서 실제의 작전이나 전투 등을 효과적으로 수행하기 위한 소규모적이고 단기적인 개개의 방책을 지칭하는 것'으로 사용된다.

현대 경영학에서 '전략'이란 미래의 방향을 결정하거나, 기업 목적을 달성하기 위한 행동을 저해하거나 촉진시키는 과정에 중요한 요인이 되는 제반 문제를 해결하기 위한 의사결정규칙이라는 의미로 사용되는 경우가 일반적이다.

많은 학자들이 경영학에의 전략개념 도입을 통해 경영전략의 개념 정립을 시도해 왔으나, 아직까지 통일된 개념은 없다. 일반적으로 볼 때 경영전략이란 '기업 내·외적인 끊임없는 환경변화와 도전에 대응하여, 기업이 생존하고, 목표를 달성하며, 더 나아가서 기업의 발전과 성장을 위한 모든 행위, 즉 외부적 환경조건의 변화를 예측해서 그것에 적응할 수 있는 경영구조 조건을 결정하고, 그것을 위해서 제자원을 획득하고 효율적인 배분을 하는 것'이다.

1.2 경영전략의 수준과 적용 영역

경영전략의 수준은 많은 학자들이 기업체의 규모와 업종, 그리고 전체적인 조직형태에 따라 달리 구분하나, 여러 가지 서로 다른 사업들을 동시에 수행하는 다중사업기업(multibusiness)의 경우는 일반적으로 전략이 수립되고 실행되는 조직의 수준에 따라 기업 수준(corporate level), 사업부 수준(business level), 기능별 수준(functional level)의 세 가지 계층으로 분류된다. 물론 기업이 초기 단계이거나 성장을 하더라도 하나의 사업영역에서만 활동을 할 때는 기업이 하나의 사업부만으로 구성되기 때문에 기업 수준과 사업부 수준은 동일하게 된다.

1) 기업전략(corporate strategy)

기업 전체의 경영을 지배하는 가장 상위의 경영전략이며, "우리는 어떤 사업에 참여하여야 하는가?" 하는 물음에 대답하는 전략이다. 기업전략의 핵심은 주로 기업의 전체 목표를 정의하고, 무슨 사업에 참여하며, 어떻게 사업부들 간에 자원을 배분할 것인가로 전사적 수준의 기업전략은 새로운 사업영역의 선택, 기업의 합병과 취득, 산업의 진입과 철수, 기존 사업의 포기, 성장의 우선순위 결정, 장기적 자본조달 방안, 배당정책 등과 관련된 전략적 의사결정이 주류를 이루고 있다. 이러한 문제들은 기업 전체적인 관점과 장기적 시야를 필요로 하며, 잠재적 수익성이 높은 반면, 위험부담이 높은 것이 특징이다.

2) 사업전략(business strategy)

사업전략은 "전략적 사업단위(SBU: strategic business unit)가 특정 산업이나 제품 시장에서 어떻게 경쟁할 것인가?" 하는 질문에 응답하는 전략으로서, 선정된 사업이나 제품영역에서 효과적인 경쟁을 하기 위해서는 어떻게 시장세분화를 하고 제품차별화를 하여야 하는지 등 가용자원을 활용하여 구체적인 경쟁방법을 결정하는 것이 주된 내용인 경쟁전략을 말한다.

사업부 수준에서의 전략적 의사결정은 시장 세분화, 유통채널, 원가구조, 공장입지 등과 같이 상대적으로 구체적이고 경쟁우위 확보와 관련된 것이 대부분이며, 개별 기능적 영역을 강조하면서 영역별 제반 자원을 할당하는데 역점을 두고 있다. 이 전략은 모든 조직에서 효율적인 경쟁방법으로 이용되고 있다.

3) 기능전략(functional strategy)

사업전략(경쟁전략)을 구체화하기 위한 각 기능분야에서의 정책이나 방침, 즉 각 사업부서가 사업전략을 성공적으로 수행하기 위해 각 기능별(제조, 재무, 인사, 개발, 마케팅 등)로 설정한 활동계획을 말한다. 이 전략에서는 기능분야별로 배분된 자원의 생산성을 어떻게 극대화시킬 것인가와 기능별 전략 간의 유기적 통합을 이루기 위한 조정과 통합이 전략적 관심사로 다루어지게 된다. 기능별 수준에서의 의사결정은 사업부 수준에서 결정된 전략을 실천하는 것과 직접 관련되어 있으므로, 이들과 일관성을 가져야 한다.

기능전략은 기업전략 또는 사업전략에 비해 단기적이며 보다 구체적이다. 즉 주로 생산시스템의 효율성 제고, 적정재고 수준의 결정, 고객서비스의 질적 향상, 연구개발방법의 결정 등과 같은 실천적 문제를 다룬다.

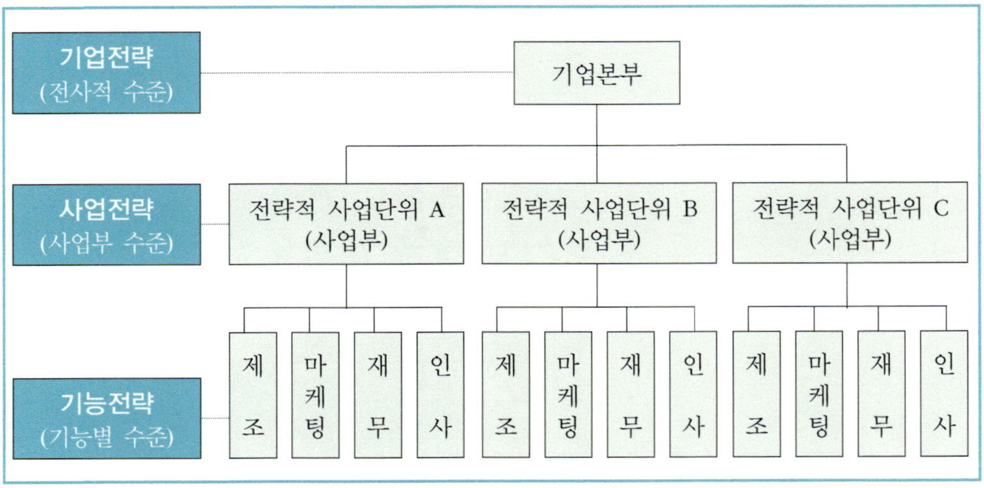

[그림 12-1] 경영전략 계층

제2절 경영전략 수립절차

경영전략의 수립은 먼저 기본적인 장기 목표, 즉 기업의 장기비전을 설정하고 이의 달성을 위해 제한된 자원을 어디에 투입하는 것이 좋은가를 결정하는 과정이다. 이때 전략 대안은 외부환경분석과 내부환경분석의 결과로부터 도출된다.

1) 전략수립 팀 구성

경영전략의 수립과정에 다른 부서를 참여시키는 것은 전략 성공에 절대적으로 필요하므로, 이에 참여시키는 사람들을 선택하는 것은 무엇보다 중요하다 하겠다. 이러한 전략수립 팀에는 사업을 책임지고 있는 경영자, 사업관련 상급자, 주요 지역의 총책임자, 주요 부서의 총책임자 등과 같은 사람으로 구성될 필요가 있다.

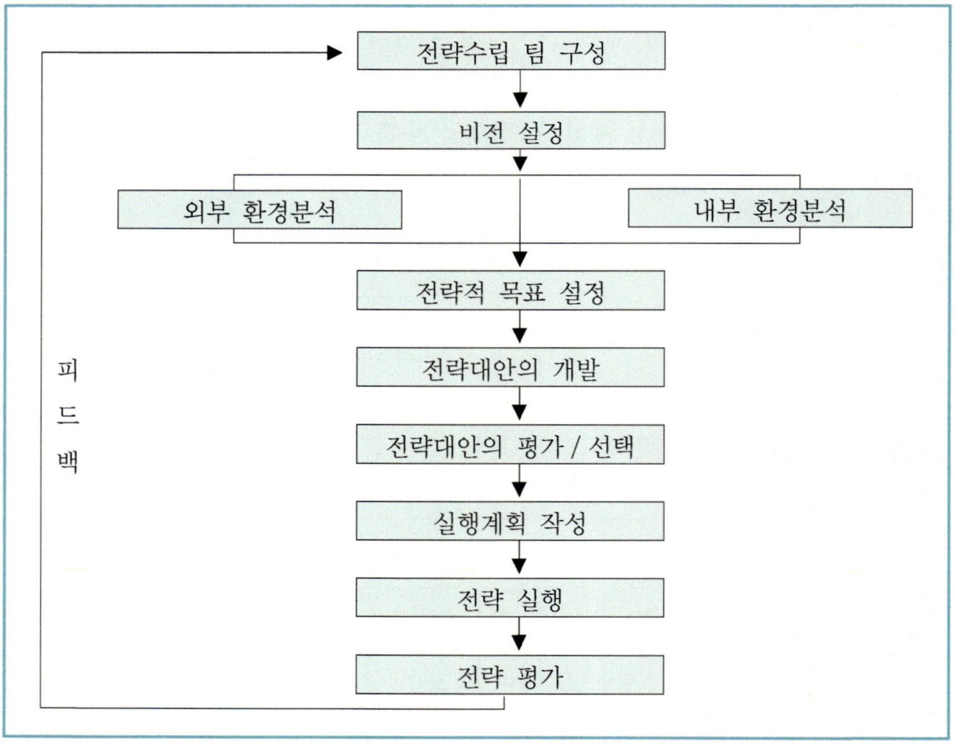

[그림 12-2] 경영전략 수립절차

2) 비전 설정

신규사업을 시작하거나 기존 사업의 방향을 재정립하고자 할 때 가장 먼저 하여야 할 일이 기업의 비전을 정립하는 것이다. 기업의 비전은 기업철학을 구체화한 것으로, 기업이 미래에 나아가고자 하는 통일된 방향을 표현한다. 이러한 기업의 비전은 향후 전략대안의 개발과 평가를 위한 기반이 될 뿐만 아니라, 모든 차원의 관리자들에게 의사결정의 지침을 제공하게 된다.

기업은 비전을 명쾌히 제시함으로써 기업 자신이 꿈꾸어 왔던 미래의 모습에 스스로 영향을 받으며, 존재하지 않았던 것을 존재하도록 노력하고, 미래상을 가지고 현실에 도전하는 것이다. 따라서 올바른 비전은 구성원에게 활력을 불러일으킴으로써 그들의 기술, 재능, 능력 등과 같은 핵심역량을 역동적으로 이용해 미래에 도약하게 만드는 것이다.

3) 외부 환경분석

외부 환경분석 단계는 기업이 직면할 수 있는 현재와 미래의 환경요인들의 기회(opportunities)와 위협(threats)을 평가는 과정이다. 모든 환경변화가 기업에게 결정적인 영향을 미치는 것은 아니므로, 중요한 영향을 미치는 핵심 환경요인을 중심으로 외부환경을 분석하는 것이 평가를 용이하게 한다. 예들 들면 PEST분석으로 정치적(political), 경제적(economic), 사회적(social), 기술적(technical) 분석의 앞 문자를 따서 표현한 것으로 외부환경을 세분화하여 핵심 요인별로 간단히 분석하는 기법이다.

4) 내부 환경분석

내부 환경분석은 외부환경분석에서 도출된 환경이 주는 기회와 위협에 대해 기업이 이를 얼마나 이용하고 이에 대처해 나갈 수 있는 강점(strength)과 약점(weak- nesses) 등의 내부 보유자원과 능력을 분석하는 것이다. 이 분석과정은 각 시장에서 기업이 보유한 경쟁역량을 확인하는 것이다. 그러므로 이러한 기업의 강점과 약점을 분석할 때는 먼저 “우리 회사의 능력은 어느 정도인가”, “우리의 능력을 기존의 경쟁기업 또는 잠재적 경쟁기업과 어떻게 비교할 것인가”, “기업의 능력이 직무수행을 어떻게 지원해 줄 것인가"를 평가하여야 한다. 특히 기업의 내부환경분석에서 도출된 강점과 약점은 동종기업들 중에서 뛰어난 최우량 경쟁기업들과 비교하여 분석된 것이어야 한다.

일반적으로 기업의 내부환경분석은 재무적·물적 분야, 조직적·인적분야, 그리고 기술적 분야 등 세 가지 분야가 그 주요 대상이 된다. 때로는 기업의 사업 또는 제품들에 대해 자원배분의 형태와 조직의 구조적 측면까지도 분석하여야 현재의 강점과 약점을 파악할 수 있다. 이상의 외부환경분석과 내부환경분석을 SWOT분석이라고도 한다.

SWOT는 강점(strength)과 약점(weaknesses), 기회(opportunities)와 위협(threats)의 약자이다. 외부환경의 기회와 위협, 그리고 기업의 강점과 약점을 알기 위하여 기업의 보유 자원과 내부능력을 검토하고, 기업 능력의 관점에서 주요 환경요인으로부터 기회나 위협을 도출하는 과정이 SWOT분석이다.

이러한 SWOT분석은 강·약점과 주요 환경요인을 경영자의 시각에 의하여 단순히 분석하는 것이 아니라, 전략 수립에 기여할 수 있는 것을 얻을 수 있도록 체계적인 분석을 수행한다.

SWOT분석의 절차와 과정을 살펴보면, 먼저 환경 분석 및 예측을 통해서 주요 환경요인이 얻어지고, 또 내부 자원과 능력에 대한 평가를 통해서 강점과 약점이 얻어지면, 그다음은 주요 환경요인이 기회로 작용할 것인지 아니면 위협이 될 것인지를 분석하여야 한다. 주요 환경요인이 어떤 기업에게는 기회가 되는가 하면 어떤 기업에게는 위협이 되기도 하기 때문에, 주요 환경요인이 기회인지 위협인지는 결국 자사의 강점과 약점을 결부시켜 판단하여야 하는 문제인 것이다.

SWOT 매트릭스에서는 외적요소(OT)와 내적요소(SW)의 조합, 즉 SO, WO, ST, WT의 4가지 범주별로 나누어 해당 내·외적 요소의 조합을 통하여 고려 가능한 전략 대안을 창출해 내게 된다.

[표 12-1] SWOT 매트릭스

내적요소 / 외적요소	강점 S_1, S_2, S_3, ·, ·, ·	약점 W_1, W_2, W_3, ·, ·, ·
기회 O_1, O_2, O_3, ·, ·, ·	SO (예) 전략안 #($O_1S_1S_2$) 전략안 #($O_2S_1S_2$) · · · ·	WO (예) 전략안 #(O_2W_1) · · · · ·
위협 T_1, T_2, T_3, ·, ·, ·	ST (예) 전략안 #($T_1T_2S_1$) · · · ·	WT (예) 전략안 #(T_2 W_2W_3) · · · ·

◀ 기업에 대한 평가 ▶

우리의 강점은 무엇인가(S)	우리의 약점은 무엇인가(W)
■ 높은 생산효율성 ■ 숙련노동력 풍부 ■ 제품의 시장점유율 확대 ■ 강력한 자금조달 ■ 우세한 명성	■ 시설의 노후 ■ R&D의 부적절성 ■ 기술의 취약성 ■ 경영의 취약성 ■ 과거의 계획 실패경험
기회요인은 무엇인가(O)	**우리의 위협은 무엇인가(T)**
■ 진입 가능한 신시장 ■ 강력한 경제성 ■ 소수의 시장 경쟁자 ■ 첨단기술 ■ 기존 시장의 성장	■ 신규 경쟁자의 출현 ■ 자원 부족 ■ 시장기호의 변화 ■ 새로운 법규의 제정 ■ 대체품의 등장

◀ 환경에 대한 평가 ▶

[그림 12-3] SWOT분석 예

5) 전략적 목표 설정

앞의 분석을 통하여 기업은 경영환경의 변화를 최대한 활용하고 자사의 강점과 약점을 충분히 반영한 전략적 목표를 설정하게 된다.

이러한 전략적 목표는 기업의 아주 기본적이고, 장기적으로 추구하여야 하는 목표로서 간결하고, 명백하고, 수량적으로 의미가 있고, 시간적인 베이스에서 실현 가능한 것들이어야만 한다. 예들 들면 "3년 내 세계시장에서 5%의 시장점유율 향상"이나 "5년 이내에 100억 달러의 판매량 달성" 등과 같은 것이다.

6) 전략대안의 개발과 선택

경영전략은 기업에 대한 환경의 압력과 기업의 자원능력, 목표 성취를 전제로 한 기본적인 수단이다. 이때의 전제사항으로서 가장 먼저 고려하여야 할 것이 바로 기업이 나아가고자 하는 통일된 방향을 보여주는 기업의 비전에 비추어 그 타당성 여부를 평가하는 것이다.

전략 대안의 평가 및 선택의 도구로서 대표적인 방법이 사업포트폴리오분석(business portfolio analisis)이다. 이러한 분석은, 예를 들면 기업이 활동하고 있는 시장(산업) 성장률과 상대적 시장점유율을 양 축으로 하고 자사의 해당 시장에서의 매출액을 원의 크기로 표시하여 전사적 입장에서 효율적인 자원배분을 위한 최적의 사업 포트폴리오를 제시해 준다.

전략 선택의 과정은 기업 비전의 달성을 위해 한정된 자원을 어디에 투입하는 것이 좋을지를 결정하는 것이다. 뿐만 아니라 이러한 전략선택은 실행가능성을 원칙으로 하며, 환경변화에 적합한 적시성을 가지고 있어야만 한다. 또한 전략 대안은 이미 기업에서 실행하고 있는 기존 전략과의 관련 하에 도출되어야만 하며, 최고경영자의 의지 및 전체적인 차원에서 시너지효과와 조직의 실행능력 등을 충분히 고려하여 선택되어야만 한다.

7) 실행계획 작성

만일 선택된 전략이 새로운 제품 시장에 진입하려는 것이라면 진입을 위한 수단으로써 신제품 개발을 위한 체계적인 계획이 수립되어야 할 것이고, 새로운 설비와 인력을 확보하기 위한 계획이 뒤이어 작성되어야 한다. 이러한 실행계획이 수립되면 거의 동시에 필요한 자원량이 결정되고, 이에 따라 예산이 수립되게 된다. 예산 기간은 일반적으로 실행계획의 수립기간과 같다.

경영전략이 대개 중장기적으로 경영활동의 전반에 대해 수립되는데 반하여, 실행계획은 이를 구체화하는 만큼 기간도 짧고 범위 역시 좁은 게 보통이다. 실행계획은 보통 경영전략에서 기능별 전략 중의 하나 또는 그보다 더 좁은 경영관리 기능에 대한 구체적인 계획이다.

8) 전략 실행

전략 실행의 첫 번째 단계는 단기적 목표를 수립하는 것이다. 두 번째 단계는 자본·인적자원·고정자산 등 기업 자원을 할당하는 것이다. 세 번째 단계는 기업이 선택한 전략을 실행하는데 적합한 조직형태를 완성해 내는 것이다.

9) 전략 평가

기업의 전략이 올바로 수행되었는지, 또한 전략적 목표에 일치하고 있는지를 확인하는 과정이다. 즉 해당 전략이 환경상의 제반 조건과 기업의 내부 보유자원과 능력과의 일관성을 유지하고 있는지를 판단하며, 전략이 수행한 실적치를 미리 설정된 목표와 자사의 과거 실적, 그리고 경쟁사의 과거와 현재 실적을 비교하는 것이다.

이러한 전략 평가는 이를 피드백하여 전략의 수정 및 변경뿐만 아니라 기업의 장기비전에도 반영되어 기업의 사업성 기회를 지속적으로 창출하는데 활용하게 된다.

제3절 경영전략 전개

3.1 기업전략의 수립

전사적 수준의 기업전략은 장기적인 이익을 극대화하기 위하여 기업의 성장과 발전을 적절하게 관리해 나가는 것을 말한다. 그러므로 기업전략은 기업의 최고경영자가 조직 전체의 이익과 행동을 원하는 방향으로 유도하기 위해 수립된다. 이 전략은 사업영역과 관련하여 단일 사업에 집중할 것인가, 수직적 통합을 시도할 것인가, 아니면 새로운 사업분야로 다각화할 것인가, 그리고 시장과 관련하여 국내 시장만을 대상으로 할 것인가, 아니면 해외시장으로 적극 진출할 것인가 등 기업이 활동할 사업과 시장을 결정하는 것을 주요 내용으로 한다.

1) 기업의 성장과 전략

일반적으로 기업은 다음과 같은 과정을 거쳐 성장·발전한다. ① 특정 지역이나 한정된 시장 영역을 대상으로 하는 소규모의 단일사업으로부터 출발한다. ② 핵심적 사업의 수익성을 증대시키고 경쟁적 지위를 강화하기 위하여 수직적 통합이나 해외로의 사업 확장을 도모한다. ③ 수직적 통합이 완성되거나 기존 산업에서의 성장이 한계에 도달하게 될 때, 또는 기존 사업에서 자금을 축적하고 마케팅과 관리상의 능력을 과잉 보유하게 될 때 기업은 또 다른 성장기회를 추구하게 된다. 즉 새로운 가치를 창출하기 위하여 여유자원을 신규 부문에 투자하는 다각화의 추진이다.

(1) 단일사업 집중전략

대부분의 기업은 국내 시장에서 단일사업을 영위함으로써 기업활동을 시작한다. 이때는 전사적 수준의 기업전략과 사업부 수준의 경쟁전략이 차이가 없다. 이익을 극대화하기 위하여 원가우위전략, 차별화전략, 집중화전략 중 기업의 자원과 능력에 적합한 전략을 채택한다.

단일사업 집중전략은 ① 기업의 인적·물적·재무적 자원을 특정 부문에 집중함으로써 경쟁우위를 창출할 수 있다. ② 단일사업이므로 최고경영자가 사업내용을 더 잘 파악할 수 있으며, 환경변화와 소비자의 욕구변화에 신속하고 효과적으로 대응할 수 있다.

반면에, 현재의 사업이 침체하거나 쇠퇴하는 등 해당 산업이 성숙기에 접어들면 기업의 투자기회가 감소하고 그 결과 성장에 제약이 따른다. 그리고 소비자 기호가 변하거나 기술혁신으로 신기술이 등장하는 경우, 대체품이 개발되어 시장을 위협하는 경우 산업의 존재 자체가 위협을 받을 수 있다.

(2) 수직적 통합전략

수직적 통합전략(vertical integration strategy)이란 기업이 원재료의 획득에서 최종 제품의 납품에 이르기까지 전체 공급체인에서 일정 부분을 통제함으로써 필요한 자원을 획득하기 위한 전략을 말한다. 이러한 수직 통합에는 전방 수직적 통합과 후방 수직적 통합의 두 가지가 있다.

전방 수직적 통합(downstream or forward integration)은 기업이 생산체인에서 다음 단계의 과정을 소유하는 경우로서, 부품을 공급하고 있는 기업의 경우 완제품의 생산이 전략적 가치가 높다고 판단되는 경우 해당 산업 진입을 감행하기 쉽다. 더 큰 시장력을 갖기 위한 공격적인 이동이며, 유통경로 지향적이 된다. 예를 들면 자동차 회사가 자체 생산한 자동차를 판매하기 위하여 유통사업에 참여하는 경우 등이다.

후방 수직적 통합(upstream or backward integration)은 기업이 원재료와 부품의 원천 쪽으로 움직이는 것을 말한다. 기존 제품을 부품으로 구매하고 있는 기업들의 경우 생산 투입물에 대한 공급 안정성을 높이거나 원료에 대한 질적 수준을 높이는 등의 자체 생산의 필요성이 있을 때 해당 산업에 진입한다. 예를 들면 자사에서 구매하는 부품들을 자체 생산하기 위해 협력업체를 흡수하거나 자체 부품공장을 설립하는 경우 등이다. 이러한 후방 수직적 통합은 가격을 낮추거나, 주 공급자에 의한 이용을 막을 수 있는 방어적 이동이다.

이러한 수직적 통합은 주로 핵심사업의 경쟁적 지위를 강화할 목적으로 행해지는 데, 기업들은 이를 통하여 생산원가를 절감하고, 시장 비용을 줄이며, 보다 나은 품질관리를 할 수 있으며, 독점 기술을 보호할 수 있게 되며, 이를 바탕으로 추가적인 가치를 창출할 수 있다.

반면에, 외부의 값싼 공급원을 무시하고 값비싼 자사 소유의 공급원을 고집함으로써 잠재적 원가가 상승하고, 급속한 기술변화가 이루어질 때 기술진부화의 위험이 초래되며, 수요 예측이 곤란할 경우 막대한 관료적 비용과 비효율성이 초래된다. 또한 유연성이 감소하며, 각기 다른 표준을 통합하는 데 어려움이 따른다.

(3) 다각화전략

다각화전략(diversification strategy)이란 기업이 한 사업에서 획득한 핵심역량을 다른 사업부문에 활용·공유하거나 사업 포트폴리오를 구성하여 위험을 회피하려는 목적에서 추진되는 전략이다. 이러한 다각화에는 관련다각화와 비관련다각화가 있다.

관련다각화란 기존의 기업활동과 새로이 진출하려는 사업 사이에 공통적인 가치사슬의 구성성분이 하나 이상 존재하는 것을 말한다. 즉 제조, 마케팅, 자재관리, 기술적 측면 등에서 사업간에 연관성이 있는 경우이다. 이러한 관련다각화는 사업부간의 상호작용을 통한 시너지효과 획득을 주 목적으로 하며, 사업부들 간 자원, 지식, 정보 등을 공유하는 것이 특징이다. 반면에 비관련 다각화란 기존의 기업활동과 전혀 관련이 없는 새로운 분야로 진출하는 것을 말한다.

한편, 관련다각화는 경쟁우위를 강화하고 시장지위를 향상시키는 측면에 중점이 주어지는 등 주로 기업의 전략적 동기에 의하여 발생하는 데 반하여, 비관련다각화는 이익의 안정적인 확보와 자금활용의 극대화라는 측면에 중점이 주어지는 재무적 동기에 의하여 발생한다.

기업은 다각화전략을 추진함으로써 사업 포트폴리오를 적절히 구성하여 자원을 보다 효율적으로 활용할 수 있으며, 기존의 사업에서 습득한 기술을 이전할 수 있으며, 또한 기업의 여러 가지 기능을 공유할 수 있게 된다. 이처럼 다각화전략은 위험의 분산과 수익성이나 성장성을 내포한 매력적인 전략 중의 하나이지만 첫째, 위험의 분산을 위하여 추구되는 다각화전략의 경우 자칫 자원이 비생산적으로 사용될 수 있으며, 둘째, 과도한 다각화전략의 추구로 인하여 사업에 대한 통제력을 상실하게 될 수도 있는 단점을 가지고 있다.

이러한 다각화를 추진하는 수단은 M&A, 전략적 제휴와 사내개발이 있으며, 다각화의 역방향으로는 퇴출(divestment)이 있다.

2) BCG 매트릭스 전략기법

미국의 경영컨설팅회사인 Boston Consulting Group에 의해 개발된 기법으로 성장성-점유율 매트릭스(Growth-share matrix)라고도 불린다. 이 매트릭스는 여러 사업을 수행하는 기업들의 전략 수립을 위한 모델로서 사업부서간의 자원배분 문제를 해결하는 데 이용되는 모델이다.

(1) 전략적 사업단위의 평가

BCG 매트릭스는 상대적 시장점유율과 시장성장률을 기초로 하여 모든 전략적 사업단위를 분석한다. 전략적 사업단위(SBU : strategic business unit)란 개별적인 사업과 목표를 갖는 기업의 구성단위로서, 기업의 다른 사업단위와는 독립적으로 계획이 이루어질 수 있는 사업부를 의미한다.

상대적 시장점유율은 해당 산업 내에서 가장 큰 경쟁기업이 가지는 시장점유율과 자사가 가지는 시장점유율과의 비율을 의미한다. 이는 사업단위가 경쟁사에 비하여 시장에서 어느 정도의 위치를 차지하는지를 평가할 수 있게 한다. 일반적으로 1보다 큰 경우 시장의 선도자가 될 수 있으며, 1보다 작은 시장점유율을 가지고 있는 경우는 상대적으로 경쟁사보다 약한 사업단위라고 할 수 있다.

시장성장률은 균형 포트폴리오를 수립하는 데 고려하여야 할 외부환경으로부터의 기회와 위협요소를 반영한다. 사업단위의 시장성장률은 전체 경제성장률과의 관계에서 결정된다. 만일 사업단위의 시장성장률이 전체 경제성장률보다 높으면 좋은 시장 기회를 가지는 사업단위이고, 반대로 낮은 성장률일 경우 쇠퇴기로 접어든 사업이라고 의심해 볼 수 있다. 시장성장률은 다소 자의적으로 결정되나, 연평균 성장률 10% 정도를 중간점으로 하여 10% 이상인 경우 고성장시장, 10% 이하인 경우 저성장시장으로 간주한다.

(2) 전략적 사업단위의 비교

상대적 시장점유율과 시장성장률을 이용하여 다음 [그림 12-4]와 같이 매트릭스상에 각 사업단위를 표시하고 상호 비교한다. 그림의 수평축은 시장점유율이며, 수직축은 시장성장률을 기준으로 한다. 그림에서 원은 전략적 사업단위를, 원의 크기는 사업단위의 규모를 나타낸다. 그러므로 원이 클수록 기업의 총매출에서 차지하는 사업단위의 비중이 크다는 것을 의미한다. 그림에서 BCG 매트릭스는 네 가지 유형의 사업단위로 구분된다. 이 네 가지 유형의 사업단위는 서로 다른 전략적 의미와 자금흐름을 가진다.

① 자금젖소(Cash Cows)

자금젖소에 속하는 사업단위는 시장성장률은 작지만 상대적 시장점유율은 높다. 시장의 성장 속도는 느리기 때문에 신규투자를 위한 자금이 많이 필요하지 않고, 시장점유율은 크기 때문에 판매량이 많아 많은 이익을 가져다줄 수 있다. 따라서 여기에 속한 사업단위는 기업에 많은 유동자금을 공급해 줄 수 있어 스타나 문제아를 지원할 수 있는 중요한 자금 원천이 된다.

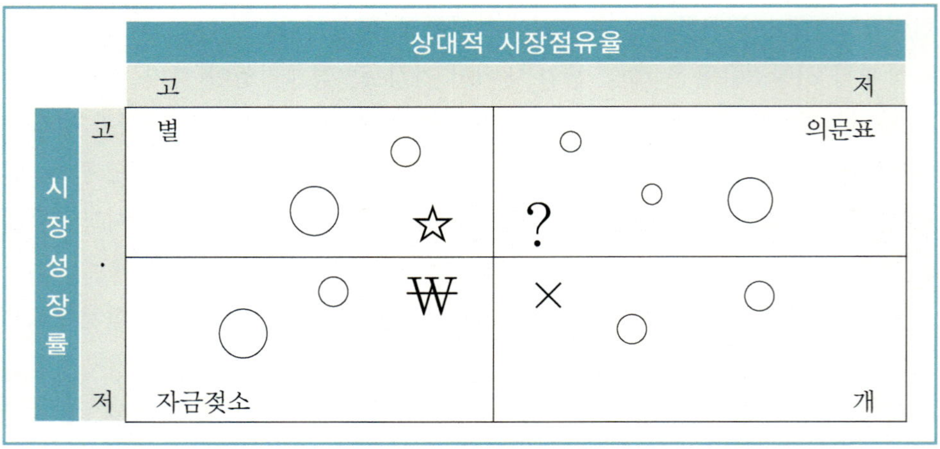

[그림 12-4] BCG 매트릭스

② 스타(Stars)

시장성장률과 시장점유율이 모두 높아 스타처럼 희망을 주는 사업이라고 해서 별로 표시하고 있다. 수익률과 성장률이 모두 높기 때문에 시장점유율을 유지하기 위해서는 적극적인 투자가 필요하다. 단기적으로 기업에 자금을 공급하지는 못하지만 어느 정도 시장이 성장하여 성장률이 떨어짐에 따라 수익 주종사업인 자금젖소로 이행된다.

③ 문제아(Problem Children)

시장점유율이 낮기 때문에 수익성은 낮으나 성장률은 높기 때문에 시장점유율 유지와 확대를 위하여 많은 자금의 투자를 필요로 한다. 적기에 투자를 성공적으로 하면 성장사업인 스타로 이행되나 그렇지 못한 경우에는 사양사업인 개로 전락하게 된다.

④ 개(Dogs)

낮은 시장점유율과 낮은 시장성장률을 보이는 사업단위로서, 이 사업단위는 약한 시장 위치 때문에 현금을 창출해내기는 어렵고 사업의 저성장성으로 인해 시장점유율을 증진시키기도 어렵다. 이러한 사업단위들은 마이너스의 순현금 흐름을 나타내기 때문에 기업의 포트폴리오에서 제거시키는 것이 바람직한 전략이라 할 수 있다.

(3) 전략적 활용

BCG 매트릭스는 기업경영자에게 각 사업단위의 자원배분에 대한 지침을 제공하며, 존속시킬 사업, 처분하여야 할 사업, 기업의 목표를 달성해 줄 수 있는 사업 등 기업의 이상적인 균형 상태를 알 수 있게 해 준다.

사업 포트폴리오의 관점에서 성공적인 순환과 실패의 순환을 나타내면 [그림 12-5]와 같다. 먼저 성공적인 순환을 보면 자금젖소 사업으로부터 충분한 자금을 지원받아 의문표 사업에 투자한다. 그리고 성공을 거두면 스타 사업이 되고 성장률이 둔화됨으로 자금젖소 사업이 되어 다시 의문표 사업을 지원할 수 있게 된다. 그러나 실패의 순환을 따를 경우 즉 시장경쟁에 대처할만한 투자를 하지 못할 경우 각 사업들은 시장점유율과 시장성장률이 떨어지면서 궁극적으로 개 사업이 될 것이다.

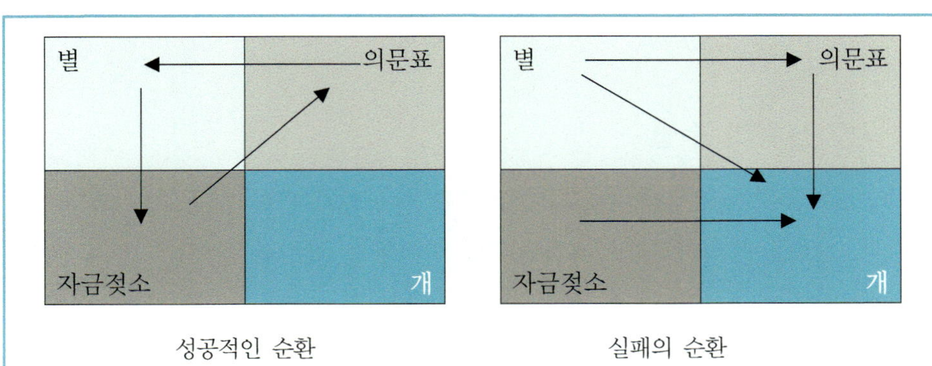

[그림 12-5] 사업 포트폴리오의 성공적인 순환과 실패의 순환

BCG 매트릭스에 있어서 포트폴리오의 핵심은 자금젖소 사업에서 충분한 자금을 획득하여 의문표 사업을 스타 사업으로 키우는 것이다. 만일 자금젖소 사업에서 충분한 자금을 획득하지 못하면 스타 사업을 제대로 지원할 수 없어 스타 사업도 언젠가는 개 사업이 되어 버릴 것이다. 스타 사업이 없어지면 자금젖소 사업에서 획득한 자금 유입으로 자금의 여유를 갖게 되겠지만 언젠가 자금젖소 사업마저 개 사업이 되어 버릴 것이므로 기업은 결국 쇠퇴해 버릴 것이다.

(4) BCG 매트릭스의 장점과 한계점

BCG 매트릭스는 다음과 같은 장점을 가지고 있다. ① 현금흐름의 관점에서 전략적 사업단위들을 유형화하고 분석함으로써 균형 사업 포트폴리오를 구성할 수 있는 자금 활용방법을 제시해 준다. ② 언제 새로운 사업에 투자하고, 기존 사업에서 손을 떼어야 하는지를 알 수 있게 해 준다.

한편 BCG 매트릭스는 다음과 같은 한계점을 가지고 있다. ① 상대적인 시장점유율과 현금흐름 간에 정(+)의 관계가 있다는 주장은 설득력이 약하다. ② 기업의 전략 선택에 영향을 주는 요인이 시장점유율과 시장성장률 외에도 더 많이 있을 수 있다. ③ 특정한 전략적 사업단위의 시장점유율과 시장성장률을 측정하기가 어렵다. ④ 모든 사업들은 네 개의 사업으로 분류하기가 어렵다. 즉 중간에 위치하는 사업에 대한 고려가 없다.

그러나 이 같은 한계점들에도 불구하고 BCG 매트릭스는 자원 할당 결정에 대한 문제를 해결하는데 하나의 유용한 방법을 제공하고 있다.

3.2 사업전략의 수립

사업전략은 경영자들이 장기적인 목표를 달성하기 위한 방법으로 그 사업의 이익과 운영을 분석하고 이를 기반으로 수립하는 경영전략이다.

사업전략은 관리자들이 장기적인 목표를 달성하기 위한 방법으로서 그 사업의 이익이나 운영을 분석함으로써 구체화된다. 이 전략은 표적시장에서 그 사업이 어떻게 경쟁할 것인가, 어떤 제품과 서비스를 제공할 것인가, 어떤 고객을 대상으로 제공할 것인가, 그 사업 내에서 자원을 어떻게 배분할 것인가, 어떤 기술을 강조하고 기업 간에는 어떤 시너지 효과를 얻을 수 있는가를 파악해야 한다.

1) 제품수명주기전략

경영자는 자사의 제품과 시장에서 사업부 수준의 전략을 개발하기 위하여 제품수명주기에 따른 제품-시장의 발전단계를 활용한다. 제품수명주기(product life cycle)란 새로운 제품이 판매되어 점차 성장하다가 언젠가는 타사의 신 경쟁제품에 의해 시장에서 소멸하게 되는 현상을 의미한다. 이것은 제품이 시장에 도입되어 폐기될 때까지의 성쇠상태를 제품의 매출액과 이익, 그리고 시계열과 관련시킨 개념이다. 제품수명주기는 도입기, 성장기, 성숙기, 쇠퇴기의 4단계로 나눌 수 있는데, 각 단계는 기업의 주요 제품과 시장이 어느 단계에 속하고 있으며, 그 발전단계에서는 어떤 사업전략이 적합한가에 대한 사업부 수준의 전략을 제공해준다.

효과적인 사업전략을 수립하기 위한 제품-시장 발전단계의 활용에서 기업의 경영자들은 두 가지 중요성을 알아야 할 필요가 있다. ① 네 단계가 동일한 기간을 유지하지 않는다는 것이다. 이것은 단일 제품-시장의 발전단계와 서로 다른 제품-시장의 발전단계에 있어서 모두 다 같다. ② 단계별 전략을 수립하는데 시간을 고려하여야 한다는 것이다. 각 단계별 기간의 가변성과 다음 단계의 도래를 예측하여야 한다는 것이다.

(1) 도입기전략

도입기전략(introductory stage strategy)은 표적시장과 고객 및 고객의 욕구에 알맞은 제품 특성을 확인하는 데 초점을 맞추어야 한다. 도입기에 있어서 경영자들은 전략의 범위를 재정의하고 확인함과 아울러 제품 설계와 생산공정을 단순화함으로써 경쟁우위를 추구해야 한다. 또한 제품이나 생산수단에 따라서 변화와 문제가 발생할 수 있기 때문에 인력과 장비를 이용하는 데 융통성을 유지할 수 있는 방법으로 기업의 자원을 배분해야 한다. 그리고 기업이 수익을 초과하는 기간 동안 지탱할 수 있는 재무능력이 있어야 한다.

구체적으로 이 단계에서의 경영전략으로는 고소득층을 상대로 고가 정책을 채택하게 된다. 그 이유는 낮은 생산성 때문에 비용이 높고, 생산기술이 미흡하며, 높은 판촉비용을 보상하기 위해서는 높은 매출이익률이 필요하기 때문이다.

(2) 성장기전략

성장기전략(growth stage strategy)이 갖는 기본적인 관심은 고객기반을 확장시킬 기회를 찾으면서 표적시장의 규모와 잠재력을 발견하는 것이다. 경쟁우위는 상표 차별화, 유통상의 강점, 가격 또는 품질과 급속히 성장하는 시장에 대한 대응력에 따라서 추구되어야 한다. 빠른 확장은 재무자원의 배분, 인적자원의 보충 및 시설의 최적 활용을 통해서 보충되어야 한다.

구체적으로 이 단계에서의 경영전략으로는 제품 품질의 향상과 새 모델의 추가, 침투할 새로운 세분시장의 모색, 판로개척을 위한 유통경로의 탐색, 제품시장확대전략, 시장점유율확대전략 등이 있다.

(3) 성숙기전략

성숙기전략(maturity stage strategy)은 보다 확실한 제품 시장 범위를 가지고 출발한다. 기업은 저성장 시장에서 심화되는 경쟁조건에 처하게 되므로 주요 관심사는 집중적인 마케팅, 비용의 효율성, 공급자와 구매자와의 특별한 관계 등을 통해서 경쟁우위를 유지, 강화해야 한다. 자원배분은 엄격한 통제, 내부 금융, 미래의 기회 지향적인 자원 재배분에 초점을 맞추어야 한다.

구체적으로 이 단계에서의 경영전략으로는 시장 변경 또는 수정(새로운 잠재구매자의 발견, 매출액 증진을 위한 모든 수단 발휘), 제품변경 또는 수정, 신제품 추가, 시장 세분화 전략, 지속적인 수요 유지를 위한 가격 인하 정책, 물적유통 합리화 정책, 시장 세분화 전략 등이 채택될 수 있다.

(4) 쇠퇴기전략

쇠퇴기전략(decline stage strategy)은 목표시장에서 가격이나 제품 및 서비스의 특성에 특히 민감한 소비자들의 욕구를 충족시키는 제품을 제공하는 가장 효과적인 최저비용 전략을 추구한다. 경쟁우위는 특별한 고객과의 긴밀한 관계나 집중적인 마케팅 활동 또는 경쟁이 심한 사업에서 가격경쟁 내지 비용우위 전략 등을 추구한다.

구체적으로 이 단계의 경영전략으로는 수요 감소를 방지하기 위한 가격 인하 정책, 기존 제품에 대한 제품 폐기 전략, 제품 진부화 정책, 대체제품 개발, 제품 다양화 확대, 기업합병의 모색 등이다.

2) 본원적 경쟁전략

하버드 대학의 포터(M.E. Poter) 교수는 지속적인 경쟁우위를 달성하기 위한 기본적 경쟁전략으로 [그림 12-6]과 같이 차별화 전략, 원가우위 전략, 집중 전략 등 세 가지 유형을 제시하고 있다.

		전략적 우위	
		소비자가 인식하는 독특성	저생산비
목표 시장	전체시장	차별화전략	원가우위전략
	특정세분시장	집중화전략 차별화중심의 집중화전략 ←	원가중심의 집중화전략 →

자료: M. E. Porter, Competitive Strategy, Free press, 1980, p.39.

[그림 12-6] 경쟁전략의 세 가지 유형

(1) 차별화전략

차별화전략(differentiation strategy)이란 경쟁기업이 쉽게 대응할 수 없는 의미 있는 방법으로 제품과 서비스를 차별화하는 것, 즉 제품, 서비스 및 품질에서 차별화를 성취하며 이러한 차별화를 유지하는데 필요한 재투자를 하기에 충분한 정도의 마진을 갖는 전략이다. 기업이 이러한 차별화를 통해서 지속적인 경쟁우위를 확보하는 데는 다양한 방법이 있다.

차별화의 기반은 품질, 디자인, 서비스의 수행과 고객을 위한 다른 주요 속성들이다. 성공적인 차별화는 기업의 제품이나 서비스가 우수하다고 믿는 고객들에 대한 상표의 충성도 때문에 높은 가격을 책정할 수 있게 해 준다.

(2) 원가우위전략

원가우위전략(cost leadership strategy)은 수익을 얻을 수 있는 매출과 시장점유율의 성장에 초점을 두는 경험 곡선에 근거한 전략이다. 이 전략은 단위당 원가를 최소화하고 낮은 가격을 책정함으로써 매출액을 극대화하는 전략으로서, 그 개념은 낮은 가격으로 판매하고 기업의 저원가를 촉진시킴으로써 뛰어난 경쟁자가 되려는 것이다. 일반적으로 이것은 규모의 경제를 실현하고 생산성 향상을 계속적으로 강조하기 위해서 생산 및 서비스를 광범위하게 투자함을 의미한다. 이 전략은 상대적으로 높은 시장점유율과 원가절감시설을 요구한다.

(3) 집중화전략

집중화전략(focus strategy)은 어떤 특수 고객층, 특정지역, 특정 제품 등에 회사의 노력과 자원을 집중시키는 전략이다. 이 전략은 차별화전략이나 원가우위전략과 동시에 사용될 수는 있으나, 시장이나 제품계열의 일부에 집중한다는 것이 특징적이다.

집중화전략을 구축하는 사업부는 제품 시장 전체에 걸쳐 경쟁을 시도하려 하지 않는다. 그 이유는 기업의 내부 자원이 한정되어 있기 때문에 효과적으로 경쟁하는 데 필요한 만큼의 영향을 창출할 수 있도록 한 곳에 힘을 모은다는 데 있으며, 지속적인 경쟁우위가 제품 시장의 일부에만 국한되어 있는 경우에 유용하기 때문이다.

포터의 경쟁전략은 각각의 사업들이 세 가지 전략 중 단지 하나만을 채택한다는 것에 대한 비판이 있으며, 실제로 기업들은 한 가지 이상의 전략을 사용할 것이다.

[표 12-2] 전략유형별 경쟁우위의 원천

전략 유형	경쟁우위의 원천		
차별화전략	• 뛰어난 품질 • 제품의 신뢰성 • 제품의 특이성	• 유명상표명 • 제품혁신 • 추가적 서비스	• 독자적 유통경로 • 특허권
원가우위전략	• 장식없는 제품 • 단순한 디자인 • 간접비의 절감 • 정부의 지원	• 규모의 경제 • 원자재 통제 • 경험곡선	• 유리한 생산입지 • 저노무비 • 생산혁신 및 자동화
집중화전략	• 특정 제품계열에의 집중 • 제한된 지리적 영역에의 집중	• 특정 세분화시장에의 집중	

3.3 기능전략의 수립

기능전략은 사업전략을 보조해 주는 방법으로 기본적인 경영관리기능인 제조·마케팅·인사·재무·개발 등의 단기적인 관리를 위한 틀을 제공한다. 이는 기업의 자원변환과정에서 능률 또는 수익성을 극대화하는 것과 관련된 전략이다. 업무적 의사결정에서와 같이 각 부문의 예산 배분, 생산일정계획의 수립, 업적의 감독 및 통제, 판매 가격과 생산량의 결정, 재고 수준의 결정, 마케팅 전략의 수립, 연구개발 및 업무활동을 지원하기 위한 비용지출수준의 결정 등이 포함된다.

경영관리계층에 따라 전략 수립의 비중을 배분하면 하위 경영층에서는 제조·판매·재무·인사 등의 일상적인 업무활동에 종사하는 기능적 또는 업무적 전략 수립이 큰 비중을 차지하고, 이에 반하여 최고경영층에서는 기업 수준과 사업부 수준의 전략 결정 및 경영관리적 결정에 비중을 두게 되며, 중간경영층에서는 이상의 세 가지 수준의 전략 모두에 거의 비슷한 비중을 두게 된다.

일반적으로 기업전략에서 사업전략, 기능전략으로 이동할 때 수평적인 이동시간은 짧아지고 구체화 정도는 증가된다.

이상의 세 가지 수준의 전략은 3가지 유형의 목표 형태와 일치한다. 즉 목표는 장기적인 기업 수준의 전략과 연결되고, 단기 목표들은 기능수준의 전략과 연결된다.

Chapter

13 창업기업 인사·조직관리

제1절 인사관리

1.1 인사관리의 의의

1) 인사관리의 개념

인사관리란 기업에 있어 사람과 관련된 모든 활동으로서, 기업이 필요로 하는 인력을 선발·충원하고, 이들을 유지·교육·개발·활용하는 활동을 계획·조직하고 통제 및 개발하는 관리 활동을 의미한다. 이러한 인사관리는 인적자원 계획 수립부터 시작하여 필요한 인력의 모집·선발, 교육훈련 및 업무평가를 통한 보상관리까지를 포함하는 순환과정이라고 할 수 있다.

구체적으로 인사관리를 살펴보면 어느 정도의 인원이 어디에 필요한지를 파악하여 인적자원 계획을 수립한 후, 기업에서 필요한 능력을 갖춘 인적자원을 모집하게 되고, 그 중에서 가장 적당한 인적자원을 선발하게 된다. 선발된 인적자원은 교육훈련 및 경력개발을 통해서 기업에 필요한 업무나 능력을 배양하고 적당한 위치로 배치된다.

그리고 개인별로 해당 업적을 평가하여 승진이나 이동배치 등을 통해 인원이 교체된다. 이때 인력의 이직을 막기 위해 이직관리를 하게 된다. 이러한 하나의 프로세스가 끝나게 되면 인적자원의 재조정이 필요하게 될 때 다시 새로운 인적자원 계획을 수립하게 된다.

이러한 인사관리의 주된 목표는 종업원 각자의 자질과 능력을 효과적이고 효율적으로 활용함으로써 기업의 목적을 가장 능률적, 경제적으로 달성하는 데 있다.

일반적으로 많은 기업들이 이러한 순환과정을 연간 단위로 하거나 상반기, 하반기로 구분하여 인적자원을 채용·관리하고 있다. 최근에는 인터넷 등을 통해서 수시로 필요할 때마다 채용광고를 하여 인적자원을 채용하는 방식으로 바뀌고 있다.

2) 인사관리의 필요성

정보사회에 있어서 생산요소를 통합하는 인간 능력이 중요시됨에 따라 인적자원은 오늘날 가장 중요한 경영자원으로 인정받고 있다. 오늘날 기업이 발전하기 위해서는 무엇보다도 조직 내의 인적자원이 어떻게 협동심과 인화로 결속된 조직 풍조를 조성하는 데 달려 있다고 할 수 있다.

오늘날 인사관리의 중요성이 부각되는 이유는 다음과 같은 배경이 있다.

① 종업원의 생활양식과 관심사 변화에 알맞은 경력개발과 업무적응이 점차 증가하고 있다.

② 종업원들이 불만을 어떻게 처리하여 이들을 동기 유발할 것인가 하는 문제가 미래의 지대한 관심사가 되고 있다.

③ 관리자들은 남녀고용평등법 등 여러 가지 법률적인 문제에 많은 관심과 시간을 부여하고 있다.

④ 종업원들의 작업에 대한 가치관이 변하고 있다.

⑤ 인사관리에 속하는 많은 기능은 특수하고 고도의 전문성을 필요로 한다.

1.2 인적자원 계획 수립

인사관리는 먼저 인적자원 계획의 수립에서 시작된다. 이는 인적자원에 대한 현재와 미래의 수요를 분석·예측하고, 그 수요를 충족시키기 위해 종업원을 확보하는 활동, 즉 기업 목적 달성에 도움이 되는 과업을 효과적이고, 능률적으로 수행할 수 있는 적절한 능력을 보유한 인력을 적시에 적재적소에 공급할 수 있도록 하는 활동을 말한다. 그러므로 인적자원 계획은 기업이 보유하고 있고, 또 보유하여야 할 인적자원을 중심으로 최적의 인적자원 규모를 결정하여 최적의 시기에 최적의 위치에 배치하는 데 중점을 두고 수립하여야 한다.

이러한 인적자원 계획의 수립은 계획내용을 기준으로 크게 ① 세부 조직별로 필요한 전문기술을 가진 인적자원이 얼마나 필요한가를 파악하는 활동인 적정인원 계획, ② 세부 조직별로 현재의 종업원과 필요한 종업원 간의 수급 불균형을 어떻게 맞출 것인가를 계획하는 활동인 인원수급계획, ③ 필요한 인적자원을 채용하는 구인계획과 불필요한 인적자원을 줄이는 해고 계획을 수립하는 활동인 구인·해고 계획, ④ 종업원 능력을 개발하기 위한 인적자원개발계획을 수립하는 활동인 인적자원개발계획 등 네 가지 활동이 있다.

여러 가지 인적자원 계획을 효과적으로 수립하기 위해서는 직무분석(job analysis)을 하고, 이를 통해 직무기술서(job description)와 직무명세서(job specification)를 작성하게 된다.

- 직무분석 : 직무를 수행하는 데 따른 책임과 그 작업내용에 관한 정보를 수집하고 분석하는 과정을 말한다。
- 직무기술서 : 특정 직무를 수행하는 데 따르는 의무와 책임을 규명하고 기술하는 것을 말한다.
- 직무명세서 : 특정 직무를 적절히 수행하는 데 요구되는 최소한의 자격조건에 관한 기술서를 말한다.

1.3 채용관리

기업에 있어서 필요한 인력의 수가 결정되고 나면, 다음의 과정으로 모집(recruitment)과 선발(selection) 과정을 거쳐서 직무 현장에 배치하게 된다. 인사관리 활동은 기업에 필요한 능력이 있고 혁신적인 인력을 모집하고 채용, 유지하는 것이 핵심이라고 할 수 있다.

1) 모집

모집(recruitment)이란 기업이 필요로 하는 능력 있는 인력을 기업 내로 끌어드리는 활동을 말한다. 즉 기업에서 필요로 하는 사람들이 적극적으로 지원하도록 정보를 제공하고 동기를 유발하는 활동이다. 이때 모집방법은 모집 대상자를 기업의 내부에서 찾느냐 외부에서 찾느냐에 따라 크게 사내모집과 사외모집으로 분류할 수 있다.

사내모집방법은 자격을 갖춘 종업원 중에서 승진이나 이동배치를 통해 인력을 충원하는 방법이다. 일반적으로 여기에는 사내에 비치된 기능목록이나 인력배치도를 통해 직무에 적합한 인력을 찾아내는 방법과 사보나 사내 게시판, 회사 홈페이지를 통해 공개 모집하는 방법 등이 있다.

조직 내부에서 충원하는 방식인 사내모집은 절차가 간편하며, 기존 종업원에 대한 기록을 이미 보유하고 있고, 기존 종업원은 이미 그 조직을 잘 알고 있어 종업원들의 사기에도 좋은 영향을 미친다는 장점을 가지고 있다.

사외모집방법은 신문·잡지·방송·인터넷 등의 대중매체를 활용하는 광고, 직업소개소, 교육기관 추천, 용역업체의 활용, 근친 채용, 자발적 응모 등의 방법을 이용하여 외부인에게 기회를 주어 빈자리를 외부로부터 충원하는 것이다. 모집이 이루어지고 나면 지원자 집단이 형성되는 데, 이들 중 적임자를 골라내는 선발과정을 거치게 된다.

2) 선발

선발(selection)은 응모한 많은 응시자 중에서 기업이 필요로 하는 자질을 갖춘 사람을 선별하는 과정으로, 기업에 필요한 인력 선발은 조직에 큰 영향을 미치기 때문에 매우 중요하다.

이러한 선발 활동은 일반적으로 지원서 작성, 테스트, 서류심사, 선발과정, 신체검사, 채용이라는 7단계의 과정을 거치게 된다. 일반적으로 선발절차는 시험(test)과 면접(interview)이 있다. 선발시험의 경우에는 인·적성검사, 전공분야와 일반상식에 관한 필기시험과 구술시험이 있고, 면접은 인상이나 지원동기, 태도 등에 관한 조사 등으로 이루어지고 있다. 최근에는 지원자의 장점과 단점까지 알 수 있는 구조적이고 집중적인 다양한 형태의 집중면접을 행하는 기업들도 늘고 있다. 그러나 실질적인 선발과정은 기업에 따라 다르고 또 같은 기업이라 하더라도 모집하는 분야에 따라 다를 수 있다.

3) 배치

기업이 확보한 인력을 배치(placement)하는 데는 선발된 인력이 다수의 직무와 다수의 인간관계에서 개인이 잘 융화하여 자신의 기능과 역량을 최대한 발휘할 수 있도록 하여야 하며, 개인에게 조직 내·외에서 만족도를 높여 줄 수 있도록 신중을 기하여야 한다.

먼저 확보된 인력은 기업의 효율성을 고려해서 기업이 개인에게 기대하는 만큼 인력의 적재적소 배치가 필연적이며, 무엇보다도 배치 시에는 개인의 능력이 최대한 발휘될 수 있는 영역을 제공하여 올바르게 평가하고, 그 평가가 개개인의 능력과 업적으로 만족도를 느끼게 하여야 한다.

아울러 배치 시에는 기업의 균형 있는 발전을 위해서 조직 전체와의 조화가 필요한 만큼 개인의 능력과 적재적소 배치가 조화를 이루어 전체적인 균형을 잃지 않도록 하여야 한다.

1.4 개발관리

1) 교육훈련

교육훈련(training)은 급격하게 변화하는 경영환경에 적응하기 위해서 인적자원의 능력이나 직무관련 기술 수준을 지속적으로 향상시키고 개발하는 과정을 말한다. 교육훈련이 추구하는 목적은 종업원들이 갖고 있는 현재의 실질적인 능력뿐만 아니라 잠재능력까지 개발할 수 있도록 하여 직무성과를 유지 및 개선시키는 데 있다.

(1) 직무 현장 교육훈련(on the job training : OJT)

이는 직무 현장에서 실제로 업무를 수행해가면서 상급자가 직접 직무수행방법을 교육 훈련시키는 방법이다.

① 교육훈련이 추상적이지 않고 실제적이다.
② 직장 외 교육훈련보다 실시가 용이하다.
③ 직접 훈련으로 종업원의 동기를 유발할 수 있다.
④ 훈련과 업무가 직결되어 경제적이다.
⑤ 상사와 동료 간의 이해와 협조정신을 강화할 수 있다.

반면에, 이 방법은 다음과 같은 단점을 가지고 있다.

① 훌륭한 지도자나 환경이 반드시 적합할 수 없다.
② 다수의 종업원을 일시에 훈련시키기 곤란하다.
③ 업무수행에 지장을 준다.

(2) 직무 현장 외 교육훈련(off the job training : Off JT)

직무 현장 외 교육훈련은 직무 현장 이외의 장소에서 교육훈련을 담당하는 전문 스태프의 책임 하에 강의나 시청각 교육, 사례연구, 역할연기 등을 통해서 이루어지는 교육훈련이다. 이는 가장 흔히 활용되는 방식으로 실제 직무 현장에서의 긴장감이나 의무감에서 벗어나 학습에만 전념할 수 있다는 장점이 있다. 그리고 다른 부서나 조직의 구성원들과의 접촉 기회가 제공된다. 반면에 업무수행 시간의 감소, 교육훈련시설 설치 등의 경제적 부담이 크게 발생하게 되는 단점이 있다.

2) 인사고과

(1) 인사고과의 의의 및 목적

인사고과(merit rating)란 종업원 개개인이 가지고 있는 직무능력과 근무성적을 공정하고 효과적으로 평가하는 인사평가제도이며, 현재적 내지 잠재적 유용성을 조직적으로 파악하여 종업원을 그 사람의 능력에 적합한 직위에서, 그 사람의 능력이 최대한 발휘될 수 있도록 근무조건을 개선해 주어 충실한 직무태도를 유도하기 위한 것이다. 이러한 인사고과는 종업원들의 현재 또는 미래의 능력과 업적을 평가함으로써 각종 인사정책에 필요한 정보를 획득 활용하는 것으로 이해된다.

인사고과는 특정 직무를 수행하는 개인들을 평가하여 인적자원관리의 공정성을 기하고, 개인들의 동기를 자극함으로써 성과를 증대시키려는 목적 하에 수행된다.

구체적인 인사고과의 목적은 ① 종업원의 적성, 능력 등에 관한 정확한 평가로 인력의 적재적소 배치 및 이동과, ② 종업원의 현재적·잠재적 능력을 평가 개발하는 인력의 개발 및 인력계획 수립, ③ 인사기능의 타당성 여부, 성과측정에 따른 보상 및 조직개발, 근로의욕 증진 등의 공정한 대우 제공에 있다.

(2) 인사고과의 내용과 방법

인사고과의 내용에는 ① 기능·능력·지식·자질, ② 이들 개인적인 특성에서 비롯되는 행동, ③ 행동에서 비롯되는 결과 등의 세 가지로 크게 분류되고 있다. 인사고과 관리를 합리적으로 하기 위해서는 인사고과의 목적에 알맞은 고과 요소의 선정과 평가자의 선정, 방법의 객관성이며, 비교 기능의 적합성과 합리성 유지 등에 의한 고과 방식을 선택하여야 한다.

이러한 인사고과의 방법에는 ① 종업원의 능력과 업적에 대한 순위를 매기는 **서열법**, ② 종업원의 자질을 직무수행상 달성 정도에 따라 미리 정해진 척도를 근거로 하여 평가자로 하여금 체크할 수 있도록 하는 **평가척도법**, ③ 평가에 설정된 평가세부표에 따라 표준행동을 배열하고 이 리스트에 해당사항을 체크하여 채점하는 **대조법**, ④ 미리 정해놓은 비율에 맞추어 평가자가 강제적으로 할당하는 **강제할당법**, ⑤ 주어진 몇 개의 선택 평가항목 중에서 피고과자가 그중 하나를 선택하도록 하는 **강제선택법** 등이 있다. 이러한 평가방법들은 각각 장·단점을 지니고 있으므로, 활용 목적 등을 고려하여 바람직한 방법을 선택하여야 한다.

3) 승진과 이동, 이직

인사이동(personnel transfer)은 책임, 보수 또는 권한의 증감 없이 종업원을 한 직위에서 다른 직위로 이전시키는 행위를 의미한다. 이러한 인사이동을 시킬 때는 공명정대하게 하여야 하며, 형평성을 잃지 말아야 한다. 인사이동을 시키는 이유는 여러 가지 있을 수 있다. 우선 개인들에게 보다 폭넓은 직무경험을 부여함으로써 성장기회를 제공해주는 외에도 인사공백이 발생할 경우 그에 충원하기 위한 목적이 있을 수 있다. 예컨대, 적재적소에 인재를 배치함으로써 종업원의 만족감과 능률을 향상시키기 위하여, 계층별 또는 직책별로 적절한 후계자를 양성하기 위하여, 위험하거나 작업조건이 좋지 못한 직책을 근무 교대하기 위하여, 또는 장기간 근무로 인하여 타성에 젖을 수 있거나 부패 가능성이 있는 경우, 이를 방지하기 위하여 인사이동을 시킬 수 있다.

그리고 승진(promotion)은 이동의 한 형태로서, 종업원을 권한과 책임이 다 같이 증가된 새로운 직책으로 이전시키는 것을 의미한다. 승진은 종업원의 입장에서는 개인의 자아발전 욕구를 충족시키며, 기업 입장에서는 효율적인 인적자원개발의 근간이 된다. 승진에는 승급이 동시에 따르는 것이 일반적이지만 항상 그런 것은 아니다. 종업원을 승진시킬 때는 대상 종업원이 승진할만한 가치가 있는지, 입사 시기와 근무시간은 어떠한지를 고려하여야 한다. 승진패턴이 잘못되면 다른 종업원들의 사기를 저하 시키게 되며, 종업원들의 불만 요인이 되기 때문이다. 인사이동이 단순한 수평적 이동이라면, 승진은 수직적인 이동이라고 할 수 있다. 강등도 물론 수직적인 이동에 속한다.

한편 이직(separation)은 종업원이 자신의 조직으로부터 여러 가지 원인에 의해서 이탈함을 의미한다. 이직은 그것을 결정하는 주체에 따라 자발적 이직과 비자발적 이직으로 크게 나눌 수 있으나, 일반적으로 이직관리에서 중요한 과제는 자발적 이직, 즉 사직으로서 회사에 불만이 있거나, 더 나은 기회를 갖기 위해 또는 결혼, 임신, 질병, 가족의 이주 등으로 회사를 그만두게 되는 일이다.

그러므로 인적자원의 확보와 관리의 측면에서 신입자 채용, 스카우트 및 현직자의 이직관리가 매우 중요한 문제점으로 나타나고 있다.

1.5 보상관리

인사고과를 통하여 기업 목표의 달성에 기여한 종업원에 대해서는 각자의 기여도에 상응하는 보상이 이루어져야 한다. 여기서 보상(compensation)은 기여도에 상응하는 임금, 봉급 등 적절한 금전적 혜택을 주는 것을 뜻한다. 종업원에게 보상은 생계비나 욕구 충족 등 생활수준을 유지하며, 더 나아가 경제적 만족감이나 잠재능력의 개발, 동기부여의 수단이 될 수 있어야 하며, 그 과정에서 개인의 성과도 높일 수 있어야 한다.

그러나 기업 입장에서는 이러한 보상을 비용으로 인식하기 때문에 줄이려고 하는 반면에, 종업원들은 소득으로 인식하여 더 많이 받으려고 한다. 그 결과 이 두 가지를 만족시킬 수 있도록 하는 중재가 필요한데, 이것이 바로 보상관리이다.

보상은 임금과 복리후생으로 구성되며, 임금은 기본급, 수당, 상여금으로 구성된다. 임금에서 기본급은 수당과 상여금의 수준을 결정하기 때문에 전체 보상에서 대단히 중요한 역할을 한다. 기본급은 무엇을 기준으로 하느냐에 따라 연공급과 직무급, 그리고 직능급으로 분류된다.

① **연공급** : 근무연한에 따라 임금 수준이 결정되는 것으로 개개인의 학력, 연령, 근무 연한 등이 중요한 결정요인이 된다.

② **직무급** : 직무에 따라 임금에 차이를 두는 것이다. 직무의 난이도라든지 위험 조건 등을 감안하여 유사한 직무를 담당하면 개인의 학력이나 근무연한이나 연령에 관계없이 동일한 임금이 지급되는 것이다.

③ **직능급** : 직무의 특성에다 직무수행능력까지 고려하여 임금 수준을 결정하는 것이다. 즉 직무급을 기초로 수행능력이나 자격증 등 각 개인마다의 능력 차이를 고려하여 임금을 지급하는 것이다.

제2절 조직관리

2.1 조직의 의의

기업을 경영하기 위해서는 제조·마케팅·인사 등의 여러 경영활동이 필요하다. 이러한 경영활동을 효과적이고 합리적으로 수행하기 위해서는 기업경영에 필요한 여러 활동을 그 특성에 따라 정리·분류함으로써 조직 구성원 각자가 담당해야 할 직무를 명확하게 하고, 이들 각 직무 간의 관계를 확실하게 규정하는 것이 필요하다. 이와 같이 조직 구성원 각자가 수행하여야 할 직무를 규정하고, 타 직무와의 관계를 설정하는 것을 조직화(organizing)라 하며, 그 조직체의 결과 형성된 체계가 조직(organization)인 것이다.

조직은 어떤 공동의 목적을 달성하기 위하여 분업을 통하여 함께 일하는 사람들의 집합체로서, 조직이 존재하는 이유는 조직을 통해서 보다 많은 것을 달성할 수 있기 때문이다. 이러한 조직은 조직 구성원의 입장에서 삶의 터전이며, 개인적인 만족감과 자아실현 욕구를 성취할 수 있는 장소를 제공하여 준다.

경영활동을 수행함에 있어서 모든 일을 단 한 사람이 담당할 수 있다면 조직의 문제는 발생하지 않는다. 그러나 기업의 규모가 확대되면 한 사람만으로는 모든 업무를 수행할 수 없게 되고, 따라서 업무를 여러 사람이 분담해서 수행하여야 하며, 그로 인해 기업 조직의 문제가 발생하게 된다.

이러한 경우 기업이 하나의 활동체로서, 일정한 목적에 따라 합리적이고 효과적으로 운영되기 위해서는 조직 구성원 간에 밀접한 결합이 필요하며, 이러한 결합의 형태를 경영조직(business organization)이라 한다.

2.2 조직화과정

계획·조직화·지휘·통제의 경영활동은 서로 독립적인 것이 아니라 상호의존적이며, 일시적인 것이 아니라 계속적인 프로세스의 성격을 갖는다. 이에 따라 먼저 계획이 수립되고 나면, 이를 효율적으로 실행할 조직을 구성하는 것이 필수적이다. 기업의 목표를 달성하기 위하여 어떠한 활동들을 할 것인가에 대한 계획을 세운 다음에는 조직을 구성하는 조직화가 이루어지는 것이다.

이와 같이 조직화란 기업의 목표를 최상의 방법으로 실현할 수 있도록 어떠한 형태로 조직을 구성할 것인가를 결정하고, 각종 경영자원을 배분하고 조정하는 활동을 의미한다. 다시 말해 기업의 목표를 달성하기 위하여 인적자원과 물적자원, 자본, 정보, 지식 등 모든 경영자원을 단위별로 나누어 배분하고 조정하는 활동이라 할 수 있다.

이러한 조직화 활동은 경영활동의 한 부문으로서 목표 달성을 위한 업무 세분화 과정의 성격을 갖고 있다. 따라서 어떤 업무가 이루어져야 하며, 누가 그것을 수행할 것인지, 업무분류는 어떤 식으로 이루어지며, 업무보고는 누가 하고, 의사결정이 어디에서 이루어지는가에 관한 문제를 다루는 활동이라고 할 수 있다.

이러한 조직화의 단계를 세분화하면, 다음의 다섯 단계로 분류된다.

1) 직무의 구체화

조직이 설정한 목표를 성취하기 위하여 수행되어야 하는 모든 직무를 구체적으로 밝히는 것을 말한다. 모든 형태의 조직은 나름대로의 목표를 가지고 있으며, 이러한 목표는 여러 가지 방법에 의해 성취될 수 있다. 조직의 궁극적인 목표를 효과적으로 달성하기 위해서는 우선 목표달성을 위해 필요한 조직 전체의 직무들을 조직 전체 입장에서 명확히 파악해야 한다.

2) 분업화

조직의 목표는 한 사람에 의해서는 달성될 수 없기 때문에, 각 조직 구성원에게 적절하게 배분되어야 한다. 분업화란 조직 전체의 직무를 개인이나 집단이 맡아 적절히 수행할 수 있도록 논리적이며, 관리 가능한 방식으로 구체적인 세부적 단위 활동으로 나누는 작업이다. 분업화를 통하여 개인의 능력이나 전문적 기술에 맞는 직무를 맡길 수 있으며, 적절한 작업 분담도 가능하다.

3) 부문화

일반적으로 기업의 규모가 커져 많은 일들을 여러 종업원들이 나누어서 처리하게 되면, 이를 효과적으로 관리할 필요가 생긴다. 이를 위해서 서로 유사하거나 관련이 있는 업무나 작업활동이 함께 이루어질 수 있도록 그 담당자들을 부서별로 묶게 된다. 이처럼 수행할 업무나 작업활동을 집단화, 단위화하는 활동을 부문화 또는 부서화(departmentation)라고 한다. 조직은 이러한 부문화를 통하여 합리적이고 효율적인 직무수행이 가능하다. 제조업의 경우 영업, 제조, 인사총무 및 재무로 나누는 것이 그 전형적인 예이다.

4) 조정화

조정화(coordination)란 조직 구성원의 다양한 직무를 조직의 궁극적인 목표에 통합시키기 위해 취해지는 일련의 조치이다. 개인이나 개별부서가 그들의 활동을 수행함에 있어 조직 전체의 목표를 무시하는 경우가 있을 수 있으며, 부서 간 또는 개인 간 목표의 불일치로 갈등을 일으킬 수도 있다.

5) 조직개발

조직이 내·외적 환경변화를 극복하여 지속적으로 발전하기 위해서는 조직구조에 관한 적절한 개편 작업과 조직 구성원에 관한 인력관리가 선행되어야 하며, 이를 조직개발이라 부른다.

조직이 성장하고 상황 변화에 적절히 적응하기 위해서는 조직화 과정에서 내려진 의사결정의 효과에 항상 주의를 기울이고 직무의 구체화와 분업화, 부문화 및 조정화의 네 가지 과정에 관한 지속적인 점검을 하여 조직이 효과적으로 운영될 수 있게 해야 한다.

2.3 조직구조의 형태

1) 조직구조의 의의

조직구조(organization structure)란 어떤 조직의 구성단위와 직위들이 어떻게 배치되어 있고. 어떤 업무를 수행하고 있으며, 여러 기능이나 활동이 어떻게 서로 작용하고 있는가를 보여 주는 것이다. 그러므로 조직구조는 조직의 목표를 달성하기 위하여 개인이나 집단의 행동을 이끌어갈 직무와 부서의 체계적인 틀로서, 조직편성 기능의 기반을 제공하는 것이라 할 수 있다.

조직은 그것이 비록 소규모라 할지라도 조직계층에 따른 권한과 책임의 위양이 적절하게 명시되고, 그것이 제대로 수용되어 그대로 지켜질 때에 비로소 조직의 경제성과 능률이 달성되는 것이다.

2) 조직구조의 유형

조직의 규모가 소규모이거나 초기 형성단계일 때, 조직구조는 매우 단순한 형태를 띠게 된다. 그리고 이때에는 대부분 소유주가 경영일선을 책임지는 경우가 많기 때문에 단순한 조직구조로서도 가능하다. 그러나 환경이 급변하고 조직규모가 한 개인이 감당하기에 너무 커지게 되면 권한위양을 통하여 문제를 해결할 수밖에 없게 된다. 기업의 조직구조는 기업규모와 기술, 환경변수 등에 의해 결정된다.

(1) 라인조직

라인조직(line organization)은 최고경영자로부터 말단 직원에 대한 지휘, 명령의 계통이 직선적으로 되어 있어 현장의 작업을 수행하는 종업원에게 전달되는 조직구조 형태이다. 이는 가장 오래된 조직구조로서 직계식 조직, 수직적 조직 또는 군대식 조직이라고도 한다. 특히 명령 일원화의 원칙을 중시하는 데 그 특징이 있다.

라인조직은 소규모 기업에서 볼 수 있는 간단한 형태의 조직으로서 명령계통이 단순 명료하므로 책임과 권한의 소재가 분명하며, 조직의 질서와 규율 확보가 용이하다. 또한 최고경영자의 신속한 의사결정이 가능하고 하급자의 업무장악이나 통제가 쉽고 많은 권한이 최고경영자에게 집중되어 있다.

반면에 이 조직은 기업의 규모가 커지고 과업이 다양해지면 최고경영자는 모든 분야의 업무를 파악할 수 없으며, 전문화의 이점을 충분히 활용할 수 없다. 또한 부문별 업무조정이 여의치 않고, 최고경영자의 독선적 리더십에 따라 하위자의 사기가 떨어지고, 창의력 발휘가 어렵다는 단점을 가지고 있다.

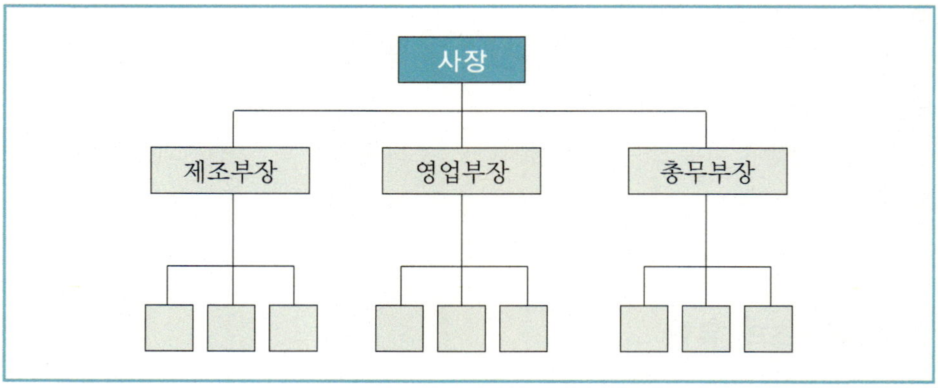

[그림 13-1] 라인조직의 예

(2) 라인·스태프조직

라인·스태프조직(line and staff organization)은 직계식 참모조직이라고도 하며, 오늘날 가장 보편화된 조직형태이다. 이 조직은 명령 일원화의 원칙에 바탕을 둔 라인조직과 기능식 조직의 전문화 원칙을 절충·조화시킴으로써 두 조직형태가 지닌 단점을 보완하고자 한 조직구조이다. 기획이나 기술, 연구 등에 대하여 참모의 역할을 하는 스태프는 이 부문의 전문가에 의하여 구성되고, 집행기관의 역할을 하는 라인 부문에 대하여 조언적 권한만을 가질 뿐 지휘·명령권은 없는 조직형태이다.

라인·스태프조직은 전문적인 스태프의 도움을 받음으로써 효과적인 경영활동이 가능하고, 스태프 권한의 축소로 라인 부문이 활동 면에서 안정감을 얻을 수 있으며, 경영계획과 통제가 보다 원활하게 이루어질 수 있다는 장점이다. 반면에 라인의 명령계통과 스태프의 조언 계통이 서로 혼동될 수 있고, 스태프조직의 설치로 인해 비용이 증대되며, 라인과 스태프 상호 간에 지나친 의존성과 마찰이 생길 수 있는 등의 단점이 나타난다.

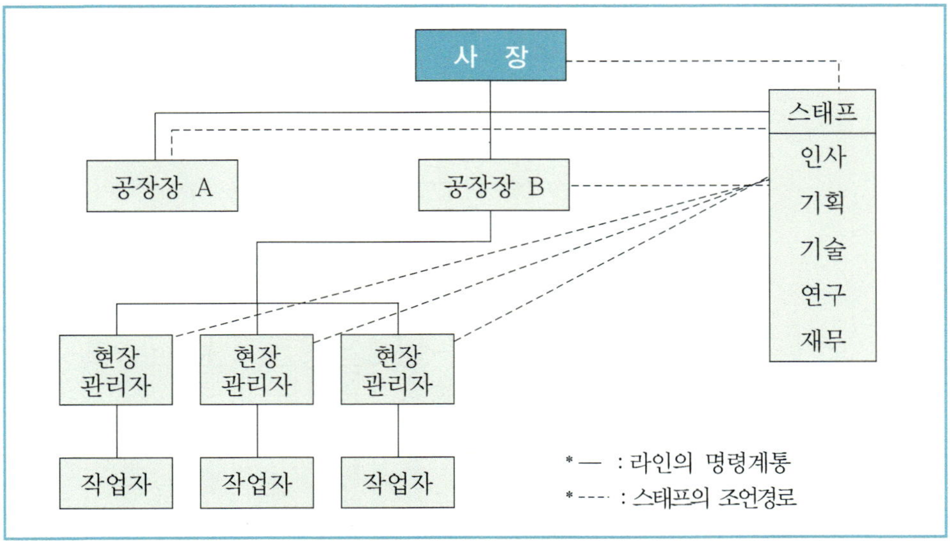

[그림 13-2] 라인·스태프조직의 예

(3) 사업부조직

기업의 대규모화와 기술혁신의 가속화가 진행되고, 사업분야의 다양화와 시장이 확대되면 최고경영자 혼자서는 모든 사업을 관리하기가 곤란하게 되므로 제품별, 지역별, 시장별로 조직을 독립적으로 운영하여야 할 필요성이 제기된다.

사업부조직(divisional organization)은 권한 위양의 정도 여하에 의해서 그 특성이 규정되는 분권적 관리의 대표적인 형태이다. 이는 제품별·지역별로 사업부를 확정하고 사업부를 중심으로 책임경영을 하도록 일체의 권한을 사업부의 장에게 위임함으로써 관리적 효과를 거두기 위한 관리방식이라 할 수 있다. 이때 각 사업부는 하나의 이익센터(profit center)로서 운영되며, 전체적 운영 결과에 의하여 각 사업부가 비교되고 평가된다. 그러므로 각 사업부의 장은 자기 사업부를 하나의 독립된 사업체로 인식하여 경영하게 되므로, 각 사업부의 구성원이 자기 사업부를 위해 보다 많은 노력을 기울인다.

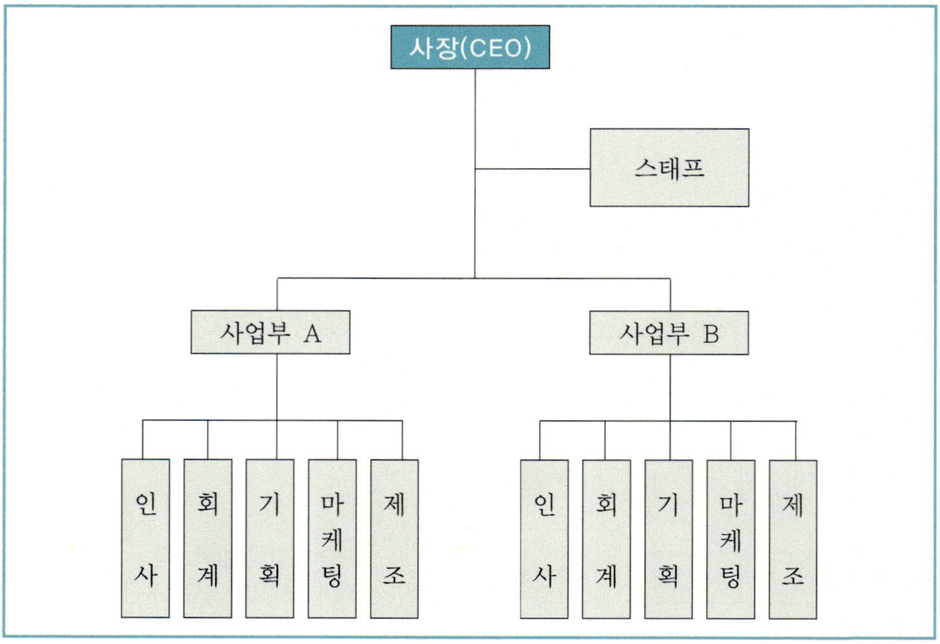

[그림 13-3] 사업부조직의 예

이러한 사업부조직의 장점은 경영의사결정의 합리화가 이루어지고, 생산성 향상에 대한 의욕이 강화된다는 점이다. 그리고 제품의 제조와 판매에 대한 전문화와 분업이 촉진되며, 책임체제와 관리책임자의 업적 측정이 명확하고, 실무에 능한 경영간부의 양성이 가능하다. 반면에 단점으로는 연구개발과 회계, 판매 및 구매 등의 모든 활동이 중복되기 때문에 관리비가 증가하고, 같은 고객을 각 사업부가 대상으로 하고 있을 경우 사업부 간 이익 대립의 우려가 있다. 또한 각 사업부의 이기주의 때문에 회사 전체의 이익이 희생되는 수가 있고, 각 사업부의 활동이 회사의 일정한 방침과 계획 하에 조정하기 곤란하다는 점이다.

(4) 프로젝트조직

프로젝트조직(project organization)이란 어떤 특정 과제나 목표를 달성하기 위하여 만들어지는 임시적 조직으로, 이는 혁신을 추구하는 기업이 채택하는 조직의 형태로 프로젝트팀 또는 '태스크 포스(task force)'라고 부르기도 한다. 이 조직의 특징은 특정 과제(공장 건설, 신제품 개발, 신시장 개척 등)의 수행을 위하여 관련되는 여러 부서로부터 파견되는 사람들로 구성되며, 특정과제가 해결될 때까지만 존재하는 일시적이며, 잠정적인 집단이다. 과제의 해결이 완료되면 팀 구성원은 다시 본래의 정상업무로 복귀한다. 따라서 프로젝트조직은 전통적인 조직과는 달리 구성원 간의 상호작용이 수평적 접촉의 형태를 취하게 된다.

이 프로젝트 조직구조는 오늘날처럼 기술변화의 속도가 빠르게 진행되는 경영환경에 동태적으로 대응하지 않으면 안 되는 기업들에게 그 중요성이 부각되고 있다.

프로젝트조직은 프로젝트의 진행에 따라 인적 구성의 탄력성을 유지할 수 있고, 구성원은 프로젝트의 목표 달성을 지향하기 때문에 개인의 이해보다 과제해결에 우선하고 있어 사기를 높일 수 있으며, 환경변화에 적응성이 높고, 조직의 기동성이 높다는 장점을 가지고 있다. 반면에 프로젝트 관리자의 지휘능력에 크게 의존하며, 기존 소속 부문과 프로젝트조직 간의 관계 조정이 곤란할 뿐만 아니라 이 조직에 파견되는 사람들이 선택된 사람이라는 우월감을 갖게 되어 조직의 단결을 저해하는 나쁜 영향이 제기될 수 있다는 단점을 가지고 있다.

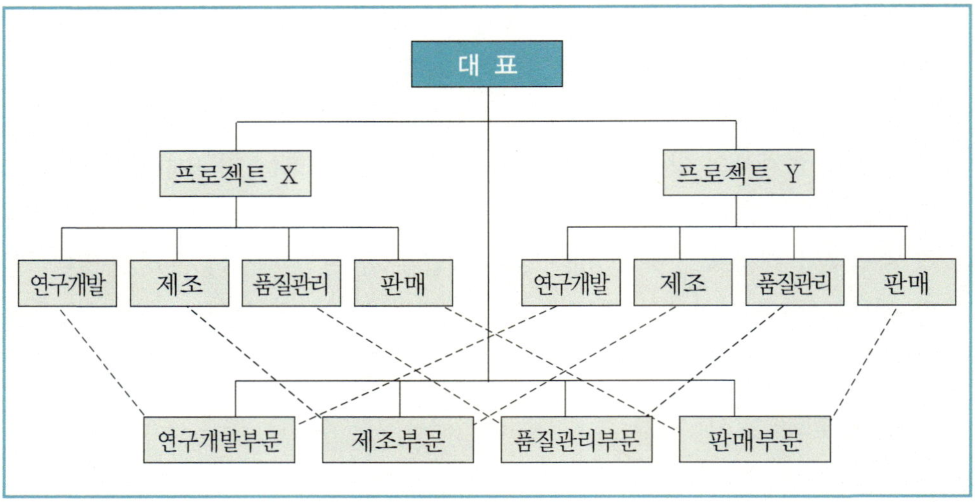

[그림 13-4] 프로젝트조직의 예

(5) 매트릭스조직

매트릭스조직(matrix organization)은 전통적인 기능식 조직에 프로젝트조직을 덧붙인 조직구조이다. 즉 종업원들이 수직적 계열로 형성된 원래 조직의 구성원으로 있으면서, 동시에 수평적 성격의 프로젝트조직의 일원으로서의 임무도 수행하게 되어 있는 조직구조를 말한다. 이 조직구조는 기능식 조직의 전문화 이점과 프로젝트조직의 탄력적이고 유능한 인력을 동원할 수 있는 장점을 결합하고자 하는 의도에서 설계되었다.

이 조직은 조직의 원칙 중에서 계층의 원칙과 명령 일원화 원칙에 위배되고 있다. 더욱이 매트릭스라는 개념에는 라인과 스태프의 배열이 함께 일어나지 않으므로 자연적으로 권한을 약화시키고, 조정과 통제의 필요성이 증대되며, 조직의 일체감과 집단 충성심을 저하시킨다는 단점을 가지고 있다. 반면에 전문분야별 동일성을 유지할 수 있으며, 생산과 이익 책임을 결합할 수 있는 장점을 지니고 있다.

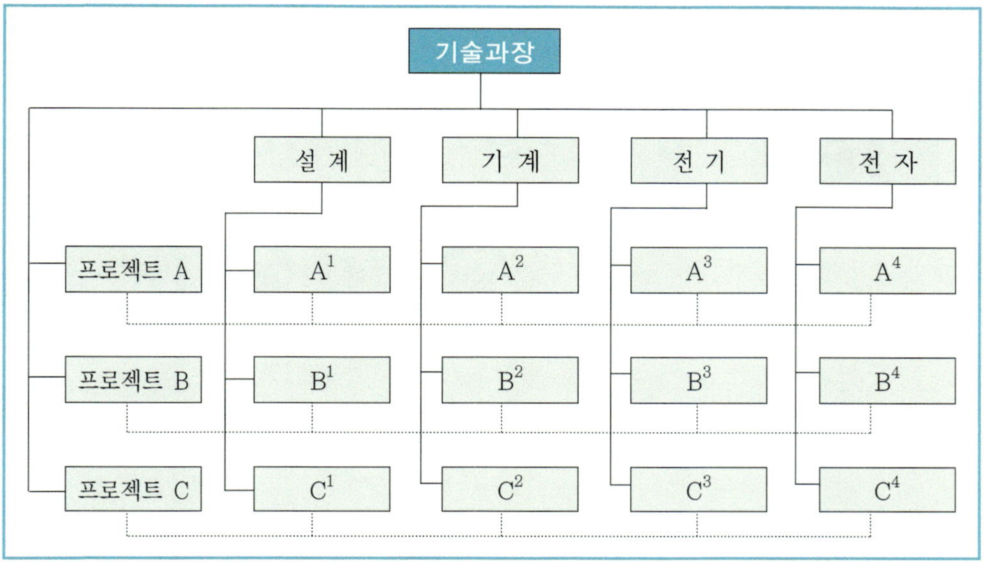

[그림 13-5] 매트릭스조직의 예

Chapter 14 창업기업 마케팅관리

제1절 마케팅의 개념

1.1 마케팅의 의의

일반적으로 마케팅이란 용어는 기업을 위하여 고객을 탐색, 창출하는 행위라는 의미로 사용되고 있으며, 기업의 유통 또는 판매활동에 국한되어 사용되기도 하고, 더욱 좁은 의미로는 단지 광고 활동의 의미로 사용되고 있기도 하다.

실제에 있어 '마케팅'이란 '시장'의 존재에 의하여 평가될 수 있는 경영활동의 관리적 생산요소의 하나이다. 기업의 제조, 재무, 인사관리가 설비능력, 자본규모, 인적 자산 능력 등 기업 조직의 내적 환경을 주요 기반으로 평가되는 반면, 마케팅은 '시장'이라는 기업의 외적 환경을 주요 기반으로 하여 관리가 결정되며, 궁극적으로는 조직과 시장 간의 유기적으로 채택되는 제반 관리 활동을 의미한다. 즉 특정 제품 또는 서비스에 대한 필요성-욕구-구매능력을 가지고 있는 소비집단(소비시장)의 수요를 만족시킬 수 있는 기업들의 보다 많은 시장 확보를 위한 전면적인 노력이 '마케팅'인 것이다. 따라서 마케팅을 한다는 것은 '기업이 생산할 수 있는 것을 판매할 수 있도록 노력한다는 것보다 기업이 판매할 수 있는 것을 생산한다'는 의미로 보아야 할 것이다.

1.2 판매와 마케팅의 차이

판매활동은 많은 기업들이 시장에서 수행하고 있는 일반적인 접근방식의 하나이다. 경쟁회사의 제품보다 자사 제품을, 그리고 더 많은 양을 구입하도록 적극적으로 설득하여야 하며, 이를 위해서 이용 가능한 모든 효과적인 판매촉진 활동과 촉진 노력을 기울이는 등 제품에 대한 관심을 불러일으키려는 노력 없이는 소비자들이 제품을 구입하지 않으며, 구매를 한다 하더라도 충분한 양을 구매하지 않을 것이라 가정하는 개념이다. 오늘날까지 판매라는 활동이 나쁜 이미지를 갖게 된 것은 소비자의 욕구 충족보다는 일방적인 매출 극대화를 위해 강매를 촉구하는 판매 개념에 기인한 것이다.

마케팅은 기업 조직의 목표를 성취하는 핵심은 표적시장의 기본적인 욕구(본원적 욕구)와 2차적 욕구를 결정하고 경쟁자보다 효과적이고 효율적인 방식으로 바람직하게 만족을 전달해 주는 것이라는 개념이다. 이는 제품을 일방적으로 생산한 후, 그것을 처분하기 위한 방법을 강구하는 것이 아니라, 먼저 잠재고객이 원하는 바를 발견하고 그들이 원하는 제품을 생산·공급하여 고객의 만족을 창출함으로써 기업 조직의 목표를 달성하고자 하는 접근방법이다.

이러한 마케팅 이념(marketing concept)은 기업이 목적을 달성하기 위해서는 과거의 생산중심이나 판매중심의 경영 사고에 변화를 가져오지 않을 수 없었고, 새로운 경영철학의 확립이 요구됨에 따라 나타난 기업철학으로서 구체화되었다.

이러한 마케팅은 [표 14-1]에 제시된 바와 같이 4가지의 중요한 축, 즉 표적시장, 고객욕구, 통합적 마케팅, 수익성에 근거하고 있어 판매와는 대조적이다.

일반적으로 마케팅이념의 응용은 산업재 생산기업보다는 소비재 생산기업, 중소기업보다는 대기업에서 더 많이 이용되고 있다.

[표 14-1] 판매와 마케팅의 차이

구 분	시 점	초 점	수 단	목 적
판 매	공장	제품	판매 및 촉진	판매량을 통한 이익
마케팅	표적시장	고객 욕구	통합적 마케팅	고객만족을 통한 이익

1.3 마케팅관리

마케팅관리(marketing management)는 고객의 목적과 조직의 목적을 충족시키는 표적집단과 교환을 촉진하기 위해서 아이디어, 재화 및 서비스들의 가격결정, 유통경로 및 촉진을 계획하고 실천하는 과정, 즉 마케팅 이념(marketing concept)을 전략적 차원에서 실현하기 위한 목적 하에 계획·조직·지휘·통제하는 것을 말한다.

이러한 마케팅관리는 다음과 같은 특징을 가지고 있다.

① 마케팅관리는 마케팅 이념을 실천하는 것이다. 소비자 지향적이고 소비자 욕구의 충족을 통해 기업의 이윤을 달성하며, 기업의 모든 기능이 마케팅에 통합되어 실행될 수 있도록 실천하는 것이다.

② 마케팅관리는 4P's, 즉 제품(product), 가격(price), 유통경로(place), 촉진(promotion)을 주요 수단으로 활용한다.

③ 마케팅관리는 사회·문화적 요인, 정치·법률적 요인, 경제적 요인, 기술적 요인 등 마케팅 활동을 제약하는 마케팅 환경요인들을 해결하는 것이다.

④ 마케팅관리는 마케팅 환경에 적합한 4P's를 개발하고, 이를 적절히 조합하여 환경이 4P's를 거부하지 않고 항상 수용할 수 있도록 계획·조직·지휘·통제하는 일련의 전략적 활동이다.

제2절 시장세분화와 표적시장의 선택

2.1 시장세분화 개념과 효용

일반적으로 시장(market)은 상이한 욕구를 가지고 있는 다양한 소비자들의 집합으로 이루어진다. 그렇지만 소비자들 개개인은 모두 이질적이나 특정한 제품 집단에 대한 태도, 구매행동 및 의견 등의 면에서 보면 유사한 소비자 집단들이 존재하고 있다. 이러한 유사한 성향을 가지고 있는 사람들을 이질적인 성향을 가지고 있는 사람들의 집단과 분리하여 하나의 집단으로 묶는 과정을 시장세분화(market segmentation)라 한다.

시장을 세분화한다는 것은 유사한 성격을 갖는 구매자들을 소집단으로 분류하는 것을 말한다. 예를 들어 주류시장을 세분화할 경우 막걸리 소비자, 소주 소비자, 맥주 소비자, 와인 소비자 등의 소비제품을 기준으로 세분화할 수도 있고, 맥주 소비자들 중에서도 월간 소비량을 기준으로 하여 10리터 이하 소비자, 10 ~ 20리터 소비자, 20리터 이상 소비자 등으로 세분화할 수 있다.

세분시장은 기본적인 수송수단을 찾는 구매자, 고성능의 자동차를 추구하는 구매자, 안전을 추구하는 자동차 구매자 등과 같이 하나의 시장 내에 있는 커다란 동질적인 집단이며, 투입되는 마케팅믹스에 비교적 유사하게 반응하는 동질적인 구매자 집단을 말한다.

시장세분화의 효용은 크게 세 가지를 들 수 있다.

① 시장세분화 상태의 확인을 통하여 경쟁제품에 대한 소비자들의 불만요소를 파악함으로써 자사의 마케팅 활동을 보강하여 제품의 판로확장을 가능하게 해 준다.
② 각 세분화된 시장별 성격에 알맞게 마케팅 활동을 실시할 수 있기 때문에 마케팅 효율과 예산절감 효과가 커진다.
③ 판매방식이나 제품 생산을 세분화된 시장에 적응시키기가 용이하다.

2.2 시장세분화 기준

시장을 유사한 소집단으로 세분화하기 위해서는 세분화할 수 있는 판단기준 또는 변수 간의 관계 확립이 필요하다. 시장을 세분화하는 유일한 방법이나 최적의 기준은 존재하지 않는다. 여기서는 소비재시장세분화와 산업재시장세분화의 기준으로 나누어 살펴보고자 한다.

1) 소비재시장세분화 기준

소비재시장세분화는 주로 연령, 성별, 가족수, 가계의 소득 수준, 교육 수준, 직업, 사회계층 등에 따른 사회·경제적인 판단기준과 도, 시, 읍, 면 등의 행정부서, 계절, 날씨, 도시 또는 농촌 거주지역 중심의 지리적 판단기준 및 감정적,

비감정적, 자율적, 보수적, 급진적 등의 개인적 판단기준과 아울러 구매자들의 행동 양상에 따른, 즉 사용빈도, 구매자의 유형, 구매 동기, 선호도 및 광고에 대한 태도 등과 같은 구매자의 행동에 따른 판단기준 등을 활용하여 세분화하는 것을 말한다.

(1) 지리적 세분화(geographic segmentation)

소비자의 욕구와 반응은 지역적으로 다르다는 가정 하에 소비자들의 거주지를 중심으로 지역적인 위치에 따라 시장을 세분화하는 것이다.

이와 같이 기업이 지역별로 시장을 세분하려면 한 개 또는 몇 개의 지역에서 소비자의 욕구를 충족시켜 주기 위하여 전문적으로 활동할 것인가 또는 광범위하게 산재해 있는 소비자를 대상으로 하나 지역에 따라 소비자의 기본적 욕구와 선호도에 차이가 있다는 점에 주의를 하여야 한다.

(2) 인구통계적 세분화(demographic segmentation)

인구통계적 시장세분화는 가장 널리 사용되는 기준으로서 연령, 성별, 가족수, 가족생활주기, 소득, 직업, 교육 수준, 종교, 인종, 국적 등과 같은 인구통계적 변수들을 기준으로 하여 시장을 몇 개의 집단으로 세분하는 것을 말한다. 이러한 인구통계적 변수가 소비자 집단을 구분하는 기준으로 널리 이용되는 이유는 ① 소비자의 욕구와 선호, 그리고 제품 사용빈도 등이 인구통계적 변수와 밀접한 관련성을 가지고 있기 때문이다. ② 인구통계적 변수가 다른 유형의 변수보다 시장규모를 측정하는 데 용이하다는 점이다.

(3) 심리분석적 세분화(psycographic segmentation)

눈에 보이지 않는 사회계층(social class)이나 생활양식, 개성 등과 같은 특성을 기준으로 소비자들을 상이한 집단으로 세분화하는 것을 말한다. 인구통계적 변수만으로는 사람들의 태도, 생활양식을 분류할 수 없을 경우가 있으므로, 이러한 방법에 의해 시장을 세분화할 필요성이 점차적으로 증가하고 있다. 그러나 연령, 소득과 같이 객관적이고 측정이 용이한 인구통계적 특성과는 달리, 이 변수는 추상적이기 때문에 시장규모의 측정이 곤란하고 세분시장에의 접근 가능성을 찾기가 어렵다.

(4) 행동분석적 세분화(behavioristic segmentation)

이는 소비자들이 실제로 특정 제품이나 제품의 특성에 대해 가지고 있는 지식, 태도, 사용경험, 사용률, 상표 충성도, 구매 계기, 추구하는 편익(이점), 구매 준비단계 등을 기초로 하여 시장을 세분화하는 것이다.

2) 산업재시장세분화 기준

산업재시장도 소비재시장의 경우와 마찬가지로 동일한 변수를 기준으로 시장을 세분화할 수 있다. 예를 들면 산업재 재구매자들을 지역적으로 세분화하거나, 추구하는 편익 또는 혜택에 따라 세분화할 수도 있다. 그 외에도 사용량, 사용빈도, 상표 충성도, 구매 준비단계 등의 변수들을 중심으로 시장을 세분화할 수 있다. 그러나 산업재시장은 이들 요인 이외에도 기업규모, 경영활동상의 특성, 구매 접근방법, 개인적 특성 등 새로운 변수를 추가하여 세분화할 수 있다.

인구통계적 변수들이 산업재시장세분화를 위한 가장 중요한 변수이고, 그다음으로 운영 변수, 구매방식, 상황 요인, 개인적 특성 등과 같은 순서로 중요시된다.

2.3 시장세분화 요건

시장세분화가 마케팅 활동에 적용될 수 있고 그 효율성을 증대시키기 위해서는 몇 가지 조건을 만족시켜야 한다.

① 시장세분화의 측정 가능성이다. 측정 가능성(measurability)이란 세분화하기 위하여 그 기초자료의 판단기준이 측정 가능하여야 한다는 점이다. 만약 특권의식, 안락감, 안정감 등의 질적인 자료를 세분화하려면 모집단을 이러한 세 가지 집단으로 분류할 수 있어야 한다.

② 접근 가능성(accessibility)이다. 세분화된 시장에 마케팅 활동을 실시할 수 없으면 그 세분화는 또한 효용이 없어진다. 따라서 세분화된 시장 자체가 경쟁기업들에 의해서 독점화되거나 또는 광고를 할 수 없을 경우에는 효용이 없어지는 것이다.

③ 수익성이 존재(substantiality)하여야 한다는 것이다. 세분화된 집단과 전체

모집단이 분리된 마케팅 활동을 할 수 없을 만큼 규모가 작으면 경제성이 없어진다. 따라서 모든 세분화의 정밀도는 이러한 수익성을 고려하여야 하는 것이다.

④ 세분화가 각 집단 구성요소들의 차이점을 분명히 구별하여 활용가능(actionability)하여야 한다. 즉 세분화를 통하여 각 집단 간의 상이성과 각 집단 내부의 유사성도 분류할 수 있어야 한다는 말이다.

시장세분화는 기업의 경영활동을 보다 용이하게 도와줄 수 있을 때 보다 효율적인 작업이 되며, 실제에 있어 세분화된 시장분류에 따라서 시장의 성격이 더욱 자세히 파악되고 매출액의 예측, 평가, 생산비율, 마케팅 비용 및 수익의 예측도 가능해진다. 또한 이러한 여러 가지 상황들이 다시 재파악되어 기업은 세분화된 시장에 대한 마케팅 활동 수준을 결정할 수 있고, 차별화된 마케팅 활동을 할 것인가, 무차별화된 마케팅 활동을 할 것인가를 결정하게 되는 것이다.

2.4 표적시장 선정

기업은 상이한 세분시장을 평가한 후 가장 가능성 있는 어느 세분시장에, 그리고 얼마나 많은 세분시장에 진출할 것인가를 결정하여야 한다. 이 문제가 바로 표적시장의 선정이다. 표적시장(target market)은 기업이 진입하기로 결정한 공통적 요구와 특징을 공유하고 있는 소비자의 집합을 말한다. 이러한 표적시장은 전체 시장 모두가 될 수도 있고, 두세 개의 세분시장이 될 수도 있으며, 때로는 전체 시장 중 단 하나의 세분시장만이 될 수도 있다. 만일 지나치게 협소한 세분시장을 표적시장으로 선정하게 되면 시장 기회를 상실하고 매출과 수익이 감소하게 될 것이며, 지나치게 표적시장을 광범위하게 선정하면 마케팅 활동이 분산되어 매출과 수익의 증가보다는 더 많은 추가적 비용이 발생할 가능성이 높아진다.

제3절 소비자행동분석

3.1 소비자행동의 개념

소비자행동이란 시장에서의 소비자 구매활동을 말하는데, 어떤 특정한 개인이 제품이나 서비스의 구매 여부와 언제, 어디서, 무엇을, 어떻게, 누구로부터 구매할 것인가를 결정하는 과정이다. 그러므로 소비자의 행동을 분석한다는 것은 복잡한 시장환경 하에서 기업의 마케팅 활동에 대해서 소비자가 어떤 반응을 나타내고 있고, 어떤 요인이 구매의사결정에 영향을 미치고 있는가? 어떤 과정을 거쳐 제품이나 서비스를 구매하고 있는가를 파악하는 것을 말한다.

소비자를 정확히 파악하지 못하면 이를 기초로 수행되는 시장세분화나 표적시장의 선정 등과 같은 마케팅 활동을 효과적으로 전개해 나갈 수 없다. 그러므로 마케팅 관리자는 급변하는 시장환경 속에서 다양하고 개성 있는 소비자의 욕구를 찾아내어 이를 만족시킬 수 있는 마케팅 전략을 수립하기 위해서는 소비자행동을 체계적으로 이해하고 있어야만 할 것이다.

3.2 소비자 구매행동과정의 참가자

소비재시장에서는 구매자가 누구인가를 확인하고 그에게 영향을 미치는 사람이 누구인가를 파악하여야 할 필요가 있다. 제품에 따라서는 구매의사결정에 참가하는 사람이 한 사람뿐인 경우도 많다. 예를 들면 담배나 면도기를 구입하는 사람들은 일반적으로 남성이 많을 것이고, 립스틱(lipstick)이나 스타킹의 구입을 결정하는 사람은 여성일 것이다.

가계, 가족 등의 제한된 집단 속에서 구매는 집단적으로 의사결정이 이루어지는 경우가 많다. 예를 들면 여름휴가를 어디서 보낼 것인가에 관하여는 가족의 구성원마다 의견이 각각 다를 수 있어 집단적 의사결정이 이루어진다. 이러한 경우에 마케팅 관리자는 구매의사결정의 참가자들이 누구이며, 제품에 따른 참가 정도와 역할이 어떻게 결정되는가에 대해 알아야 할 것이다.

구매참가자라 함은 이와 같이 하나의 구매의사결정에 어느 정도 영향력을 행사하는 사람을 지칭하고 있다. 구매참가자가 구매 결정과정에서 어떠한 역할을 하는가에 따라 제안자(Initiator), 영향력 행사자(Influencer), 결정자(Decider), 구매자(Buyer), 사용자(User)와 같이 분류할 수 있다.

이러한 의사결정에 대한 참가자들은 제품에 따라서 그 역할을 달리한다. 예를 들어 의류나 식료품 등의 구매는 대다수 주부가 의사결정자 및 구매자가 되지만 항상 사용자가 되는 것은 아니며, 장난감의 경우는 어린이가 정보수집 및 사용자가 되며, 가구 또는 아파트의 경우는 집단적인 의사결정이 이루어진다. 자동차의 경우를 예로 들면 남편의 역할은 상품과 모형 선택에 중요한 영향을 주며, 주부의 역할은 색상과 내부장치에 대한 영향을 주는 것 등을 들 수 있다.

3.3 소비자 구매행동의 영향요인

소비자 구매행동에 많은 영향을 미치는 요소로는 소비자가 처해 있는 문화적, 사회적, 개인적 및 심리적 요인을 들 수 있다. 이러한 요소들은 대부분 마케팅 관리자가 직접 통제할 수 있는 부분은 아니지만, 신중히 고려하여야 될 필요가 있다.

[표 14-2] 소비자 구매행동에 영향을 미치는 요인들

문화적 요인	사회적 요인	개인적 요인	심리적 요인	
문화	준거집단	연령 및 생활주기 단계 직업	동기부여 지각	구매자
하위문화	가족	경제적 환경 생활양식	학습 신념 및 태도	
사회계층	역할과 지위	개성 및 자아개념		

3.4 소비자의 구매행동과정

소비자는 자신의 미충족 된 욕구를 충족시키기 위해 제품을 구매한다. 소비자는 제품 구매를 결정하고 나면 문제 인식, 정보탐색, 대안의 평가, 구매 결정, 구매 후 행동 등 5단계의 구매의사결정 과정을 거치게 된다. 이와 같이 소비자가 어떤 문제에 부딪치게 되면 먼저 이를 해결할 수 있는 방법을 생각하여 관련 정보를 수집하고, 몇 개의 선택 대안을 선정하여 일정한 기준에 따라 평가하고 최종 선택된 것은 구매할 것이고, 그 이후에는 평가하는 과정을 거치게 되는데, 이러한 일련의 과정을 소비자의 구매의사결정 과정이라고 한다.

문제 인식 → 정보탐색 → 선택대안의 평가 → 구매 결정 → 구매 후 행동

[그림 14-1] 구매의사결정 과정

이 모델은 구매 과정이 실제 구매 훨씬 이전에 시작하여 구매 이후에도 지속된다는 점을 강조하고 있다. 또한 마케팅 담당자에게 구매 결정뿐만 아니라 전 과정에 초점을 맞추어야 한다는 것을 시사하고 있다. 이 모델에 따르면 모든 구매활동이 이 5가지 단계를 거치는 것처럼 보이나 일상 반복적인 구매에서는 어느 단계가 생략되고 순서가 바뀔 수도 있다.

제4절 마케팅믹스관리

기업은 시장을 세분화하여 표적시장을 선정하게 되면 이를 기초로 선정된 표적시장 내에서 소비자들을 대상으로 자사 제품이 경쟁제품과 비교하여 우위를 갖도록 여러 가지 마케팅믹스를 개발하게 된다.

이러한 마케팅믹스(marketing mix)란 마케팅 담당자가 표적시장에서 마케팅 목표를 달성하기 위하여 제품(product), 가격(price), 유통(place), 촉진(promotion) 등의 마케팅 4대 요소를 중심으로 한 각종 활동을 보다 체계적이고도 효율성 있게 관리하기 위하여 가용자원을 각 요소별로 적정 배분하여 운용하는 것을 말한다. 즉 제품 전략, 가격전략, 유통전략 및 촉진 전략 등의 통제가능 요소들을 종합적이고도 합리적으로 결부시켜 의사결정을 행하는 것이다.

4.1 제품관리

소비자의 욕구를 충족시키기 위하여 개발하는 제품이야말로 기업의 마케팅 활동에 있어서 가장 중요한 요소이다. 제 아무리 가격을 잘 결정하고 유통경로를 잘 선택하여 광고를 잘한다 하더라도 제품이 없는 마케팅은 있을 수 없다. 그러므로 기업이 어떠한 제품을 생산할 것이냐 하는 결정은 마케팅믹스의 기초가 된다. 제품 관리란 제품수명곡선(PLC)을 고려한 각 단계의 기획(planning), 실천(direction), 통제(control)를 의미한다.

1) 제품의 개념

제품(product)이란 좁은 의미에서는 기업이 생산하여 팔고자 하는 물건, 즉 유형적인 재화를 의미한다. 그러나 광의로 볼 때는 소비자가 욕구의 충족 대상으로 받아들이는 유형·무형의 모든 것을 통칭하며, 이에는 유형재·서비스·사람·장소·조직체 및 아이디어 등이 포함된다. 기본적으로 제품이란 소비자의 욕구를 충족시켜 주는 편익들의 복합체라고 정의되므로, 제품을 개발할 때 우선 그 제품이 충족시켜 주어야 할 핵심적인 소비자의 욕구를 파악하고, 그 욕구를 가장 잘 만족시키는 편익들의 집합을 찾아내어 제품 설계에 반영해야 하는 것이다.

2) 신제품개발관리

신제품 개발은 모든 기업에 있어 생존과 번영을 위한 필연적인 작업이다. 그러나 신제품 개발의 성공률은 극히 낮기 때문에 이는 경영관리상 가장 난이한 의사결정의 하나가 된다. 통계적으로 볼 때, 일정 시점의 신규 아이디어 창출수를 100으로 보면 그중 85% 정도는 상품화가 불가능하고, 10% 정도는 수익성이 없으며, 5% 내 수준만이 투자회수와 수익성 확보에 성공할 가능성이 있다고 나타내고 있다.

신제품을 개발하고자 하는 기업은 제품 계획과 개발의 과정을 결정하기 전에 제품의 성격을 규정하는 과정을 선행하여야 할 것이다. 즉 왜(why) 신제품을 개발하여야 하는가? 어떻게(how) 하면 신제품을 개발할 수 있을까? 하는 물음에서부터 언제(when), 어디서(where), 무슨 제품(what)을 시장에 투입시킬 것인가에 대한 계획까지 사전에 수립되어야 한다는 것이다.

그러한 물음에 보다 구체적으로 대처하기 위해서는 마케팅 관리자가 무엇보다도 먼저 과학기술의 변화만큼 급속하게 변화하는 소비자의 기호, 취향 등을 정확히 파악하여야 하고, 경쟁제품의 출현이 미치는 자사 제품의 수명과 이익규모 등에 대해 주의를 기울여야 하며, 계속적으로 신제품 개발의 의지를 보여야 할 것이다.

신제품 개발은 ① 신제품 아이디어의 개발, ② 신제품 아이디어의 평가 및 개발제품의 선정, ③ 제품 개발, ④ 제품 검증(product test), ⑤ 시장검증(market test) 등의 과정을 거치게 된다.

3) 제품믹스관리

어떤 기업이든 한 개 또는 그 이상의 제품믹스를 다루고 있다. 미국마케팅협회(AMA: American Marketing Association)의 정의에 의하면 제품믹스란 '특정 기업 또는 특정 사업단위가 판매를 목적으로 구매자에게 제공하는 제반 제품의 합성체'를 말하며, 또 제품계열(products line)이란 '하나의 제품믹스 내에서 유사한 기능을 갖고 있고 동일 유형의 유통경로를 통하여 동일한 고객 집단에게 판매되거나 주어진 가격 범위 내에 있는 등 상호 밀접한 관계에 있는 제품 집단'을 말한다. 그리고 품목(product item)이란 '하나의 제품계열 내에서 크기, 가격, 외양 또는 기타의 특성에 따라 구분할 수 있는 하나의 제품단위'를 일컫는다.

예를 들어 어떤 상점에서 화장품, 보석 그리고 시계를 취급하고 있다면 이 세 가지의 제품계열이 제품믹스를 구성하게 되며, 화장품을 다시 립스틱(lip stick), 스킨 크림(skin cream) 등의 제품계열로 분류할 수 있다. 이러한 제품계열은 다수의 품목으로 구성되는 것이다.

4) 제품수명곡선(product life cycle)

모든 제품은 신제품으로 개발되어 시장에 처음 출현·판매되기 시작해서 판매량이 점차 감소되고 다른 신제품으로 대체되는 시점까지 일정기간을 갖는다. 이러한 제품이 시장에 출현해서 소멸될 때까지의 매출 등의 변화 내용을 도표화한 것이 제품 수명 곡선이다. 그 제품의 존속기간이 길든 짧든 간에 시장에서의 제품 생존기간은 대체로 네 단계(제품 개발단계를 포함하면 다섯 단계)로 분류할 수 있다.

(1) 도입기(introduction stage)

광고비의 지출에도 불구하고 시장에서 제품 인식 및 수용이 극히 저조하며, 많은 제품들이 이 단계에서 바로 쇠퇴기로 이어진다. 초기투자비용에 비해 매출이 저조함으로써 제품 생산에 대한 재정적인 압박을 심하게 받게 된다.

(2) 성장기(growth stage)

초기 사용자들의 경험에 따른 선전효과의 확산과 유통구조의 정착에 힘입어 매출이 급격하게 증가하는 단계이다. 매출이 어느 정도 증가하게 되면, 기술혁신 비용과 초기 투자비용에 대한 보상이 이루어지며 이익이 발생되기 시작하는 단계이다.

(3) 성숙기(maturity stage)

매출 성장률은 전 단계보다 떨어지며 경쟁이 심화된다. 따라서 경쟁능력이 없는 기업은 도태되며, 경쟁 윤곽이 뚜렷해진다. 이익의 폭은 현저하게 감소되나 자금사정은 과거 판매량의 누적 수준에 따라 비교적 양호하다. 이러한 성숙기가 장기화되면 어떤 시점에 가서는 매출이 포화상태에 이르게 되고, 이 시점이 지나면 새로운 대체 제품의 개발 등에 따라 기존 제품에 대한 수요가 감소하기 시작한다.

(4) 쇠퇴기(decline stage)

판매의 절대적 양이 감소하고 신제품으로 고객들이 이전해 가는 단계이다. 쇠퇴기가 도래하는 이유는 기술변화, 소비자 기호의 변화, 경쟁의 심화 등 여러 가지가 있다. 쇠퇴기에는 제품에 대한 수요가 감소하고, 판매량과 이익이 하락하므로 일부 기업에서는 시장에서 철수하거나 제품의 수를 축소하기도 한다. 또한 제품의 가격도 계속하여 인하되며, 비용을 절감하기 위하여 촉진 활동 예산도 삭감하는 상황이 발생되기도 한다.

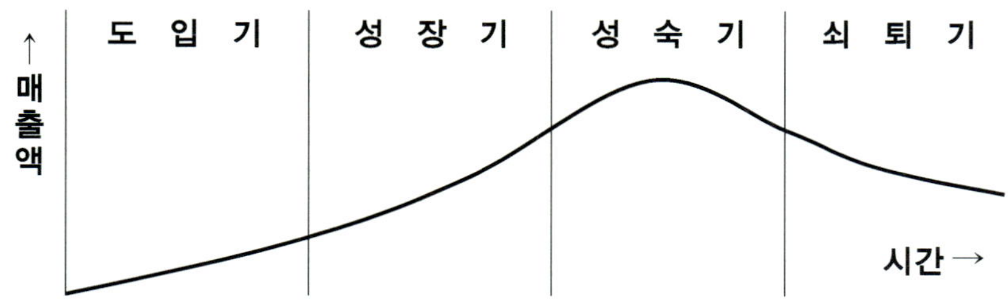

시장상황		독점 ——— 과점 또는 (창업자이득시대) 독점적 경쟁	순수경쟁 또는 과점을 지향하는 독점적 경쟁
마케팅믹스	제품	하나 다수	모든 제품표준화, 상표결정
	유통	선택적 성격이 강한 유통경로의 확립	개방적 성격이 강한 유통경로로의 이행
	촉진	제품과 상표에 대한 개척자적인 정보 제공, 1차수요의 자극	설득적 및 공격적, 매우 경쟁적인 정보 제공, 선택적 수요의 자극
	가격	시장침투가격정책 초기고가격정책	경쟁가격 또는 가격절하

자료: E. J. McCarthy, Basic Marketing : A Managerial Approach, 5th ed., Richard D. Irwin, Inc., 1975, p.536.

[그림 14-2] 제품수명곡선상의 마케팅믹스의 전형적 변화

4.2 가격관리

1) 가격결정의 성격

가격수준의 결정은 관리적이고도 객관적인 관점의 요소뿐만 아니라 상징적이고도 주관적인 관점의 요소, 즉 잠재 구매조직의 인식 등을 고려하여 이루어져야 한다. 물론 마케팅과 가격결정은 조화를 이루어야 하는데, 이는 소비자들이 인지하는 가격의 수준과 제품의 효용, 유통방법 등이 서로 격차가 작아야만 시장에서 무리 없이 수용될 수 있음을 말한다.

2) 가격결정방법

(1) 비용함수에 따른 가격결정(cost function pricing)

원가중심적 가격결정이라고도 하며, 제품의 생산원가에 일정한 이윤을 가산하여 가격을 산정하는 방법이다. 이는 회사가 손실을 받지 않는 범위 내에서 수용될 수 있는 최저 가격을 결정 가능케 한다. 물론 이러한 방법은 효과적인 비용요소의 파악과 산정방법이 존재하여야 가능하다.

(2) 인식 가치에 따른 가격결정(perceived-value pricing)

수요중심의 가격결정이라고도 하며, 해당 시장 상황이 잘 파악되어 있는 경우 현재의 제품 수요량과 예측되는 수요 지속기간에 따라 시장원리에 의해 가격을 결정하는 방법이다. 물론 구매자의 인식 가치가 증가할수록 가격은 상대적으로 상승한다. 그러나 실제에 있어서 인식가치에 의한 가격의 결정은 고객, 제품 모형, 판매점, 판매시점 등의 상황에 따라 차별화되어 나타난다. 따라서 인식가치에 따른 가격결정의 중요한 초점은 해당 시장 상황을 얼마나 정확히 파악할 수 있느냐 하는 것이다.

(3) 경쟁함수에 따른 가격결정(going rate pricing)

경쟁 중심의 가격결정이라고도 하며, 주로 경쟁기업에 대한 모방가격(imitative price)의 형태로 나타나는데, 경쟁제품들의 가격이 합리적으로 산정되었다는 가정 하에서 자사 제품의 가격을 이에 상대적으로 유사하게 적용하여 결정하는 방법이다. 따라서 이러한 모형의 가격결정은 경쟁상황이 심화될 때 이에 비례해서 자주 선택될 뿐만 아니라, 과점(oligopoly)의 경우에도 여타 기업들이 선두기업들의 가격 수준을 모방해서 채택하게 된다. 물론 회사 제품이 경쟁제품에 비해 차별화될 수 있는 경우 그 회사 제품의 가격은 차별화가 가능하며, 또한 차별화가 합리적으로 이루어졌다고 판단될 때, 이 가격의 차는 질적 차이를 의미하게 된다.

(4) 심리적 가격결정(psychological pricing)

소비자들의 심리적 상태 또는 일상적인 구매패턴을 감안하여 제품 가격을 책정하는 방법이다. 제품과 가격과의 관계에 관한 소비자들의 인식에 관한 여러 조사를 보면, 대체적으로 가격이 높을수록 품질도 우수하다고 인식하고 있는 것을 흔히 볼 수 있다. 이와 동시에 고급 제품일수록 실제 이상으로 고가품인 것으로 인식되는 경우도 있다. 이와 같이 가격이 제품의 품질을 나타내는 하나의 지표로 사용되는 경우도 많다.

이러한 심리적 가격결정방법의 하나인 단수 가격결정(odd-even pricing)은 제품 가격을 100원, 1,000원 등과 같이 현재의 화폐단위에 맞게 책정하는 것이 아니라 그 보다 조금 낮춘 95원, 950원 또는 900원 등과 같이 책정하는 것이다. 이와 같이 가격을 책정하는 목적은 소비자들에게 제품의 가격이 정확한 계산에 의해 낮게 책정되었다는 인식을 심어주기 위한 것이다.

4.3 유통관리

1) 유통관리의 개념

유통이란 ① 생산자로부터 최종 소비자에 이르기까지 다양한 조직들 사이의 관계들을 연결시켜 주며, ② 주문, 거래 협상, 지불, 금융 및 수송, 보관과 같은 마케팅 기능의 흐름을 촉진시켜 주는 활동을 의미한다.

이러한 유통은 생산이 집중화되고, 지역화되어 있는 생산자와 다양한 수요를 가지고 지리적으로 분산되어 있는 소비자 간의 접촉을 보다 용이하게 한다.

유통관리란 재화와 용역을 적절한 상태로, 정해진 시간 내에, 원하는 장소로, 필요한 양만큼 소비자에게 전달하는 것과 관련된 행동양식, 즉 적절한 유통경로를 선택하고 이를 효율적으로 운영하는 활동을 말한다. 그러므로 유통경로는 생산자와 소비자 사이의 장소적 분리를 채워주는 마케팅 활동인 것이다.

유통경로란 '특정 제품이나 서비스가 소비 또는 사용될 수 있도록 하는 과정과 관련되는 일체의 상호 의존적인 조직'으로 제품이나 서비스를 생산자로부터 최종 소비자에게로 전달하는 도구를 사용함으로써 마케팅 전략에서 중요한 역할을 수행하고 있다. 이와 같이 정의되는 유통경로에는 생산자와 최종 소비자, 그리고 중간상이 포함된다.

소비자가 만족할 수 있는 제품을 생산하는 것도 중요하지만, 이러한 제품의 생산만으로는 소비자의 욕구를 만족시키고 기업의 목표를 달성하는 것은 불가능하다. 이를 성취하기 위해서는 제품이 표적시장의 소비자들에게 적절한 시간 내에, 접근 가능한 장소에, 적절한 수량만큼 제공됨으로써 효용을 창출하는 것이 바로 유통경로인 것이다.

2) 중간상의 유형

중간상은 크게 상품에 대한 소유권을 가지고 직접 마케팅 활동을 하는 도매상·소매상과 같은 상인중간상(merchant middleman)과, 소유권을 가지지 않고 단순히 상품이 이전되는 것을 도와주는 역할을 담당하는 거간·객주·대리상과 같은 대리중간상(agent middleman)으로 분류된다.

(1) 도매상

도매상은 최종 소비를 목적으로 하는 것이 아니라 생산이나 재판매를 목적으로 구매하는 상인들을 대상으로 판매활동을 하는 개인이나 조직체를 의미한다. 도매상은 여러 측면에서 소매상과 다르다. ① 최종 소비자가 아니라 기업고객과 주로 거래를 하기 때문에 도매상은 촉진·매장 분위기·점포 위치 등에 주의를 기울이지 않는다. ② 도매상은 넓은 상권을 대상으로 하며 거래규모가 크다. ③ 도매상은 상이한 법적 규제 및 세제 하에 있다.

(2) 소매상

최종 소비자를 대상으로 판매활동을 하는 상인을 말하는데, 판매방법으로는 상점을 가지고 판매활동을 하는 점포판매, 통신수단을 사용하여 판매활동을 하는 통신판매, 고객의 집을 직접 방문하여 판매하는 방문판매와 자동판매기 등 기계를 이용한 무인판매방법이 있다.

이러한 소매상은 백화점·슈퍼마켓·연쇄점·할인점·통신판매·편의점·하이퍼마켓 등 그 종류가 다양하다.

(3) 대리중간상

상인중간상과는 달리 상품에 대한 소유권을 가지지 않고 판매자와 구매자 사이에 게재하여 거래가 원활히 성립되도록 도와주는 역할을 한다. 그 유형으로는 거간·제조업자 대리인·판매대리인·수출입 대리인·구매 대리인 등이 있다.

3) 유통경로의 구성

유통경로 중 어느 한 형태가 모든 시장에서 통용될 수는 없다. 유통경로는 시장과 고객의 필요를 가장 효율적으로 충족시킬 수 있는 형태를 취하는 것이 바람직하다.

(1) 소비재의 유통경로

소비재의 유통경로는 매우 다양한 형태를 취한다. 우선 산업재시장에서는 찾아볼 수 없는 소매상이 존재하게 된다. [그림 14-3]에는 소비재의 다섯 가지 유형의 유통경로가 나타나 있다. 이 중에서 직접유통이란 제조회사가 최종 소비자에게 직접 판매하는 것을 말한다. 나머지 네 가지에는 대리상, 거간, 도매상, 소매상 등의 중간상이 포함된 간접유통의 여러 형태가 표시되어 있다.

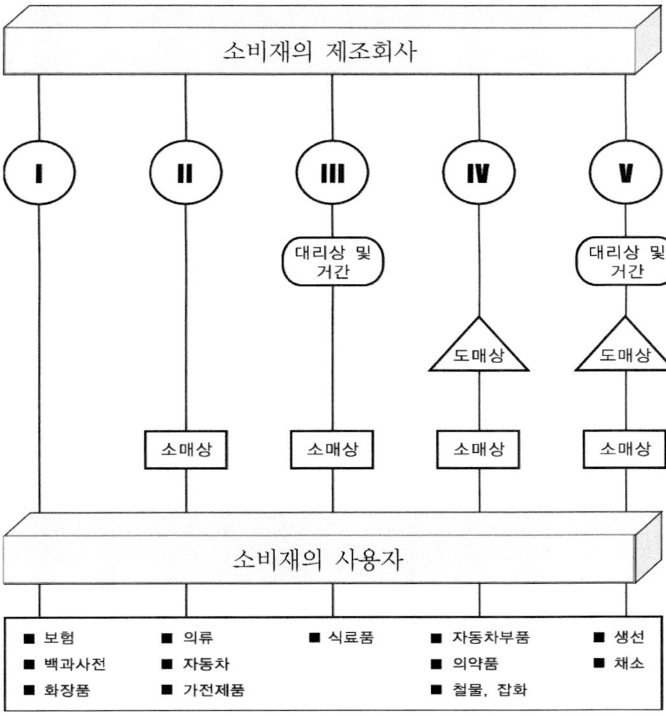

[그림 14-3] 소비재의 유통경로

유통경로가 길어질수록 중간상의 기능은 더욱 전문화된다. 이러한 전문화의 증대는 규모 경제의 실현으로 인한 비용의 감소를 의미하게 된다. 개개의 중간상이 전문화된 기능을 수행하게 되면 한 사람이 모든 기능을 수행하는 것보다 효율성이 증대될 수도 있다. 그러나 다단계가 되면 유효한 경쟁이 존재하지 않는 경우에는 유통비용의 증대를 가져오게 된다.

(2) 산업재의 유통경로

소비재의 유통경로와는 달리, 산업재시장에서는 대개 직접유통의 형태를 취하고 있다. 즉 산업재의 제조회사는 자사의 조직에 의한 판매나 카탈로그 판매 등의 직접마케팅을 통하여 산업재 사용자에게 직접 판매하는 것이 보통이다. 왜냐하면 산업재시장과는 달리, 소수의 대규모 구매자들로 구성되어 있기 때문이다. 그러나 이보다 더 중요한 이유는 산업재가 상품 자체가 복잡하며, 단위당 규모가 크므로 전문화된 지식과 애프터서비스가 필요하기 때문이다.

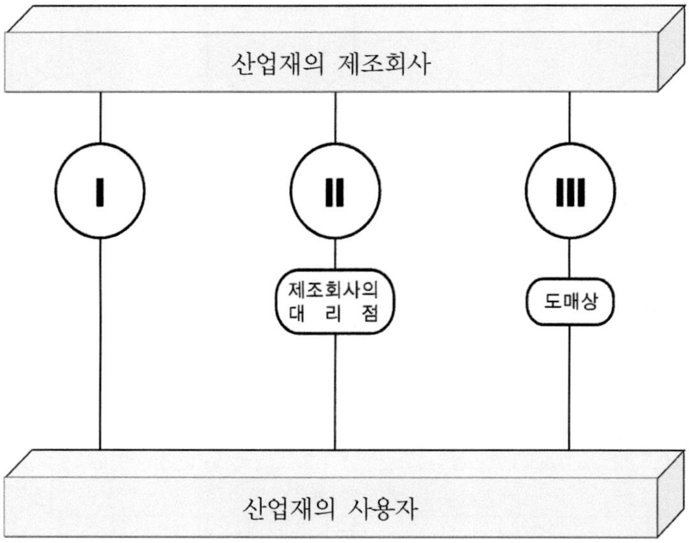

[그림 14-4] 산업재의 유통경로

[그림 14-4]에는 산업재시장에서의 세 가지 일반적인 형태의 유통경로가 나타나 있다. 그러나 그림에서 보듯이 몇몇 산업재의 경우 대리점을 통한 간접유통

도 실시하고 있다(유통경로 Ⅱ). 이 경우는 대부분 제조업체가 영세하거나 소수의 상품라인만을 취급하거나 혹은 지역적으로 분산되어 있는 고객에게 판매하는 경우이다. 또한 유통경로 Ⅲ에서 보듯이 도매상이 개입되는 경우도 있는데, 이는 전자부품과 같이 저가의 표준화된 상품인 경우에 주로 사용된다.

(3) 복수 유통경로

회사에 따라서는 동일한 상품에 대해서 여러 가지 유통경로를 사용하는 경우도 있는데, 같은 상품이라도 그 용도에 따라 최종 소비자에게 판매되는 경우와 산업재 사용자에게 판매되는 경우가 있다. 예를 들어 생활건강제품은 백화점과 슈퍼마켓을 통해서 소비자에게 판매되는 것이 보통이나, 한편으로는 호텔 등에 직접 판매되기도 한다.

4) 물적유통의 개념

물적유통(physical distribution)은 적절한 이윤을 보장하면서 고객의 욕구를 충족시키기 위하여 원산지로부터 사용자에게까지 물자와 최종 제품의 물리적 흐름을 계획하고, 설명하며, 통제하는 일들로 구성된다. 물적유통의 목적은 공급체인(supply chain : 공급업자 → 조달·획득, 제조, 물적유통 → 유통경로 → 소비자)을 관리하는 것이다.

물적유통 비용의 주요한 요소는 수송비용(37%), 재고관리비용(22%), 창고비용(21%), 주문처리·고객 서비스·분배 관리(20%) 비용 등이다.

물적유통은 비용을 발생시키는 것만은 아니며, 경쟁적 마케팅의 유효한 잠재적인 도구가 되기도 한다. 기업들은 물적유통 시스템을 개선함으로써 양질의 서비스와 저렴한 가격을 제공하여 소비자들을 추가적으로 유인할 수 있다. 즉 기업들은 적시에 제품을 공급하지 못하면 고객을 잃게 된다.

물적유통에는 여러 가지 활동들로 나누어지며, 다음과 같은 순서로 전개된다. 먼저 기업이 생산과 재고 수준을 계획하여 이에 기초하여 판매를 예측한다. 생산부서는 구매부서에게 주문할 자재를 지시한다. 이러한 자재들은 내부의 수송을 통해 도착되어 입고처로 들어가서 원자재 창고에 직접 보관된다. 원자재는 최종 완성재로 변화된다. 최종재의 재고는 고객의 주문과 기업의 제조능력 간의 관계를 고려하여 정해진다. 고객의 주문으로 최종재의 재고 수준은 낮아지게 되는 반면에, 제조능력은 재고 수준을 최고로 높게 한다. 최종재는 조립라인을 통해서 포장되고 창고에 보관된다. 선적 창고로 옮겨지고, 외부 수송수단을 통해 현지 창고에 입고되고, 다시 고객에게 전달되고 서비스된다.

이러한 물적 유통의 구성요소 중 가장 중요한 3가지는 창고, 운송, 그리고 재고관리이다. 과거에는 물적유통 3가지가 별도로 논의되어 왔으나, 물적유통에 대한 통합된 결정을 위해서는 이러한 3가지를 동시적으로 고려되어야 한다.

4.4 촉진관리

1) 촉진활동의 실천형태

촉진활동이란 '각종 다양한 커뮤니케이션 방법을 동원하여 구매자를 설득하는 과정의 제반 형태'이다. 촉진활동의 실천 형태로는 광고 및 인적판매, 판매촉진, 공중관계 등으로 구분할 수 있는데, 그 구체적인 내용은 다음과 같다.

(1) 광고(advertising)

특정 광고주(sponsor)가 대가를 지불하고 제품, 서비스, 아이디어 등을 TV, 라디오 등의 방송매체와 신문, 잡지 등의 인쇄매체 등 비인적매체를 활용하여 소비자들에게 널리 알리고 구매를 자극하여 자사 제품의 선택을 유도하는 모든 형태의 커뮤니케이션 형태이다. 일반적으로 광고는 구매자에게 제품에 관한 정보를 제공하고, 제품 구매를 설득하며, 구매자가 자사 제품을 기억할 수 있도록 하기 위해 수행된다.

(2) 인적판매(personal selling)

인적판매는 기업에 따라 촉진 관리에서 주도적인 기능을 수행할 수도 있고 단지 보조적인 기능만을 수행할 수도 있다. 인적판매란 판매원이 표적고객과 직접 대면 접촉하여 자사의 제품이나 서비스를 구입하도록 설득하는 커뮤니케이션 활동을 의미하므로, 어떤 다른 커뮤니케이션 활동보다도 강력한 촉진 수단이다.

이러한 인적판매는 혁신적인 신제품의 시장 도입에 아주 유익한 촉진수단이다. 혁신적인 신제품의 경우 일반 소비자들이 자신들에게 익숙한 제품의 사용을 고집하고 신제품으로서 변경을 주저하고 꺼려하는 태도 때문에, 즉 특정 제품에 대한 충성도가 높기 때문에 이들에게 구매 변경에 따른 이점과 시범을 보이는 판매원이 절대적으로 필요하다.

또한 제품이 다양화되고 복잡해짐으로써 소비자들은 판매원으로부터 제품 사용법이나 기능에 대한 교육을 받지 않으면 안 되는 경우도 발생하는 등 인적판매가 날로 그 중요성이 증가하고 있다.

이러한 인적판매의 과정은 크게 준비, 설득, 거래의 세 단계로 구분된다. ① 고객 예측(잠재고객의 확인단계), 사전 접근(정보수집 단계) 등의 활동 ② 설득단계는 판매원이 잠재고객의 욕구를 충족시켜 줄 수 있는 방법을 제시하는 접근, 제품 소개(제시 및 설명), 고객 의견에 대한 대응(반대의견 처리), 구매권유 등을 행하는 단계 ③ 거래단계는 판매를 종결시키고 판매 후 서비스를 제공하는 단계이다. 이러한 단계는 연속적인 과정으로서 기업의 전체적인 마케팅 전략에 맞추어서 실행되어야 한다.

(3) 판매촉진(sales promotion)

판매촉진이란 광고, 인적판매 그리고 공중관계를 제외한 모든 마케팅 활동을 포함하고 있으며, 소비자를 자극하고 중간상의 효과와 협력을 추진하는 것, 즉 소비자와 판매점의 자사 제품에 대한 호감도를 높이기 위한 활동을 말한다. 이러한 판매촉진 활동은 특정 장소나 특정 시점에서 소비자의 의사결정이 회사 제품의 선택을 유도하기 위하여 판매조건이나 판매 내용을 일반적인 시장 상황보다 유리하게 제공하는 형태로서 경품(contest), 쿠폰(conpon), 견본 증여(sampling), 끼워 팔기(premium) 등을 사용한다.

이러한 판매촉진의 유형에는 판매점을 대상으로 하는 판매점 판매촉진과 소비자를 대상으로 하는 소비자 판매촉진으로 나눌 수 있다.

판매점 판매촉진(dealer sales promotion)은 목표시장에서 판매점의 구매를 환기시키고 자극하기 위한 마케팅의 커뮤니케이션 방법으로, 매출액 증대에 궁극적인 목적을 두고 판매점 촉진과 판매점 원조(dealer helps)를 통해 단기적인 효과뿐만 아니라 장기적인 측면을 고려한 접촉활동이다.

① 가격 할인(rebate)

리베이트는 제조업체와 판매점의 공존공영을 목적으로 기업이익의 분배를 통한 판매촉진 방법으로 판매점이 일정 매출액을 넘어서면 판매점 인도 가격에는 변함이 없지만 일정기간 후에 지불금액의 일부를 일정 비율로 환불해 주는 방법이다.

② 기관지(house organ)발행

기업이 목표시장에 기업의 사명이나 특징, 기술의 발전과 고객에게 유용한 정보를 제공하기 위해 정기간행물(house publication)을 통한 매출액 증대와 함께 제조업체와 판매점, 그리고 소비자와의 커뮤니케이션이 원활하게 이루어지도록 하는 촉진 방법이다.

③ 판매점 콘테스트(dealer contest)

판매점끼리의 경쟁을 통한 판촉활동으로 자사 제품의 우선적인 판매에 목적을 두고 소매점 교육이나 의식의 향상, 아이디어의 수집 등을 얻을 수 있다. 판매점 콘테스트의 유형으로 판매량 콘테스트, 진열 콘테스트, 판매기술 콘테스트, 아이디어 콘테스트 등이 있다.

④ 판매점 지원(dealer helps)

판매점에 대한 장기적인 측면의 판촉활동으로 판매점의 경영에 대한 지도, 육성과 판매점의 판매에 대한 지원 및 원조 두 가지로 구분된다. 판매점판촉은 판매촉진 활동의 보조적 수단이라 할 수 있으며 소비자 판매촉진의 중요한 비중을 차지하고 있다.

소비자 판매촉진은 최종 소비자에 직접 판촉활동을 행하는 것을 말한다. 시장에서 소비자 접촉의 일환으로 사용되는 방법이다.

① 우편광고

직접 우편광고(direct mail advertising)의 약자로 특정인을 지정하여 우편으로 직접 소구 하는 방법이다. 이는 고객중심적 매체로서 대상들을 연령, 지위, 특성에 따라 구체적인 소구를 하기 때문에 각 업종에서 많이 사용하고 있다. 이 방법의 장점으로는 1대 1 관계이므로, 설득력이 강하고 소구대상을 적절히 판단, 선택할 수 있으며 비밀을 유지할 수 있고, 그 효과의 측정에 유리한 반면,

어느 특정인에 국한된다는 점과 비용 측면에서의 문제점이 있다.

② 전단(bill)

일정 지역의 광범위한 대상을 위주로 대량 살포하는 방법으로 제작이 용이하고 단가 코스트가 낮으며, 그 효과가 즉시 나타난다는 점과 배포에 극적인 면을 도입할 수 있다는 점이다. 전단이 주로 사용되는 경우는 판매 가격을 강조할 때, 각 행사 때의 즉각적인 효과, 서비스나 분위기 앙양을 통한 이미지 고취를 위해 많이 사용한다.

③ 견본 증여(sampling)

제품 또는 그 축소품을 소비자에게 제공하여 그 사용을 고취하는 방법으로, 무료와 대여의 두 가지 방법이 사용된다. 화장품, 의약품, 음료수 등의 일상용품은 무료의 경우가 많고, 생산재 등 고가의 신제품인 경우에는 대여의 방법이 많이 사용된다.

(4) 공중관계(public relation : PR)

기업은 고객, 공급업자 및 유통업자들과 건설적인 관계를 맺고 있을 뿐만 아니라 상당수의 이해관계가 있는 공중(public)들과 관계를 맺고 있다. 공중관계는 기업이 다양한 공중과의 건전한 관계를 형성하기 위하여 호의적인 공중의 반응을 획득하거나, 우호적 기업이미지를 구축하거나 비우호적인 소문, 이야깃거리, 사건 등을 방지하는 활동을 의미한다. 즉 PR은 기업이 소비자가 속해 있는 지역사회나 단체 등과 긍정적인 관계를 구축하여 자사 제품을 촉진하는 것이다.

이러한 공중관계 활동은 간행물(책자류) 발행·배포, 특별행사 개최, 뉴스거리 제공, 각종 연설, 공공서비스 활동 등을 주로 활용하게 된다.

① **간행물**

기업들은 표적시장에 도달하여 소비자에게 영향을 주기 위하여 간행물을 광범위하게 이용한다. 이 간행물에는 연간 기업보고서, 브로셔(소책자), 사설집, 시청각 자료, 그리고 기업의 사보 및 잡지 등이 있다.

② **특별행사**(special event)

기업들은 특별한 행사를 마련하여 신제품이나 기타 기업활동에 관심을 유도

할 수가 있다. 이러한 특별행사에는 기자회견, 세미나, 전시회, 시연회와 시합, 기념회, 그리고 운동경기의 표적고객에게 도달할 수 있는 문화적인 행사를 주관하는 것 등이 있다.

③ **뉴스거리 제공**

PR 담당자들은 기업, 제품, 그리고 종업원에 대한 흥미로운 뉴스거리를 찾아내거나 개발해야 한다. 뉴스거리를 개발하기 위해서는 이야깃거리의 개념을 수립하고, 또한 이야깃거리를 탐구하고 기사화될 수 있도록 집필 능력이 있어야 한다.

④ **연설**

기업의 최고경영자들이 매체들로부터의 질문에 적절히 응수하거나 또는 협회나 판매원 회합에서 연설을 해야만 하는데, 이러한 것으로 기업의 이미지가 고취될 수도 있고, 훼손될 수도 있다. 몇몇 기업들은 신중하게 자사의 연사를 선정하고 또한 항상 연설문 작성자와 코치들을 활용하여 그들이 전달하고자 하는 사항에 대해 도움을 받는다.

⑤ **공공서비스 활동**

기업들은 좋은 사회적 이미지 형성을 위해 시간과 자금을 지원하고, 이에 기여함으로써 공중의 선호도를 높일 수가 있다. 미아 찾아주기 운동, 심장병 어린이 돕기, 자연보호운동, 탁아시설 건립 등에 대한 적극적인 후원이나 참여가 그 예이다.

2) 촉진믹스의 의사결정

촉진믹스(promotion mix)란 기업이 마케팅 목표를 달성하기 위해 사용하여야 할 광고, 판촉, 인적판매, 공중관계 등 각종의 촉진 활동방법과 수단을 최적 배합하여 전체적인 촉진 활동의 효율화를 도모하는 것을 말한다. 동일산업에 속하는 기업 간에도 촉진 예산의 배분에는 큰 차이가 있다. 이론적으로 볼 때 촉진 활동 예산은 이러한 촉진믹스에서 차지하는 각 유형별 활동의 비중에 따라 배분되어야 하나, 실제에 있어 각 촉진 활동의 효과를 개별적으로 평가한다는 것은 극히 어려운 작업이기 때문에 적용상에 어려움이 많다.

제5절 고객관계관리

기업 간의 경쟁이 치열해지고 소비자의 욕구가 다양화와 이질화, 개성화됨에 따라 마케팅의 초점도 매스마케팅(mass marketing)에서 점차 세분화되어 세분화 마케팅(segmentation marketing), 표적마케팅(target marketing)으로 변화하고 있다. 더구나 오늘날 소비자는 더 이상 어떤 집단 또는 목표시장의 한 구성원으로서가 아닌 유일한 개성을 지닌 독립적 존재로 인식되기를 바라고 있다. 이를 위하여 개인마케팅, 일대일 마케팅의 개념이 생겨났으며, 이러한 개념을 실현시켜 줄 수 있는 수단으로 관계마케팅(relationship marketing), 데이터베이스 마케팅(database marke- ting), SNS 마케팅(social network service marketing), 빅데이터 마케팅(big data marketing) 등이 등장하고 있다.

5.1 관계마케팅

1) 관계마케팅의 개념과 전략 유형

세계적 마케팅 전문가인 필립 코틀러(Philip Kotler)는 마케팅의 목적이 거래에 기초한 마케팅에서 소비자 생활을 창조하는 관계 중심으로 이동하고 있다고 말한다. 새로운 고객을 유치하는 비용은 기존 고객을 유지하는 비용보다 4~5배 더 소비된다. 최근에 관계마케팅에 주목하는 이유이다.

관계마케팅은 고객과의 관계적 교환 개념을 중요하게 인식하고 마케팅에 적용시킨 것으로 창업기업뿐만 아니라, 기존 기업에서도 그 중요성이 강조되고 있다. 관계마케팅(relationship marketing)이란 기업이 소비자에게 친근한 존재가 되며, 또한 기업시민으로서 소비자 공중의 사회적 가치 만족을 달성시켜 소비자와 지속적인 관계를 형성하고 유지하는 마케팅 전략이다.

기존의 생산자 또는 소비자 중심의 한쪽 편중에서 벗어나 생산자(판매자)와 소비자(구매자)의 지속적인 관계를 통해 서로 윈-윈(win-win)할 수 있도록 하는 관점의 마케팅 전략으로 기업과 고객 간 인간적인 관계에 중점을 두고 있다. 고객과 끊임없이 대화하면서 고객과의 관계를 형성, 유지, 강화하고 원하는 제품을 정확히 파악하여 고객 만족도를 높이는 대응전략이 관계마케팅의 핵심이다. 이러한 관계마케팅은 상호작용적 마케팅이 필수적이므로, 통합적 마케팅 커뮤니케이션의 촉진 도구가 잘 어우러져 사용될 때 효과를 발휘할 수 있다. 또한 관계마케팅은 쌍방향 커뮤니케이션이 가능하게 된 뉴미디어를 바탕으로 하고 있다.

구체적인 관계마케팅 전략으로는 ① 기업이 소비자에게 가치가 있는 정보를 제공하고, ② 공공 서비스를 제공하거나 후원하고, ③ 사회 문제 해결에 적극적으로 나서는 등 다양한 방법이 있다. 관계마케팅은 IMC(통합 마케팅 커뮤니케이션)의 대표 전략으로 기존 마케팅 전략보다 더 효과적이다. 이는 직접마케팅이나 거래마케팅과 달리, 고객과 상호작용이 필수적이기 때문이다.

2) 관계마케팅 전략의 사례

(1) 해외 사례

우리에게 잘 알려진 대표적인 관계마케팅 전략은 1986년 코카콜라와 시티그룹이 후원한 LA와 뉴욕을 잇는 인간 사슬 캠페인이었다. 집 없는 사람을 돕기 위한 이 이벤트는 세계적인 이목을 받았으며 두 후원사가 세계적 명성을 유지하는 데 큰 기여를 했다. 필스버리(Pillsbury)는 밀가루 제품의 판촉을 위해 요리의 슈퍼볼이라고 할 수 있는 요리대회를 매년 실시하고 있다. 이 대회는 매년 새로운 요리 카테고리를 포함시켰으며, 고객들의 자발적인 참여를 적극 유도함으로써 1등 요리법에 사용된 필스버리 상품은 엄청난 순간 판매 증가를 기록했다. 그리고 데이턴 허드슨(Dayton Hudson)은 맞벌이를 하는 직원들과 고객들의 다수가 맞벌이 부부로 탁아시설에 관심을 갖고 있는 것을 발견하고 탁아 시설을 이용하는 방법에 대한 부모 대상 교육 프로그램의 하나인 '어린이 돌보기의 중요성 인식(Child Care Aware)'이란 프로그램을 실시했다. 프록터 앤 갬블(Proctor & Gamble)은 미국인들이 즐겨 사용하는 세제인 타이드(Tide)의 출시 50주년을 기념하여 '미국에서 가장 더러운 아이 뽑기'를 개최했다. 이 대회는 P&G가 놀고 싶어 하는 아이들의 마음을 잘 이해하고 있다는 메시지를 널리 알려 두 살에서 열두 살 아이를 둔 부모들의 관심을 끌 수 있었다.

(2) 국내 사례

분유회사의 우량아 선발대회나 선경의 장학퀴즈와 같은 성공적인 관계마케팅 전략이 있었으며, 현재도 활발한 관계마케팅 전략들이 행해지고 있다. 삼성은 아프리카 휴대전화 시장에 들어가기 위해 광고를 하는 대신에 '삼성의 차세대 영웅(Samsung Next Hero)'이라는 캠페인을 펼치고 있다. 아프리카 어린이들이 축구를 좋아하지만 여건이 되지 않는다는 것을 알고 나이지리아, 이집트, 케냐, 남아공 등 아프리카 주요 국가의 축구협회와 협력해 유소년 축구대회를 개최하고, 휴대전화 판매 수익금으로 학교에 축구공을 기부하고 있다. 아프리카 지역민들에게 축구 경험 기회를 제공하고, 재능이 있는 어린이들이 아프리카의 차세대 축구 영웅이 될 수 있도록 도움을 주면서 차근차근 지역 공중과 우호적인 관계를 만들어 나가고 있는 것이다.

5.2 데이터베이스 마케팅

데이터베이스 마케팅(DB marketing)은 고객과의 장기적인 관계를 구축하기 위하여 잠재고객이나 현재 고객에 대한 유용한 정보를 데이터베이스로 구축하고, 구축된 고객 데이터베이스를 전략적으로 활용하여, 고객 개개인과의 접촉을 통해서 직접적인 반응과 판매를 유도하거나, 장기적인 일대일 관계를 구축하고자 하는 제반 마케팅 활동이다. 즉 고객이나 경쟁사, 산업정보 등 주요 시장의 각종 데이터를 직접 수집·분석하고 그것을 기초로 하여 수립하는 마케팅의 한 방법으로 고객에 관한 데이터베이스를 구축, 수요가 예상되는 고객에게 필요한 제품을 직접 판매하는 것이다.

이러한 데이터베이스 마케팅은 고객을 불특정 다수의 대중이 아닌 개인으로 대응하면서 개별 고객과의 장기적인 관계를 구축하고자 하는 '일대일 마케팅(one-to-one marketing)' 또는 '관계마케팅'을 실현하기 위한 출발점이라 할 수 있다. 어느 고객이 무엇을 얼마나 자주 구매했는지, 어느 매장에서 어떤 유형의 제품을 구매했는지, 언제 재구매나 대체구매를 할 것인지 등과 같은 데이터를 가지고 고객의 성향을 분석, 향후 필요한 마케팅 전략을 수립하는 것이다.

미국의 항공회사는 데이터베이스 마케팅을 잘 활용하는 것으로 알려져 있는

데, 예를 들어 출발 전에 탑승객에 대한 자료를 파악, 승무원에게 전달해 고객이 좋아하는 와인과 식사, 그리고 취미까지 고려해 고객에게 감동을 안겨주는 서비스를 하고 있다.

데이터베이스 마케팅은 다양한 고객과 잠재적 고객을 기업의 구체적인 시장 세분화 범주에 맞게 분류함으로써 더 많은 판매기회를 창출하고자 하기 때문에 보다 많이, 더 자세한 정보입수가 성공의 가장 큰 관건이다. 가장 쉬운 예로 인터넷 서점에서 로그인한 고객이 기존에 검색했거나 구매했던 정보를 바탕으로 화면 한 부분에 추천도서나 신간도서를 소개하는 것 등이 여기에 해당한다. 그리고 데이터베이스 마케팅은 기업 전체의 전사적인 실행도 가능하지만 기업의 한 판매 경로(인터넷몰이나 개별 직영 소매점 등과 같은)에서도 실행이 가능하다.

5.3 SNS마케팅

1) SNS의 개념

최근 트위터(tweeter), 페이스북(facebook), 라인(line), 카카오톡과 같은 소셜 네트워크서비스(Social Network Services/sites, SNS)가 사회적으로, 학문적으로 관심의 대상으로 급부상하고 있다. 각각의 SNS가 네트워킹 또는 네트워크, 커뮤니케이션, 미디어 공유, 메시지 서비스 등 공통된 기능들을 공유하고 있기는 하지만, 개별 서비스에 기능적 차이가 있기 때문에 이를 정의하는 것은 쉽지 않다. 그리고 동일한 서비스라 하더라도 사회·문화적 조건에 따라 실제적인 모습은 달리 구현되고 있는데, 이 또한 이를 정의하기 어렵게 만드는 요인이 되고 있다. 그러나, 일반적으로 'SNS', 즉 교호 네트워크 서비스는 '웹 사이트라는 온라인 공간에서 공통의 관심이나 활동을 지향하는 일정한 수의 사람들이 일정한 시간 이상 공개적으로 또는 비공개적으로 자신의 신상 정보를 드러내고 정보 교환을 수행함으로써 대인관계망을 형성토록 해 주는 웹 기반의 온라인 서비스'로 정의될 수 있다.

2) SNS 마케팅의 개념과 기법

'소셜 미디어 마케팅'이라 불리는 SNS 마케팅은 SNS를 통해 웹 사이트 트래픽이나 소비자의 주의를 끌고자 하는 마케팅 방식, 과정, 전략을 의미한다. 이는 소비자 관점에서는 인터넷에 대한 접근성이 제고되었음을, 그리고 기업이나 조직 관점에서는 SNS가 마케팅 캠페인을 저렴하게 전개할 수 있는 저비용의 플랫폼이 되었음을 의미하는 것이다.

비즈니스 부문에서의 SNS 마케팅기법은 대체로 세 가지를 들 수 있다. ① '목표 수용자'를 설정하여 그런 소비자를 대상으로 적확한 광고 및 홍보 전략을 수립하는 것이다. ② 소비자의 상품 관련 행동, 즉 COBRA(Consumer's Online Brand Related Activities)를 활용하는 것이다. 페이스북의 '좋아요(like)' 버튼과 같이 특정 상품이 게시되었을 때 그 선호를 직접적으로 확인할 수 있다. 특정 브랜드의 이미지를 페이스북에 올리는 경우 이 이용자는 특정 브랜드 제품에 대한 긍정적 태도를 갖고 있는 잠재적 소비자이며 실제 구매행동을 할 가능성도 높다. ③ '전자적 입소문', 즉 eWOM (Electronic Word Of Mouth) 전략이다. SNS와 같은 온라인 공간에서 벌어지는 소비자들 사이의 상호작용 과정 중에 긍정적으로 평가되어 추천되는 상품은 구체적인 소비행동으로 귀결될 가능성이 높다.

5.4 빅데이터 마케팅

'빅데이터(big data)'하면 대부분 '3V' 혹은 '4V'를 떠올리게 된다. '3V'는 빅데이터가 양이 많고(Volume), 정형·반정형 혹은 비정형 등 다양한 형태를 취하고 있으며(Variety), 적절한 시간 내에 처리가 가능하여야 한다(Velocity)는 것을 말한다. '4V'는 '3V'에 처리한 데이터가 가치를 가져야 한다(Value)는 점을 포함하여 정의하고 있다.

빅데이터 마케팅(big data marketing)은 마이크로 마케팅(Micro marketing)으로서 빅데이터를 통해 고객의 소비패턴과 선호도, 정보 등을 분석하여, 구매할 가능성이 높은 고객에게 맞춤형 혜택을 제공하는 것을 말한다. 단순히 유형의 상품에 한정된 것이 아니라, 금융, 유통, 의료, 통신, 보험 분야와 같은 무형의 서비스를 제공하는 형태로까지 확대되고 있으며, 상품만이 아닌 유권자의 정치적 성향, 선호 공약 등을 분석하여 선거에 이용하는 형태도 존재한다.

특히, 요즈음 빅데이터 마케팅은 경영계의 큰 관심거리 가운데 하나로, 국내 유통업체들도 빅데이터를 마케팅에 활용하고 있다. 그러나 대부분 온라인 구매 기록이나 신용카드 사용내역 등 고객정보를 제한적으로 사용하는 데 그친다. 예를 들어, A라는 고객이 일주일에 한 번씩 온라인으로 과자를 대량 구매하고, B 고객은 중저가 브랜드 옷을 자주 구매한다면 A 고객에게는 과자 할인쿠폰을 보내고, B 고객에게는 '3일간 의류브랜드 30% 할인이벤트' 이메일을 보내는 방식이다.

Chapter 15 창업기업 세무관리

사업자등록증을 받는 순간부터 개인사업자나 법인의 가장 중요한 의무사항 중 하나는 세금 납부이다. 매출이 발생하면 순이익, 즉 이익부분 중 일정부분을 국가와 지방자치단체에 세금으로 납부해야 한다. 그러므로 이러한 세금은 국가 또는 지방자치단체가 재정 수입을 목적으로 법률에 규정된 과세요건을 충족한 자에게 직접적인 반대급부 없이 부과하는 금전 급부이다. 창업자가 알아야 할 사업과 관련된 세금 중 가장 중요한 부가가치세, 소득세, 법인세 등에 대하여 설명하고자 한다.

세법은 납세자 권익보호와 국민과 기업의 경제활동에 영향이 커서 정책에 따라 매년 개정이 되고 있어 최신 세법의 확인이 필요하며, 전문가의 도움을 받는 것이 유리하다.

제1절 부가가치세

1.1 부가가치세 개요

부가가치세(VAT : value added tax)란 재화(상품)의 거래나 용역(서비스)의 제조과정에서 얻어지는 부가가치(이윤)에 대하여 과세하는 세금이며, 사업자가 납부하는 매출세액에서 매입세액을 차감하여 계산한다.

부가가치세(납부세액) = 매출세액(매출액의 10%) – 매입세액(매입시 부담한 세액)

그러므로 부가가치세는 물건을 사면서 부담한 세금과 물건을 팔면서 고객으로부터 받은 세금의 차액만을 일정기간 계산하여 내는 것이므로, 실제로는 최종 소비자가 부담하는 것이다. 이렇게 최종 소비자가 부담한 부가가치세를 사업자가 세무서에 납부하게 된다.

1.2 과세유형별 부가가치세 처리

1) 일반과세자

부가가치세 과세사업자 중 간이과세자 이외의 사업자는 모두 일반과세자이다. 간이과세자에 해당하는 사업자도 간이과세 포기신고를 한 사업자는 일반과세자가 된다. 그러므로 1년의 매출액이 8천만 원 초과인 사업자와 간이과세가 배제되는 업종 및 지역의 개인사업자는 모두 일반과세자로 취급된다.

일반과세자는 매출세액(공급가액×10%)에서 매입세액을 차감하여 납부세액을 계산한 다음 각종 세액공제를 하여 계산한다. 의제매입세액공제는 부가가치세가 면제되는 농·수·축·임산물을 구입하여 부가가치세가 과세되는 재화와 용역을 공급하는 사업자만이 대상이 되며, 공제세액은 과세표준 및 업종에 따라 차이가 있다.

부가가치세는 매출세액에서 매입세액을 차감하여 계산하므로 매입세액이 매출세액보다 클 경우 환급세액이 생기며, 이 경우 납세자는 환급세액을 돌려받을 수 있다.

2) 간이과세자

간이과세제도는 사업규모가 상대적으로 작은 중소개인사업자에 대하여 부담을 덜어주고 부가가치세 신고납부절차를 간소화하여 납세자의 편의를 도모하기 위한 제도이다.

간이과세자의 세액계산방법은 매출액에서 업종별 부가가치율과 10%의 세율을 적용하여 납부세액을 계산한 다음 세법상 인정되는 각종 세액공제액을 차감하여 계산한다.

간이과세자는 거래 시 영수증을 발행해야 하며, 직전연도 공급대가 합계액이 4,800만원 이상인 경우는 세금계산서 발급이 가능하다.

> 간이과세자의 부가가치세 =
> {매출액(공급대가) × 업종별 부가가치율× 10%} - 각종 세액공제액

1.3 부가가치세 신고와 납부

납세의무를 확정하는 방법은 신고납부제도와 부과 과세제도의 2가지 유형이 있다. 부가가치세 납부의무는 예정 신고기간과 과세기간이 종료하는 때 성립하지만, 납세의무의 확정은 원칙적으로 과세표준과 세액을 납세의무자가 세무서장에게 신고하는 때에 확정되는 신고납부제도를 채택하고 있다. 그러므로 부가가치세법에서 사업자는 예정신고 또는 과세기간이 경과하면 그에 대한 과세표준과 납부세액을 사업자 스스로 계산하여 자진신고·납부하도록 규정하고 있다.

개인사업자의 부가가치세를 계산하는 방법과 신고납부방법 등은 부가가치세 과세유형에 따라 달라지는데, 과세유형은 크게 일반과세자와 간이과세자로 구분된다. 일반사업자의 경우 부가가치세는 6개월을 과세기간으로 하여 신고·납부하게 되며, 각 과세기간을 다시 3개월로 나누어 중간에 예정신고기간을 두고 있다. 개인사업자 중 간이과세자는 1년에 1회 신고하는 것이 기본이나, 개인사업자 중 사업 부진자, 조기 환급 발생자는 7월 1일에서 25일까지 예정신고와 예정 고지액 납부 중 하나를 신고 또는 납부할 수 있다. 각 과세기간과 신고납부기간은 [표 15-1]과 같다.

[표 15-1] 부가가치세 신고 및 납부기간

과세기간		과세대상기간		신고· 납부기간	신고대상자
일반 사업자	1.1~6.30 (제1기)	예정신고	1.1~3.31	4.1~4.25	법인사업자
		확정신고	1.1~6.30	7.1~7.25	개인·법인사업자
	7.1~12.31 (제2기)	예정신고	7.1~9.30	10.1~10.25	법인사업자
		확정신고	7.1~12.31	다음해 1.1~1.25	개인·법인사업자
간이 과세자	–	1.1~12.31		다음해 1.1~1.25	개인사업자

자료: 국세청(www.nts.go.kr)

1.4 부가가치세 면세사업자와 면세대상

1) 면세사업자

부가가치세 면세사업자는 부가가치세 납세의무자가 아니므로 자기 매출분에 대하여 부가세를 거래 징수할 의무가 없으며, 세금계산서도 발행하지 않는다. 그러므로 면세업자는 소득세법상의 [계산서]를 발행해야 한다. 또한 면세사업자는 직전 연도의 사업수입명세 금액 등을 기재한 [사업장 현황 보고서]를 매년 1월 31일까지 관할 세무서에 제출해야 한다.

2) 부가가치세 면세대상

부가가치세 면세대상은 기초 생필품, 국민후생 용역 등으로 그 범위가 한정되어 있는데, 구체적으로 살펴보면 농·수·축산물 등 미가공 식료품의 공급, 병원 등 의료보건 용역, 금융보험 용역, 학교·학원 등 문화 관련 용역, 주택임대업 등이다.

제2절 소득세

2.1 소득세 개요

소득세는 여러 가지 생산활동을 통하여 얻는 개인의 소득에 대하여 납부하는 세금이다. 이때 '소득'이라 함은 연간 총수입금액에서 지출된 모든 비용을 공제한 순수 이익을 말한다. 그리고 소득은 종합소득금액, 퇴직소득금액, 양도소득금액 등으로 분류되며, 종합소득금액에는 이자, 배당, 부동산임대, 사업, 근로, 기타 면허소득 등이 모두 포함된다.

2.2 소득세 처리

1) 소득세 계산방법

(1) 장부기장 사업자

① 소득금액 = 총수입금액 - 필요경비

(2) 무기장 사업장

① 수입금액- 주요 경비(매입비용 + 임차료 + 인건비)
　　　　　- (수입금액 × 기준경비율) = 소득금액

② 소득금액 - 소득공제 = 과세표준

③ 과세표준 × 세율 = 산출세액

④ 산출세액 - (세액공제 + 감면세액) = 결정세액

⑤ 결정세액 - 기납부 세액 = 자진 납부할 세액

기준경비율 이란 장부를 기장하지 않은 사업자 등의 소득금액을 추계로 결정하여 경정하는 경우, 수입금액(매출금액)에서 필요경비를 공제하여 소득금액을 계산함에 있어서 사업자라면 당연히 증빙서류를 받아야 할 사업에 기본적인 비용인 주요 경비(매입비용, 임차료, 인건비)는 증빙서류에 의해 인정되고, 나머지 비용은 경비가 정한 기준경비율에 의해 필요 경비를 인정하는 것을 말한다.

2) 소득세율

개인사업자의 경우 사업소득세(종합소득세)율 체계가 6~45%까지 8단계 누진세율로 되어 있으며, 사업규모가 커지면 법인으로 전환하는 것이 유리할 수 있다. 개인기업의 사업규모가 일정 규모 이상으로 되면 대외 신용도를 제고하기 위하여 또는 자금조달의 원활화를 기하기 위하여 법인전환 여부를 고려하게 된다.

[표 15-2] 개인기업 소득세율

과세표준	세율	누진공제
1,400만원 이하	6%	-
1,400만원 초과 ~ 5,000만원 이하	15%	126만 원
5,000만원 초과 ~ 8,800만원 이하	24%	576만 원
8,800만원 초과 ~ 1억 5,000만원 이하	35%	1,544만 원
1억 5,000만원 초과 ~ 3억원 이하	38%	1,994만 원
3억원 초과 ~ 5억원 이하	40%	2,594만 원
5억원 초과 ~ 10억원 이하	42%	3,594만 원
10억원 초과	45%	6,594만 원

2.3 소득세 신고와 납부

소득세 납세의무자는 매년 직전 연도(1.1~12.31)의 소득이 있는 모든 사람이다. 이러한 납세의무자는 다음해 5월 31일까지 거주지관할 세무서에 소득세 신고를 하고, 해당 세액을 납부해야 한다. 그리고 사업소득자의 경우 11월 30일까지 직전 연도 납부세액의 1/2을 선납하는 중간예납제도가 있다.

1) 소득세 신고 납부방법

이러한 소득세의 신고방법은 크게 장부를 작성하여 이를 근거로 신고하는 방법과 세무서에서 정한 표준소득률에 의해 신고하는 추계신고방법이 있다. 장부를 기초로 신고하는 방법은 그 사업의 종류 및 규모에 따라 간편장부 대상 사업자와 복식부기의무자로 다시 분류된다.

(1) 간편장부 대상 사업자

간편장부란 복식부기에 의한 기장능력이 취약한 중소개인사업자가 장부를 쉽고 간편하게 작성할 수 있도록 국세청장이 고시한 약식장부를 말한다. 간편장부에 의한 기장방법은 거래일자, 거래내용, 거래처, 수입(매출)란, 경비란, 고정자산 매입란 등 6가지로 구분하여 매일 매일의 거래내용을 날짜 순으로 기록한다.

간편장부 대상 사업자는 복식부기에 의하지 않고, 가계부와 작성형식이 비슷한 간편장부를 기재하고 이를 근거로 소득을 계산하여 소득세 신고를 하고 납부를 해야 한다. 이러한 간편장부 대상 사업자의 범위는 다음과 같다.

① 당해연도 신규 사업 개시자
② 직전 연도 수입금액이 다음의 금액에 미달하는 사업자
  ㉠ 농업, 수렵업, 임업, 어업, 광업·도소매업, 부동산매매업, 기타 ㉡ ㉢에 해당하지 아니하는 업 : 3억 원
  ㉡ 제조업, 숙박 및 음식업, 전기가스 및 수도 사업, 건설업, 소비자용품 수리업, 운수창고 및 통신업, 금융 및 보험업 : 1.5억 원
  ㉢ 부동산임대업, 사업서비스업, 교육서비스업, 보건 및 사회복지업, 개인 및 사회서비스업, 가사서비스업 : 7천 5백만 원

(2) 복식부기의무자

복식부기의무자란 복식부기 원리에 따라 기장하고 신고하여야 하는 사업자, 즉 간편 장부 대상 사업자를 제외한 사업자를 말한다. 복식부기의무자는 전표처리를 통한 정상적인 회계장부를 작성 비치하고, 이를 근거로 작성된 재무상태표, 손익계산서, 합계 잔액 시산표를 첨부하여 소득세 신고를 하고 납부를 해야 한다.

(3) 추계신고방법

이는 연간 매출액에 세무서에서 업종에 따라 정하고 있는 표준소득률을 곱하여 계산된 소득금액에 세율을 곱하여 소득세 신고를 하는 방법을 말한다.

2) 각종 소득 지급 시 원천징수 처리

원천징수는 원천징수 대상이 되는 소득이나 수입금액을 지급할 때 이를 지급하는 자(원천징수 의무자)가 하여야 한다. 즉 사업자가 직원에게 급여(일용근로자 포함)를 지급하거나 이자소득을 지급하는 경우 소득 지급 시 법에서 정한 일정액을 원천징수하여 세무서에 납부하여야 하고, 원천징수한 세액의 10%를 지방소득세로 지방자치단체에 신고 납부하여야 한다. 원천징수는 징수한 달의 다

음 달 10일 전까지 신고 납부하여야 하며, 이를 이행하지 아니하면 가산세가 부과된다.

소득별 원천징수 세율(주민세 포함)은 다음과 같다.

① **이자소득** : 지급금액의 15.4%(비영업대금 이익 27.5%), 법인에게 지급 시 22%
② **근로소득** : 근로소득에 대한 간이세액조견표상의 금액(일용근로자는 6.6%)
③ **사업소득** : 지급액의 3.3%
④ **기타소득** : 지급액의 22% (일반적으로 하기와 같이 필요경비율을 적용하여 지급액의 8.8%를 원천징수 한다.)

* 원천징수비율 = 지급액의 20% + 지방소득세 2% = 22%
= (지급액 - 필요경비)의 20% + 지방소득세 10%
= (지급액 - 필요경비 60%)의 20% + 지방소득세 10%
= (지급액의 40%) x 20% + 지방소득세 10%
= 지급액의 8% + 0.8%
= 지급액의 8.8%

기타소득에서 필요경비율 이란 광업권·어업권·산업재산권·산업정보, 산업상 비밀, 상표권·영업권, 이와 유사한 자산이나 권리를 양도하거나 대여하고 그 대가로 받는 금품, 인적용역을 일시적으로 제공하고 지급받는 대가에서 필요경비로 인정하는 비율로 일반적으로 60%를 적용하고 있다.

제3절 법인세

3.1 법인세 개요

법인세는 주식회사와 같은 법인이 경제활동을 통하여 얻은 소득에 대하여 국가가 과세하는 조세이다. 그러므로 법인세는 국가가 과세주체가 되며, 법인을 과세 객체로 하여 법인의 소득금액을 과세표준으로 하는 조세이다. 만일 기업을 하는 사업자가 사업장의 일부를 임대하였을 때, 법인의 경우 임대수입을 법인소득으로 합산하여 기업이익으로 계산하고 법인세를 납부하게 된다. 반면에, 개인기업의 경우는 개인기업에 대한 소득은 별도 계산하여 사업소득 금액을 계산하고 부동산 임대수입에 대해서는 별도로 기장 또는 추계소득을 계산하게 되는 것이다.

3.2 법인세 처리

1) 법인세 계산방법

법인세 신고를 하기 위해서는 기업회계기준에 따라 회계장부를 작성하여야 한다. 과세표준을 산출하기 위한 기본절차는 소득세와 유사하다. 이를 토대로 사업연도의 종료 후 장부를 마감하고 회계 잔액 시산표, 재무상태표, 손익계산서, 제조(공사)원가명세서 등을 작성한다.

2) 법인세 세율

법인이 사업을 영위한 결과 발생한 소득에 대하여 납부할 법인세를 산출하기 위한 세율은 [표 15-3]과 같으며, 우리나라의 경우 초과누진 세율을 적용하고 있다.

[표 15-3] 법인세율

과세표준	세 율	누진공제
2억원 이하	10% (9%)	-
2억원 초과 ~ 200억원 이하	20% (19%)	2,000만원
200억원 초과 ~ 3,000억원 이하	22% (21%)	4억 2,000만원
3,000억 원 초과	25% (24%)	94억 2,000만원

* (괄호 세율) 세율은 '23.1.1 이후 개시되는 사업연도 분부터 적용

3) 세무조정

기업회계는 기업회계기준에 따라 작성되며, 이해관계자들에게 유용한 정보를

제공하는데 목적이 있는 반면, 세무회계는 세법 규정에 따르며 과세소득과 세액에 관한 정보를 제공하는데 목적이 있다. 그러므로 기업회계와 세무회계는 서로 다른 부분이 존재할 수밖에 없다. 특히 세법상의 소득과 기업회계상의 순이익이 차이가 있기 때문에 기업회계기준에 따라 작성된 재무제표를 조세목적에 활용하기 위해서는 세법 규정에 맞게 수정하는 절차가 필요하다. 이와 같이 기업회계와 세법과의 차이를 조정하여 세무상의 이익을 계산하는 일련의 과정을 세무조정이라 한다. 즉 기업회계에 의해 계산된 수익과 비용을 세무상의 익금과 손금으로 재계산하는 절차를 말한다. 이때 대부분의 법인들은 세무사나 공인회계사의 조정 지도를 받았다는 외부조정계산서를 첨부하여 법인세 신고를 하게 된다.

3.3 법인세 신고와 납부

법인세 납세의무자는 국내에 본점이나 주사무소 또는 사업의 실질적 관리 장소를 둔 법인(내국법인)은 국내외에서 발생하는 모든 소득에 대하여 법인세 납세의무가 있으며, 외국에 본점 또는 주사무소를 둔 법인(외국법인)은 국내에서 발행하는 소득 중 법에서 정한 것(국내 원천소득)에 한하여 법인세 납세의무가 있다.

1) 법인세 중간예납

사업연도가 6월을 초과하는 내국법인과 국내 사업장이 있는 외국법인은 사업개시일로부터 6개월의 기간에 대하여 중간에 법인세를 납부할 의무가 있는데, 이를 법인세 중간예납 제도라 한다. 법인은 중간예납 기간 종료일로부터 2월 내에 당해 중간예납 세액을 신고 납부하여야 한다.

2) 법인세 확정신고

내국법인과 국내 사업장이 있는 외국법인은 사업연도 종료일로부터 3월 내에 본점 소재지 관할 세무서에 법인세를 신고 납부하여야 한다. 즉 12월 결산법인의 경우 법인세 확정신고 및 납부기일은 매년 3월 31일이다. 법인세 확정신고를 위하여 기업회계기준 등에 따른 재무제표를 직접 또는 세무사사무실 등을 통해 작성하고 법인의 경우 「상법」에 따라 주주총회를 개최하여 당기순이익 확정 및 이익잉여금 처분방법을 정하게 된다. 법인의 사업연도는 당해 법인이 사업자등록 시 신청하여야 하며, 신청이 없는 경우에는 1월 1일부터 12월 31일까지로 한다. 또한 법인은 토지 등을 양도하는 경우에 특별부가세를 법인세 신고 시에 함께 신고하여야 한다.

홈택스 홈페이지에 접속하여 인터넷을 통해 신고(전송)할 수 있다.

3) 각종 소득 지급 시 원천징수 처리

각종 소득을 지급하는 경우 개인사업자와 동일하게 원천징수를 하여야 한다.

참고문헌

강기찬·김정호, 기업가정신과 창업, 두남, 2015.

강신민·신승종, 벤처기업인을 위한 창업경영실무, 대경, 2001.

김규태, 창업경영과 실무, 형설출판사, 2002.

김문정·조윤기, 창업과 경영정책, 두남, 2009.

김성준 외 4인, 창업경영관리, 문영사, 2007.

김이태, 창업경영전략, OK Press, 2002.

김이태 외 3인, 벤처창업경영론, 한올출판사, 2002.

김중호, 알기쉬운 경제와 경영학, 두남, 2022.

김철교·조준희, 벤처기업창업과 경영, 삼영사, 2001.

김형걸·정구도, 창업과 경영, 두남, 2014.

김희철, 창업경영론, 두남, 2012.

김희철, 창업과 경영의 이해, 두남, 2003.

김희철, 글로벌시대의 국제경영, 두남, 2012.

김희철, 실전창업경영론, 두남, 2016.

남정민 외 2인, 기업가정신과 창업, 북넷, 2014.

박정기·박봉규, 소상공인 창업과 경영, 두남, 2003.

법무부 중소기업법률지원단, 주식회사 설립절차, 2020.

법제처, 중소·벤처기업 창업, 찾기쉬운 생활법령정보, 2020.

법제처, 주식회사 설립, 찾기쉬운 생활법령정보, 2020.

신창섭, 21C 창업투자경영론, OK Press, 2001.

오종근 외 3인, 디지털시대의 창업가이드, 대경, 2002.

유성은, 스토리 창업경영, 피앤씨미디어, 2015.

윤주석·조준희, 창업과 사업계획서, 두남, 2015.

이재연·이문연, 창업과 경영, 형설출판사, 2003.

송경수 외 6인, 창업경영론, 피앤씨미디어, 2014.

조동훈, 사례중심의 벤처경영학, 한올출판사, 2001.

조영복 외 2인, 창업과 경영, 부산대학교출판부, 2001.

전타식, 쉽게 배우는 창업경영론, 두남, 2009.

차대운 외, 창업경영의 길잡이, 삼보, 2000.

한정화, 벤처창업과 경영전략, 홍문사, 2002.

Baumback, Cliford, M., How to Organize and Operate a Small Business, Prentice-Hall Inc., 1985.

Berry, C.A. and Roberts, "Entering New Business : Selecting the Strategies for Success", Slon School of Management, Spring 1983.

Duchesneau, D.A. and W.B. Gartner, "A Profile of New Venture Success and Failure in an Emerging Industry", Journal of Business Venturing, 1999.

Engel, James F., Roger D. Blackwell, and Paul W. Miniard, Consumer Behavior, 7th ed., Dryden Press, 1993.

Fast, N.E., "The Future of Industrial New Venture Departments", Industrial Markenting Magement, Vol. 8, 1979.

Hellriegel Don. and John W. Slocum, Jr., Management, International Thomson Publishing Co., 1966.

Hippel, E.Von, "Successful and Failing Internal Corporation Ventures : Empirical Analysis", Industrial Marketing Management, Vol. 6, 1997.

McCarthy, E.J., Basic Marketing : A Managerial Approach, 5th ed., Richard D. Irwin, Inc., 1975.

McKitterick, John B., "What is the Marketing Management Concept?" The Frontiers of Marketing Thought and Action, American Marketing Association, 1957.

Plunkett, Warren R. and Raymond F. Attner, Introduction to Management, International Thomson Publishing Co., 1994

Porter, M. E., Competition in Global Industries, Harvard Business School Press, 1986.

Porter, M. E., Competitive Strategy, Free press, 1980.

Roberts, M.J., The Business Plan, Havard Business School Note, 1988.

Roberts, Alan A., "Applying the Strategy of Market Segmentation," Business Horizens, Fall 1961.

Rue, Leslie W. and Lloyd L. Bryars, Manegement-Skills and Application, Irqin, 1995.

http://www.bizitem.net/solution/guide

찾아보기

ㄱ

ㄴ

ㄷ

I

J

L

M

O

P

R

S

T

V

▶ 저자약력 ◀

김 중 호

- 명지대학교 기계공학과 졸업
- 아주대학교 대학원(경영학 석사)
- 안양대학교 대학원(경영학 박사)
- 삼성전자 DAS개발기획 그룹장
- (현) 오산대학교 세무회계과 교수
- (현) 한국생산성본부 R&D연구위원

[주요 저서 및 연구 논문]

- 알기 쉬운 경영분석(공저), 도서출판 두남, 2020.2.
- 알기 쉬운 경제와 경영학, 도서출판 두남, 2020.8.
- 지각된 경영컨설팅 서비스품질이 조직몰입과 혁신행동에 미치는 영향, 2019.
- 6시그마 도입이 기업의 경영 성과에 미치는 영향에 관한 사례연구, 2002.
- 전문대학 신입생의 개인특성이 대학적응 만족도에 미치는 영향, 2017.
- The Polarization of Wealth : The Effect of Support of Knowledge Management on Knowledge Management Activity and Company Performance, 2017. 외

김 희 철

- 중앙대학교 무역학과 졸업(경영학 학사)
- 중앙대학교 대학원 무역학과 졸업(경영학 석사·경영학 박사)
- 청운대학교 교무처장 역임
- Shandong University(China) 방문 교수
- (현) 청운대학교 인천캠퍼스 글로벌경영학과 명예 교수

[주요 저서 및 연구 논문]

- 무역학개론(공저), 도서출판 두남, 2020.2.
- 세계화와 글로벌경영, 도서출판 두남, 2019.8.
- 글로벌마케팅, 도서출판 두남, 2019.3.
- 글로벌시대의 국제경영, 도서출판 두남, 2012.3.
- 한국 채소류의 일본시장 수출경쟁력분석, 2019.10.
- 한국 인삼산업의 수출경쟁력 분석에 관한 연구, 2018.9.
- 사회적기업의 성과요인과 상과관계, 2017.7.
- 한국 IT산업의 대중국 수출경쟁력분석에 관한 연구, 2015.12.
- 한·중 자동차산업의 현황과 수출경쟁력 비교에 관한 연구, 2015.11.
- 사회적기업의 성과분석에 관한 연구, 2015.7. 외

알기 쉬운 **실전창업과 창업경영**

초 판 1쇄 인쇄 — 2024년 2월 15일
초 판 1쇄 발행 — 2024년 2월 20일
지은이 — 김 중 호·김 희 철
펴낸이 — 전 두 표
펴낸곳 — 도서출판 **두남**
서울시 강동구 성내로 6길 34-16 두남빌딩
신 고 : 제25100-1988-9호
TEL : 02) 478-2066, 2077
FAX : 02) 478-2068
E-mail : dnbooks@dunam.co.kr
http://www.dunam.co.kr

정가 23,000원

ISBN 978-89-6414-984-3 93320